大宋帝国三百年系列

载入史册的驴车

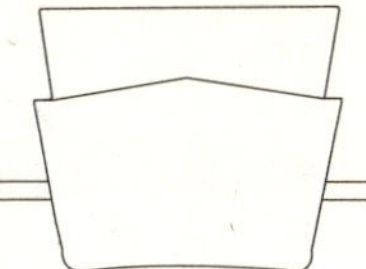

Donkey Carts That Made History

金纲 著

江苏凤凰文艺出版社
JIANGSU PHOENIX LITERATURE AND ART PUBLISHING

图书在版编目（CIP）数据

载入史册的驴车. 上 / 金纲著. -- 南京：江苏凤凰文艺出版社，2023.4

（“大宋帝国三百年”系列）

ISBN 978-7-5594-7214-4

Ⅰ. ①载… Ⅱ. ①金… Ⅲ. ①中国历史－宋代－通俗读物 Ⅳ. ①K244.09

中国版本图书馆CIP数据核字（2022）第184153号

载入史册的驴车. 上

金　纲　著

责任编辑	刘洲原
选题策划	刘玉浦
特约编辑	邵雅绮
责任校对	孔智敏
出版统筹	孙小野
出版发行	江苏凤凰文艺出版社
	南京市中央路165号，邮编：210009
网　　址	http://www.jswenyi.com
印　　刷	河北鹏润印刷有限公司
开　　本	880毫米×1230毫米　1/32
印　　张	13
字　　数	277千字
版　　次	2023年4月第1版
印　　次	2023年4月第1次印刷
书　　号	ISBN 978-7-5594-7214-4
定　　价	108.00元

目录

叁 纳土归宋

肆 讨平北汉

伍 高梁河

陆　雍熙北伐

柒 岐沟关·君子馆

捌 代州之役

前言

虚爵

宋太宗赵炅，不喜欢饮酒，不像他二哥太祖赵匡胤。但他偶尔饮酒，也往往尽兴。史上记录他三场酒事，颇见真性情。

雍熙元年（984）正月，元宵节。首都汴梁，人们在大街小巷、各色灯火之下游逛。丝绢或彩纸扎制的灯笼，争奇斗艳。叫卖声此起彼伏，很热闹。太宗登上宫城南门丹凤楼赏灯，站在这里几乎可以看到半个东京城。几年没有打仗了，看着这般和平景象，太宗来了兴致，对随从的宰辅们说：

“国家承续五代十国多年战乱之后，现在终于海宇平安，京师繁盛。真值得欣慰。朕平时很少饮酒，今晚与爱卿们同乐，应一醉方休。”

说罢，一杯一杯又一杯，每一杯饮完，便“虚爵以示群臣”。“虚爵”就是“空杯”；“以示群臣”就是将空杯展示给群臣看。

这个动作与今天北方人的豪饮没有两样。熟悉北方饮酒习俗的都知道，某人饮干之后，往往将空杯倒过来给人看，并不忘加上一句：“我干啦！”天津人饮酒干杯，往往还要说：“我先干了，先干为敬（净）。”感到这个时刻的太宗赵炅，有一种河南人特有的豁达和亲切。我仿佛听到他操着洛阳口音对宰辅们说:“俺这个酒干唻,恁那个酒咋不见动唻?”

“朕亦大醉,漫不复省”

太宗朝有一个猛将,名孔守正,战功不俗,所以太宗很喜欢他。

有一次,孔守正在北苑陪同太宗吃酒。此时他已经做到了殿前都虞候,这是负责警备监察的武职。同座也有很多武将,渐渐就喝高了,于是开始在御座前各自争功,互不服气,一时间脸红脖子粗。史称“忿争失仪”,愤怒地争吵失去了端敬的礼仪。那时“礼仪”乃是天下大事,朝廷官员,皇上又在跟前,岂可如此无礼!有侍臣看不下去了,于是主张将这几位争论者请到有关部门去推问、治罪。酒局中,我想象太宗该挥挥手,带着醉态,没有答应。

第二天,孔守正和武将们酒都醒了,知道昨晚犯了纪律,于是来到殿廷请罪。太宗很随意地说道:“朕亦大醉,漫不复省。”昨晚那事儿?我也喝高了,啥都不记得了!于是这事就过去了。

君臣一醉

太宗晚年,与名相寇准商议,定下襄王赵元侃也即后来的宋真宗为太子,并搞了一场太子就职仪式。这对帝国权力变更是一个重要安排，在选举制度尚未到来之前，帝国的太子制度就是权力继承的一种规则。晚唐以后，已经罕见预立太子的秩序规定，皇权大位成为人人都想追逐的肥鹿，因此，邦国不宁，杀机四伏。太宗此际立太子，是恢复古制，百余年来的第一次。

士庶知道此事后，等到太子出门，人人都争着来看，纷纷夸赞赵元侃。这事传到太宗耳朵里，他忽然有了"老小孩"般的撒娇，很不高兴，召寇准说："人心都向着太子了，这要把朕放在哪里啊？"

寇准却再拜称贺道："这是社稷之福啊！"

寇准一向不特别会说话，说话就冲人，但关于立太子这事，他每次答对，都非常得体，且有效。士庶称赏太子，他不说是太宗之福，也不说是太子之福，而说是"社稷之福"，这就是"价值制衡"，让正道行在权力分配中。太宗听后也觉得有理，于是高兴起来。进入后宫，宫中人也都来庆贺。

太宗想想也是，大宋有了合适的继承人选，大好事。就出来再次约见寇准，俩人对饮，史称"极醉而罢"，俩人都喝高了。

太宗赵炅，有"孩子气"，三场酒事可以略见一斑。

孩子气

太宗喜欢读书，儒家经典外，他也喜欢"读老"。

有一次，他读了《老子》，很有感慨，就对近臣说："伯阳五千言，读之甚有益，治身、治国并在其内。至云'善者吾亦善之，不善者吾亦善之'，此言善恶无不包容。治身、治国者其术如是。若每事不能容纳，则何以治天下哉！”

伯阳，是老子的字。太宗引用的这段话，见于《老子·四十九章》，原文为："圣人常无心，以百姓之心为心。善者，吾善之；不善者，吾亦善之，德善。信者，吾信之；不信者，吾亦信之，德信。圣人在天下，歙歙焉为天下浑其心，百姓皆注其耳目，圣人皆孩之。"

这话大意说：圣人常常不会起刻意为善为恶之心，而以士庶之心为心。但还不止于此。士庶善，我也善；士庶不善，我也善，这样就能做到为善之德。士庶诚信，我也诚信；士庶不诚信，我也诚信，这样就能做到诚信之德。圣人执掌天下，要收敛自己的欲望，以浑朴之姿对待天下之自然运转。士庶一般都专注于耳目聪明、物欲追求，但圣人则一任浑朴纯真之婴孩状态。

"百姓皆注其耳目，圣人皆孩之"，是这段话的主题词。

"圣人常无心"，"圣人皆孩之"，类似意见，在儒学中也可以看到。这是一种论个人修养，可以回归"真人"境界的描述；论政治治理，就是对恪守"无为而治"也即"自发秩序原理"境界的描述。有必要做个注："无为而治"是儒学话语，四字就在《论语》中。

尼采在《查拉图斯特拉》中描述了人的精神的三种状态：负重的骆驼、沙漠的雄主、无怀的赤子。一般人们都注意于"沙漠的雄主"这一阶段，以为这类"超人"的境界乃是尼采讲述的主题。但这是一种满足激进时代需要的"误读"。"超人"也即"沙漠的雄主"，作为人类文明推进的一个阶段，并不是尼采所标榜的最高境界，在尼采看来，最高的境界是"无怀的赤子"，也即纯任自然的婴孩。

这才是尼采欣赏并理解的人类愿景。

《老子》在尼采之先，已经多次言说了这个境界。《老子》中至少五次论及这个主题："常德不离，复归于婴儿""专气致柔，能婴儿乎？""我独泊其未兆，如婴儿之未孩""含德之厚，比于赤子""圣人皆孩之"。

李贽"童心"说，与老子和尼采的论说也颇接近。

在俄罗斯一些作品中，常常可以看到，人们在称赞一个作家或思想家的时候，往往比之于"孩子"，如托尔斯泰就被人说很像一个孩子。

孩子的状态，是一种无心为善、无心为恶的状态。

以这种心态、境界主持天下，则无论士庶善与不善，我要善；无论士庶信与不信，我要信。儒学主张邦国领袖与政府必须行仁政、有诚信。这两大指标，不得借口士庶"素质"太差而移易。士庶"素质"差不差不可知，领袖"素质"差不差则一望而知。且士庶大众，良莠不齐，有善有不善，有信有不信；试图一揽子让士庶全部向善、全部守信，这个念头本身就是狂妄的，因此是"不善"的，也是做不到的，因此是"不信"的。士庶善，我才善；士庶信，我才信。这是驵侩交易——你给我半斤，我给你八两（老秤），而不是人君治理——恪守圣贤价值理念，不摇摆、不飘移，更不因外界"不善""不信"，"皆注其耳目"而变更。

当年丘吉尔为大不列颠立下泼天大功，英国士庶"不善""不信"，而且"皆注其耳目"——就想追求更美好生活——全然不顾这位大英雄的昔日荣耀，但丘吉尔并不因此而改变致力于英国自由事业的初心。

太宗赵炅，以他“读老”、读佛、读圣贤书且日读三卷《太平御览》的知识积累和思想资源，觉悟到这个“君道”，与丘吉尔有逻辑上的相通处。这不是寻常君主可以达致的境界。

寇准“令帝复坐”

名相寇准，是一个“刚猛威断”的人物。“澶渊之盟”，几乎就是他逼着真宗赵恒御驾亲征的结果。他对太宗也有“刚猛威断”的记录。一次奏事，说来说去，太宗不听他的，越说意见越不合，太宗一怒站起，拂袖要走。寇准一把拉住太宗衣服，史称“令帝复坐”，让皇帝再坐下来。一直到这件事满足了寇准的要求，寇准才退出。

但太宗还就是喜欢他这个样子，留下一句话，被史官记录在册：“朕得寇准，犹文皇之得魏徵也！”文皇，就是唐太宗。

太宗对文武大臣，往往就是这种姿态，豁达，大度，亲切，不端着，不做作。本色，是他一大特色。用太宗自己话说，就是“贵其自然”，儒学的意见就是“诚”，真实而又诚恳。

宋太宗批评唐太宗

淳化五年（994）夏四月的一天，宋太宗有一次批评唐太宗。他对左右说：

"大凡帝王举动，贵其自然。朕览唐史，见太宗所为，盖好虚名者也。每为一事，必预张声势，然后行之，贵传简策，此岂自然乎！"

帝王的举动，贵在自然。朕曾经浏览唐代历史，看到太宗李世民的所作所为，应是一个好虚名、好虚荣的人。你看他每做一件好事，一定要预先做张做势，然后去做，最喜欢做传之简册之事，这样自然吗?

太宗赵炅看不惯那种为了流传青史而矫揉造作去做"好事"的行为。

开宝寺灵感塔与田锡的讥评

不仅"本色自然"，他还"克己复礼"。

太宗信佛教，又有克制，信佛而不佞佛。

太平兴国八年（983）十月，宋人有新译的佛经五卷，太宗看后，觉得不错，就对臣下说："凡为君臣者，治人利物，即是修行。梁武舍身为寺家奴，此真大惑！方外之说，亦有可观，卿等试读之。盖存其教，非溺于释氏也。"作为君臣，能够治理天下，有利于天下，就是修行。过去梁武帝动不动就舍身，到佛寺去做僧奴，这真是太愚蠢啦！但佛经之说，也有很可观的地方，爱卿等可以试着读一点。我的想法是：要让世间有佛教存在，但不能沉溺于佛教中不理政事。

这是接近"政教分离"的大智慧，很得圣贤之"中道"精神。

但太宗也曾大兴土木，建造佛寺。城内兴国寺，有两个楼阁，用来安放高大的佛像，远在都城数十里外，都可以看到这个塔阁。两个阁楼之间有飞楼联结为御道。我想象那规模仿佛应县木塔或蓟县独乐寺，甚至还要宏阔高大。要登上六七层楼，才能见到佛的腰腹。光是佛的指头，就有一人合抱那么粗。史称“观者无不骇愕”，参观的人没有不心生恐怖和惊愕的。

他更建构一座十一层高的开宝寺灵感塔，从杭州迎释迦佛舍利进入京师，用这来宝藏佛舍利。到了安放舍利仪式那一天，太宗甚至为之流泪。这塔高 360 尺，史载宋“营造尺”为 31.20 厘米，如是，则高达 112 米以上，费用亿万计，前后用了八年时间。竣工后，史称“备极巧丽”。太宗似乎为此很得意。但知制诰，负责起草文书的政事堂秘书田锡上疏说：

“众以为金碧荧煌，臣以为涂膏衅血。”

众人都认为这塔金碧辉煌，但臣认为那是涂抹的民脂民膏、百姓鲜血。

这话说得如此之狠，太宗什么表示？史称“帝亦不怒”。

像人性有的弱点一样，太宗也爱听奉承话。大宋承五代乱世而来，而五代最后一个割据政权北汉，终于在后来的日子里被太宗攻克，从此中原一统。太宗高兴，考进士时，就用《六合为家》作为试题。“六合”指东西南北加上下，总六个方向，代指天下或宇宙。这题一出，有个考生王世则很快就写好了，内中有句：“构尽乾坤，作我之龙楼凤阁；开穷日月，为君之玉户金关。”这词不太难懂，翻译为白话，毫无意味，就这样读下去，读几遍，那个“气魄”就读出来了。大意是说六合之内都是皇天后土，日月所照都是宫禁金銮，领土、领海、领空，不光“普天之下”，连“普天之上”，都是皇上的。史称“帝览之大悦，遂擢为第一人”。皇上一看大为高兴，将王世则擢升为进士第一人。

这么爱听好话的人，听了田锡的一番讥评，却“不怒”。

这是饶有意味的一个姿态。

如果接受田锡的批评，就要下罪己诏，就要改变信仰，就要拆除灵感塔，这是信佛的太宗赵炅做不到的。

如果不接受田锡的批评，就要贬黜田锡，至少要斥责一番，但对于一向鼓励官员直言的帝王，这么做，就等于食言，这也不是太宗愿意接受的格局。

当然，也可以假惺惺地表示认错，坚决不改。但这样就是“不诚”，而“不诚”乃是“修身”大忌。太宗一世“修身”不已，这更不是太宗能做的事。

还可以与田锡讨论，慢慢说说为何要造塔，意义何在，有何功用，等等。但想到国计民生，花上亿经费，做这么个东西，与他那“治人利物，即是修行”的说法，相距太远。太宗理亏。理亏而强辩，就是“文过饰非”。而圣贤规则有一款：“小人之过也，必文！”（见于《论语·子张》子夏语录）小人有了过错，一定会掩饰。太宗不是小人，无法掩饰。大宋一朝的帝王有个天大的长处：讲理。蛮横的事，他们很少做，无赖的事，几乎不做。于是，“不怒”之外，大宋帝王只能听着，不做表态。

这故实让我想起“王顾左右而言他”的《孟子》记录。宋太宗仿佛齐宣王，田锡仿佛孟子，孟子对齐宣王一番讥评之后，齐宣王开始掩盖自己的尴尬，故意对左右扯别的话头，宋太宗则干脆啥也不说，不解释，也不遮掩。这种“纯任自然”的姿态，是“克己”之后的一种豁达。

帝王是人类特殊的职业，但并非在人类之外，因此，人类所有的弱点，帝王也有。因为所在九五之尊过于隆崇，言动之间，即影响朝廷内外。因此,“克己”成为帝王的优秀品质。太宗不是那种“深居简出，示人莫测”如秦始皇、雍正帝般的人物，也不是动辄“龙颜大怒，阴沉雄猜”如汉武帝、永乐帝般的人物，更不是“性情乖戾，暴戾恣睢”如文宣帝、隋炀帝般的人物。他总是试图克制自己的情绪，按理性规则出牌。在帝国领袖这个位置上，他“克己复礼”的功夫做得很足，有圣贤气象，算得上孔子及格的学生。

日僧奝然

日本国有个僧人名叫奝然（音雕然），搭乘大宋商人的海船，越过千里风波，到汴梁来见宋太宗。

日本与大宋早有来往，吴越国时更与日本有过密切交流，国王钱俶还曾赠送日本很多小型宝塔。

奝然来宋时间，可能是雍熙元年之前，但到达汴梁时间是公元 984 年，雍熙元年三月。与他同来的有五六人，献上了铜器十余尊，还有本国的《职员令》《王年代纪》各一卷。还有《孝经》两种，一种是《孝经郑玄注》，一种是《孝经新义》。《孝经郑玄注》是汉代大儒郑玄做的注解。《孝经新义》是大唐越王李贞题签，记室参军任希古撰写的注解。这两部《孝经》都有“金缕红罗标，水晶为轴”，显然是布帛状，不是书籍状，但是装帧相当豪华，看得出日本对《孝经》的珍重。

奝然穿了一身绿色的服饰，他善于书写隶书，可惜不通汉语。太宗问他日本风土，他就写在纸上回答，说：

“我日本国中有儒学经典‘五经’，也即《周易》《尚书》《诗经》《礼记》《春秋》；还有佛经多种，《白居易集》七十卷。这些都是往昔从中国得来的。日本土地适合种植五谷，但小麦较少。市场交易用铜钱，铜钱文字是‘乾文大宝’。牲畜有水牛、驴、羊，多产犀牛、大象。也产丝蚕，大多织绢，薄致可爱。乐器有中国、高丽两种。四时寒暑，与中国相类。日本国之东境接近一海岛，乃是夷人所居，身面皆有毛。东奥州产黄金，西别岛出白银，以此作为对日本国的贡赋。国王以王为姓，传袭至今六十四世，文武僚吏都世系为官。”

太宗给了奝然很优厚的待遇，赐给他紫色的衣服，在“官服”中，由绿色升格为紫色是一种擢升。奝然下榻于太平兴国寺。而后又要求去五台山朝拜，太宗答应了他，并诏令所路过的地方都要做好招待。奝然临别时，又想要《大藏经》，太宗也下诏给他一部。随后，他跟随台州宁海县的商人郑仁德的商船回日本去了。

到了端拱元年（988），太宗又收到了奝然的感谢信和一批贵重礼品。这是由另一拨日僧，奝然的弟子带来的。感谢信写得非常典雅，内中有言：

望落日而西行，十万里之波涛难尽；顾信风而东别，数千里之山岳易过。妄以下根之卑，适诣中华之盛。于是宣旨频降，恣许荒外之跋涉；宿心克协，粗观宇内之瑰奇。……奝然空辞凤凰之窟，更还蝼蚁之封。在彼在斯，只仰皇德之盛；越山越海，敢忘帝念之深。纵粉百年之身，何报一日之惠。染笔拭泪，伸纸摇魂，不胜慕恩之至……

当初我来的时候，看着落日而西行，只感觉时光太慢了，怎么也走不完这十万里波涛；等我根据信风而回去时，又感觉这时光太快了，几千里山河很快就看不到了。我这个狂妄的下根之人，却有幸看到了中华之繁盛。皇上您还不断下旨，允许我到远地去跋涉；我这心总算得到满足，粗粗地见识了天下的瑰丽奇异。……奝然我辞去凤凰所驻之仙洞，再回到蝼蚁所栖之封土。无论在天朝还是在此地，我只仰承皇德之盛大；虽然翻越了高山大海，哪里敢忘记怀念皇帝的深情。纵使我粉碎了这个百年的肉体，那也无法报答皇上您一日的恩典。拿起笔来写信，不断有泪水流下。展开纸张难以自持，无法表达我对皇恩的仰慕……

《孝经》

我关心的是奝然带来的礼物，其中一种是《孝经》。

近人著书说，在日本曾发现“古文”《孝经》残本，也即汉儒孔安国的注本残本。奝然带到中国来的《孝经新义》不详，但《孝经郑玄注》却属于“今文”《孝经》。两种版本文字略异。

《孝经》一般认为是孔子弟子所著，全书不计标点，只有一千八百字。《孝经》本来有三种版本，今文本为郑玄注，古文本为孔安国注，大唐玄宗皇帝曾亲自作注一种。玄宗注本颁行后，郑、孔两注都渐渐失传，虽然有清人辑本，但并非全貌。奝然带来郑玄注的《孝经》今文全本，应该是中日文化交流的一大事件。

日本国对《孝经》极为重视。

日本关西大学陶德民教授曾对我说：日本名人吉田松阴早年曾经为“通宇内形势”，“探知其实情”，借美国人佩里再到日本之机，与门生偷渡到美国船上请求出洋，遭拒绝后自首。陶教授考证出，吉田偷渡时随身带了四本书——《孝经》《唐诗选掌故》《兰学》《和兰词典》。吉田是伊藤博文的老师，也是富有野心的人物，曾有“并吞五大洲”的梦想。

《孝经》在日本，自八世纪开始，就得到重视。曾经得到鉴真和尚授戒的日本孝谦女皇，大约是日本史上最为娇媚而有作为的巾帼女杰。她终生未婚，虽然不少风流韵事，但对传统儒学却礼敬有加。她曾经下令全日本“家藏孝经一本，精勤诵习，备加教授”。

德川时期的日本大儒，阳明学派的创始人中江藤树曾著有《孝经启蒙》一书，内中有言：“吾与父母本一体而无间隔，故吾立身行道，则父母鬼神著而享之，吾名传播，则父母之名亦因以光显也。”他认为这是“孝行成功尽头处”。

明治维新之后，日本举国倡导“文明开化”，但在中小学教科书中，却加入不少忠孝文字与内容，“持孝行乃人伦之最大义”是日本国民精神文明之一。日本人的“克忠克孝”已经成为“日本性格”。

宋太宗也同样重视《孝经》。

有一次，太宗得到《千字文》，就拿到秘阁赐给名臣李至。李至将它做了刻石立碑的处理。太宗再来，看到《千字文碑》，就说：“《千字文》乃是梁武帝得到残碑钟繇的书法，而后命周兴嗣次韵而成。义理方向上没有更多可取的，如果论有助于天下之教化，莫过于《孝经》啊。”说着还亲自书写了《孝经》全文，赐给李至。此事成为《孝经》传播史上的一段佳话。

《孝经》，可能是近代激进思潮以来，最为人所诟病的儒学经典。

世间不少“耳食者”，也即靠道听途说而自命得到“宇宙真理”之辈，不断咀嚼近代反传统者反复咀嚼过的馍，认为《孝经》是“封建专制传统”之产物。事实当然不是这样。展开来评论《孝经》不是我此书的目的，但我愿意，借奝然和日本重视《孝经》的故实，略说一说《孝经》的大义。

简言之，《孝经》的本质，是对生命的感恩。它是规范君王公侯以至于庶民百姓的政治与伦理之理性规则。《孝经》总根于爱——理性之爱。

《孝经》第一章就说：“身体发肤，受之父母，不敢毁伤，孝之始也。立身行道，扬名于后世，以显父母，孝之终也。夫孝，始于事亲，中于事君，终于立身。”此说有五大要点：

一、尊重生命，爱惜生命；

二、感恩父母，孝敬父母；

三、立身扬名，光耀祖宗；

四、忠孝两全，恪尽职守；

五、完善自我，成就自我。

这五大要点，都是政治伦理之大道，在日本、在欧美、在古代中国，在任何一个文明共同体，都是常识，都是正价值。没有任何一个文明共同体反对这五大价值。故《孝经》乃是讲述文明常识与存在价值的典籍，所言义理，与现代价值自有吻合之处。当然，《孝经》不等同于坊间流传的《廿四孝》。这是截然不同的两种文本，二者不具有精神上“通约”的性质。以《廿四孝》而掊击《孝经》，非好学深思者说话，是言不及义的，不足论。

顺便说几句：所谓“封建专制传统”这类说法，不属于吾土圣贤话语，孔孟、老庄、孙逸仙无此话语；不属于西方政治哲学话语，洛克、柏克、哈耶克无此话语；也不属于基督教神学话语，加尔文、阿奎那、奥古斯丁无此话语。就史学逻辑而言，它不属于真判断。我做此书，犹如一场“汉语纯洁化个人运动”，自誓力不吐此六字。

理解《孝经》，不仅需要一种对古人的“温情”，一种认同文化保守主义精神的姿态，更需要一种方法，也即从经典中寻求人类共同价值的思想方法。隔断中国与世界的价值联系，犹如隔断中国古代与近代的联系，同样问题重重。我与接受激进主义思潮的朋友一样，若干年前，曾有“反传统”暨“反《孝经》”之言说，所以我熟知这类模式背后的东西是什么货色，至今后悔觉悟太晚。

奝然所言让太宗有了感慨，史称“帝叹息曰”：

此岛夷耳，乃世祚遐久，其臣亦继袭不绝，此盖古之道也。中国自唐季之乱，宇县分裂，梁、周五代享历尤促，大臣世胄，鲜能嗣续。朕虽德惭往圣，常夙夜寅畏，讲求治本，不敢暇逸。建无穷之业，垂可久之范，亦以为子孙之计，使大臣之后世袭禄位，此朕之心焉。

这是岛夷之国啊，居然世祚如此久远，他们的大臣也能世系不绝，这是古来之道啊！想我中国，自唐末海内分裂，五代之国帝王世数尤其短促，大臣子孙，都很少有继承父祖之业的人物。朕虽然德能不如往圣，但常常心怀敬畏，励精图治，从来不敢放纵自我而求安闲娱乐。期待能够建构无穷之基业，立下久长之规则。既为赵氏子孙所想，也使大臣们能世代守住禄位。这是朕的愿景啊！

这一故实信息密集，“解构”它，可以做一篇绝大文章，但太宗这一番话，核心是：期待长治久安。

中国帝制为何没有“万世一系”

日本国虽然有战乱、有割据，也有天灾，但在国家治理方向上，国体不变，世系不变，这样就有了基本秩序。时论常有批评中国“封建社会”（且不论“封建社会”四字的定义之荒谬）的生态为“超稳定系统”，并以此认为中国之所以“落后”的原因所在。事实上，日本“系统”比中国“超稳定”得多。显然，“超稳定”与“落后”

不构成“充分必要”之逻辑链条。各种“反传统”迄今没有见到思想含金量，原因种种，其中之一是：许多“大言”，不是“真判断”，其漏洞往往不在思想方向上，而在逻辑方向上。大多数“反传统”言说，禁不住至为简单的逻辑归纳法推敲。

太宗了解到日本国这种政治生态，很羡慕。大宋三百一十九年，历十三世十八帝，在中国帝系中，也算比较久长的了，但与日本天皇世系比较还是很短促。

是何原因？

大宋的国内治理，其文明程度并不比日本差。在奝然来中国的这一年，日本京都附近正在抓捕私带武器的人，大宋则正在滑州（今属河南）治理黄河泛滥。太宗爱惜民力，不愿意动用民工，而调拨五万禁军来堵塞决口，次年还废弃了岭南采珠场，原因是：海下采珠艰苦，往往有人溺水而死。此前几百年，日本国最常发生的故实就是天皇“让位”。“让位”背后的力量较量，熟悉人性弱点，就不会陌生。

与日本比较，中国是一个“四战之国”，东西南北都有“异族”觊觎。上溯上去，可以看到，“四战”之中，最凶恶的“异族”来自北方：大明遭遇清军，南宋遭遇蒙元，北宋遭遇契丹与金国，都有被“异族”亡国的经历。五代后晋也被契丹所亡。大唐帝国也屡屡遭遇来自北方的多种“异族”之害。南北朝时代，东西晋时代，也曾被“异族”颠覆半个中原。大汉帝国，北有匈奴，匈奴最强盛时期，汉高祖曾被冒顿单于包围于平城（今山西大同）。秦时如此强盛，也依然有匈奴之害，不得不派出大将蒙恬常年镇守关外。战国时的北部，赵国也曾遭遇匈奴侵扰，名将李牧镇守雁门关，这才抵挡住来自北方的战争危险。但日本没有“异族”之患。日本“万世一系”，有得天独厚的地缘政治条件。

这也是为何太祖赵匡胤像个“守财奴庄稼汉”一样，辛苦聚财、守财，充实“封桩库”，准备或赎买“燕云十六州”，或招募勇士拟与契丹武力相对，夺回被石敬瑭割让的失地。也是为何太宗像个“愤怒的青年”一样，对契丹放狠话：“惟有战耳”“乘胜取幽蓟”“径指西楼之地，尽焚老上之庭”。中原历代王朝，无不期待“万世一系”。除了那些无道邦国自内部而旋起反对力量，遭遇颠覆以外，大宋、大明，并无大恶，而且在内部生长中，都有了“近代性”酵素，但是金元终止了大宋的文明展开，清朝终止了大明的文明展开。直到民国，还在遭遇异族侵扰。中国，地缘环境太过于恶劣。

大宋未能如日本那样做到“万世一系”，固然也应该是“众缘和合”的“耦合”力量作用之结果，不存在单一向度的原因，但也应该看到，在诸“耦合”力量中，偶然性的力量往往更为明显。按照帕斯卡尔的意见，罗马历史，与埃及艳后的鼻子有关：如果她的鼻子短或长一厘米，世界史都会从头改写。而现在，她的鼻子“偶然”刚刚好，于是，有了历史的逻辑起点。大宋，恶劣的地缘“偶然”如此存在着，于是，有了历史的逻辑起点。这并不是游戏说法，而是历史经验判断。当然，谁都知道，罗马史，除了埃及艳后的鼻子刚刚好，还有更多“偶然性”在参与。大宋帝国没有成为日本国那种“万世一系”的王朝，除了地缘政治环境之外，也同样还有更多“偶然性”在参与。这是无须深入解释的事实。

在如此地缘环境之下，自古以来，中原文明之邦，都注意“修德以来远人”，通过修德，而让边缘的“异族”向化，以此来规避可能的“民族战争”。

奝然对日本国的介绍，让太宗感慨万分。他所感慨的“孜孜求理”之“理”，是“治理”之“理”的意思。《续资治通鉴长编》记载，太宗践祚之后“励精求理”，也就是“励精求治”的意思。翻阅宋史各类史料，会发现，宋帝几乎人人“求理”。作为十世纪、十一世纪的中国合法领袖，他们尽到了个人的最大努力，与历代帝王比较，大宋帝王群体，最为仁慈而又尽责。他们怀有天下目标，但却因为“异族”入侵而两次中断“世系”。

日本君主国的“世系”经验证明：国体，不影响文明之展开。据此，我也愿意逻辑地推断：大宋帝国的“世系”如果也能持续，同样不会影响文明之展开。中国圣贤，并不比日本圣贤笨。

考与太祖、太宗大略同时在位的日本君主有村上天皇、冷泉天皇、圆融天皇、花山天皇、一条天皇五人。

村上帝，有干一番事业的雄心，但始终未能自主掌握权力，一直被藤原家族控制，国内又有多场叛乱，造成财政紧张。

冷泉帝，几乎是在宫廷政变中被迫让位，他也懒得执政。藤原家族的“独裁”让国家备受苦难。

圆融帝，不过是个孩子，藤原家族在摄政中，又开始家族内部的“绞肉”斗争。日本，家国不宁。

花山帝，诗人，才子，“和歌”写得不错。但他“践祚”当天，看中一个侍奉他的宫女，居然当着众大臣的面在御座上与宫女做爱，于是诸臣纷纷向他进献美女。以后的岁月，他的荒淫，难言。

最后他被藤原家族连哄带骗，稀里糊涂地让位、出家。

一条帝，好学，人品也不错，写《源氏物语》的紫式部就是那时人。但一条帝几乎无权，国家权力都在道隆、道长兄弟与藤原家族手中。

但就是这类帝系人物下的日本邦国，千年之后，有能力，并有运气，演绎为福泽渝吉“脱亚入欧”之典范。经明治天皇、大正天皇、昭和天皇，几代人的时间，成长为现代邦国。比较来看，以大宋帝国太祖、太宗的仁慈睿智，好学深思，开放襟怀，其帝王谱系下的邦国，至少也应有不下于日本的更好前途。我知道历史不可以假设。我想说的是，那种动辄将中国“落后”推诿于“帝制皇权”或“封建专制传统”的说法，不是真判断。

帝国，需要在演绎中生长新的可能性，但需要一粒“道种”，那就是“天下为公”。“道种”在，吾土文明就不会省略“元亨利贞”之吉相。自尧舜以来，这一粒“道种”，往往“或跃在渊”，但“无咎”。它的生命机缘，不是被决定的，而是按照“存在”的方向自我呈现的。天心如何“呈现”，那是神的事。人要做的只是小心翼翼地护持这一粒“道种”，带着希望，等待，并劳作。

宋太宗赵炅，倡“法当原情”“以民为心”；名相张齐贤，认为“法贵有常”“政尚清净”。我欣赏这些意见。它们是“天下为公”的法治之花、民生之花。越是理解法理精神，理解作为政治哲学的保守主义，就越能理解大宋帝国的领袖、精英们的近代性甚至现代性。

宋太宗赵炅，他的时代，留下了无数故实。了解这些故实，可以知道十世纪的帝国领袖和士大夫精英团队，在中国文明的展开中，事实上，也在世界文明的展开中，尽力了。

壹

太宗践祚

赵光义践祚的第二日，就行使君王权力，颁下了第一份诏书，讲述了新立皇帝的“五条意见”。没有一条新东西，也不见新格局、新气象，豪言壮语之类，但让中原士庶明白了一件要紧的大事——天子换了，天下没变。

第一份诏书也即“五条意见”

公元976年，农历冬十月癸丑日，宋太祖赵匡胤，崩。

灵柩停在万岁殿东楹。

一夜大雪，白了京师，全城缟素。

第二天，甲寅日，早上，太宗赵光义在太祖灵柩前即位。

群臣祭奠太祖、拜贺太宗。

赵光义很悲痛，号啕痛哭，几乎昏过去，史称“帝号恸殒绝”。

当天一大早，汴梁城中士庶看到官员们腰里系了灰白色的麻绳子，铁黑着脸，踏着深深的积雪匆匆进宫，不难猜得出：皇上殁了！

一些老人回忆起近世以来，死了皇上，后面就是一场又新又旧的大位争夺与加冕。那时节，往往就有了刀光剑影。当初后汉高祖刘知远死，枢密使郭威起兵推翻后汉，乱兵劫掠市肆那一场，老人们记忆犹新。往日的恐怖被召回，流言开始按照流言的模式悄悄传布，城里有了隐隐的骚动。人们不知道新任皇帝会有怎样的动作，更不知道哪个地方、什么时候，会窜出一股子乱兵来，拥戴什么，或劫掠什么……

京师，人心不定。

但是，很快，冬十月乙卯日，赵光义践祚的第二日，就行使君王权力，颁下了第一份诏书，讲述了新立皇帝的“五条意见”——

一、大赦天下。“常赦所不原者咸除之。”平常大赦时，犯有大恶的罪犯往往不在赦免范围之内，这一次也给予了赦免。

二、禁生边衅。“令缘边禁戢（音及，收敛、停止的意思）戍卒，毋得侵挠外境。”命令边境将官，要约束属下士兵，不得侵扰境外契丹之地。

三、广开言路。“群臣有所论列，并许实封表疏以闻，必须面奏者，閤门使实时引对。”群臣如有批评或建议意见，可以直接上疏；如果要面奏，皇帝办公室人员必须及时引见。

四、提倡孝悌。“风化之本，孝弟为先，或不顺父兄，异居别籍者，御史台及所在纠察之。”天下文明，有赖于家族和睦。子不孝、弟不顺，冒犯父兄，或不到分家时而离家别居者，要由有关部门督察举发。

五、率由旧章。“先皇帝创业垂二十年，事为之防，曲为之制，纪律已定，物有其常，谨当遵承，不敢踰越。”太祖赵匡胤创业多年，很多大事，往往防患未然，谨慎小心地订立各种制度，大的规则已定，天下自有常规，各级官员当恪守奉行，不能违背。

诏书后还有两句话：“咨尔臣庶，宜体朕心。”我将这些话告诉你们这些大臣和天下士庶，期待你们能理解我的想法。

“五条意见”，没有一条新东西，也不见新格局、新气象，豪言壮语之类，但让中原士庶明白了一件要紧的大事——

天子换了，天下没变。

于是，京城很快安静下来，人们有时间慢慢回忆太祖赵匡胤一生的业绩，并对新立皇帝赵光义寄予了很大期望，同时，人们也有时间开始慢慢规划自家新的一年和未来——怎么能过得更舒坦一点。譬如，我能想象，一些得到大赦的囚犯，在免于牢狱之苦后，喜极而泣，会在亲友们的簇拥下，围炉夜谈，慢慢诉说一个个小小的愿望：等到国丧过去，就买上几斤肥肉，扯上几尺粗布，打上几斤老酒，准备过年；再置办几把趁手的锄头，开了春，好好种地……

人们对大宋帝国第二位皇帝的期待似乎超过了对第一位皇帝的期待。

新立皇帝赵光义改名赵炅

据说像哥哥赵匡胤一样，赵光义出生时也颇有异兆。说他们的母亲，史称“昭宪皇后”的杜夫人，曾经梦到一个“神人”手捧太阳给她，这之后，有了身孕，妊娠期满，就在丈夫赵弘殷供职的官舍生下了这位未来的宋太宗。据说，太宗出生时的当天夜里，官舍上空有“赤光”而且“上腾如火”，街坊邻居们提了水桶脸盆来“救火”时，还闻到了“异香”。

宋太宗出生的这一天，是后晋天福四年十月七日，公元939年11月20日。他比赵匡胤小十二岁，同属猪。

赵光义少年时代就显示了与众不同的性格。游戏时，小伙伴们对他都很“畏服”。等到他长大成年，不怒自威，应该是个气场强大的人物。据说看到他的人，都知道此人不是池中之物。

赵光义排行老三，赵匡胤排行老二，老大早夭，他们还有个四弟赵廷美。

这位老三年轻时就很“嗜学”，以至于他的父亲赵弘殷先生也看出了苗头，于是，更多地鼓励老二习武、老三习文。说赵弘殷在跟随后周大帝柴荣讨伐南唐淮南之地时，凡是攻破州县城池，什么财货也不要，只去搜罗各类古书，而后转送老三，并时常勉励、告诫他学古学文。于是，赵光义年轻时就在老爸栽培下，有了学者风范，文业不凡，艺能不俗。

当赵光义最后以“晋王”身份践祚为大宋皇帝后，这些关于他的种种神异传说开始流布，预示了天下士庶对他的认可。

赵光义做皇上之前，已经有过十几年的历练。

后周时，他曾经做过供奉官。官职不大，不过是执掌一点后勤工作的武官侍卫之类，但他在陈桥兵变中，与谋臣赵普一起，拥戴赵匡胤做了皇上，成就了泼天大功一件。不难想象，陈桥驿现场，乱兵蜂起中，赵光义镇定自若，经由天才擘画，将充满种种不确定性的“叛乱”，顺势引向了王朝更替，成为乱世的胜利者。这类胆识和能力，让那个渴血而又悲情的世界中的文武叹服，士庶敬畏。

赵匡胤称帝后，赵光义被提拔为殿前都虞候，这是禁军中侍卫亲军负责执法的武官。赵光义首次进入中央高级将领行列。由此，他得以结识朝中文武大臣。不久，又“领”睦州（今属杭州）防御使。所谓防御使，与团练使、观察使相近，都属于地方军政长官，而宋代的防御使有一些往往不过是武官的“寄禄官”，也即表示薪金级别、划定叙迁之阶，并无地方实权的官职。要得到实权，还要皇帝另外“差遣”。“领”有“遥领”之意,“领”防御使，就更不是实缺。赵光义得到这个官职，虽然不需要跑到睦州去做地方官，却带有荣誉性质。

最让天下士庶领教赵光义权威地位的是，赵匡胤北征时，他以“大内都点检”的官职身份留守京师，总揽首都军政。留守，有时也称监国，一般由太子来干这个活儿。赵匡胤不派儿子们做留守，又不给诸子“太子”的名分（他也从未册立过“太子”），现在让三弟赵光义来做这个工作，天下人应该有感觉，乃至于有市民惊呼：

“点检作天子，更为一天子地耶！”过去，皇上从点检做了天子，现在又要有一个新的点检做天子的事出现了吗？

没有任何记载说正做着皇上的赵匡胤对这类传闻生出反感（这一点与赵光义不同，书后会讲到），他甚至在北征李筠之后，让三弟来“领”泰宁节度使。节度使是比防御使权力更大的地方军政长官。泰宁在福建，那时福建未平，显然也是个虚衔。但这个虚衔意味着三弟赵光义从防御使更升一步，有了“藩镇大员”的荣誉。

后来赵匡胤南征扬州李重进，又以三弟为大内都部署，也即朝廷总管；并加同平章事，这是宰相之职；还行开封尹，也即京师市长；再加兼中书令，这也是宰相级别的职务。宋代一个人可以带几个宰辅职务，如同中书门下平章事、侍中、仆射、中书令、参知政事等，都属于宰辅级别的职务。到了太祖征讨太原北汉政权时，又改三弟为东都（即汴梁）留守，另外赐给门戟，封晋王，官员立朝排序，晋王在宰相之上。

门戟，是一种木制仪仗礼器。赵光义得到晋王的仪仗礼器，按照等级划分，与皇帝这个最高职务，只差一步之遥了。

我相信这是赵匡胤对三弟的有意栽培。

有一次，赵匡胤对左右夸赞三弟说：

“晋王龙行虎步，且生时有异，必为太平天子，福德非我所及也！”你们看这位晋王，走路有龙虎之态，何况他出生时就有异兆，将来一定是一位太平天子。他的福德可比我强，不是我能达到的啊！

赵光义三十七岁登基，此前十几年的历练让他有了朝中人脉，更有二哥的护佑、加持，让他在做大宋皇帝时，几乎没有遇到任何阻力。往代王朝往往在第二任帝王之际出现权力争夺，成为规律性的“政治瓶颈”，但在大宋王朝，赵光义顺利得很。他登基后颁发的“五条意见”，也预示着天下安宁。宋太祖赵匡胤的时代，说过去就过去了；他的兄弟赵光义的时代，说来就来了。天下除了为故去的先帝穿素服，除了忙着避讳“光义”这两个汉字，人们照旧生活，和以前没有什么两样，大宋老人们的忧虑，多余啦。五代乱世，一去不复返啦。

甚至，正当人们忙着避讳“光义”这两个汉字时，忽然又得到朝廷告示：现在还没有来得及“避讳”这俩字的，不必“避讳”啦，皇上改名字了。

大宋新立皇帝赵光义，改名赵炅。

避讳

宋太宗本名也不叫赵光义，叫赵匡义，但他哥哥太祖赵匡胤当了皇帝之后，按习俗、按礼法，天下应有“避讳”，人名不得使用“匡胤”两个汉字，于是赵匡义改名叫赵光义。现在赵光义当了皇上，如此，按习俗、按礼法，天下又当避讳“光义”二字。但“光义”二字，朝野使用频率太高，“放光明”“存仁义”之类名词，文件常见；“光大乡”“仁义里”之类地名，州县常见；“张小光”“马大义”之类人名，士庶常见。所以认真“避讳”起来，礼部官吏们审定存世文件、地方太守们更动所在地名、官民男女们修订户籍档案，诸如此类，实在是太麻烦啦。这一个多月时间里，天下也确实在紧锣密鼓地为“避讳”这两个汉字而忙碌，到处都在改名。

“避讳”礼俗已流行千年，皇上也无能改变。

赵光义了解到这个“避讳”现象后，为方便天下，再次改名，单名一个“炅”字。与“光义”比较起来，“炅”字稀见，偏僻得很，天下“避讳”这个“炅”字，工作量就会小得多。赵炅之后，大宋历代帝王多有改名，都在选择偏僻汉字，以此减少民间和官方的工作强度。赵炅带了个头。

“避讳”这事，由来已久，世界皆然。史称“为尊者讳，为亲者讳，为贤者讳”，无非是制定一种礼俗，不去直呼其名，借此表达对尊者、亲者、贤者的一种敬意。古代，《旧约》时代，上帝也即“耶和华”，这几个字，书写时就由不发音的希伯来字母组成，意思是不能妄称上帝之名。后来演进中，总要有称呼，于是被翻译为类似汉语文字“耶和华”的读音。传统中国之“避讳”也在演进中，到现在，尽管还不适宜当面口头上直呼“尊者”“亲者”之名，但书写已经无妨。是否直呼“贤者”之名，历史上其实也不过是一种个人选择。你可以直呼，也可以不直呼。宋人有一个士子，很是仰慕唐代诗人孟浩然。他经过一个叫“浩然亭”的地方时，不禁感慨：怎么能直呼贤者之名呢？于是将“浩然亭”改为“孟亭”。有人直呼“浩然”，这位士子就不乐意；但是尽管他不乐意，还是有人愿意直呼。这是士子的个人行为，并非官方制度性规定。到今天，风雅点的人士还是愿意称“康南海”“南海先生”，而不愿意直呼“康有为”。“避讳”也在流变中。

赵光义改名赵炅，是既尊重传统，又有所变易的中道行为。如果恪守传统，不做变易，天下为实现“避讳”这一礼俗，就会折腾出数不清的行政事件、文化事件、社会事件；如此，天下将会出现“失衡”状态。如果干脆废掉“避讳”礼俗，在那个时代，也将可能出现另外一个类型的“失衡”状态。

赵炅，经由一个小小的变易，走向了“中道”。这个“中道”，就其政治智慧和伦理智慧而言，就是“中庸之道”。

赵炅，是中国帝王中，比较能理解儒学“中庸之道”精髓的人物。

这事不简单，容我以后来表。

简单说，宋太宗改名事小，平衡事大；平衡“避讳”事小，治理邦国，有此平衡理念事大。有这个诉诸价值“应然”的平衡理念，也即中庸理念，与没有这个理念，政治治理是不一样的。从历史上看，这也是区别“圣君”“贤君”与“暴君”“昏君”的尺度之一。

以火德王

说到“炅”字，也有讲究。

“炅”字有“火光、明亮、炎热”的意思。这是因为，大宋认为本朝是“以火德王”，故推崇“火运”。

“以火德王”，是汉代以来五行哲学的一种说法，正式的名称是“五德终始说”。注意，是“五德终始”，而不是“五德始终”。意思是“五德在循环中，一个终结后，另一个开始”。但“五行”的思想，可能在殷周之际就出现了，一般认为托名殷商亡国之臣箕子与周武王的对话文献《洪范》，为“五行”的最早记录，但一直到汉代，才成为逻辑链条比较清晰的哲学。“五行”说，在讨论中国政治问题时，倡导一种循环论理念，大意就是木、火、土、金、水这“五行”在循环运行中，有衍生或克灭的关系。所以历来朝代更替，都要确定前朝属于“五行”中的哪一“行”，而后便知道本朝替代前朝又属于哪一“行”。知道了前朝之“德”，就可以推断本朝之“德”。此事攸关本朝正朔，是天命所在，非同小可。换一句话说，本朝立国，是否合理、正当、合法，一句话，是否符合天命，必须先来界定五行属性。五行属性明了，而后才可以有资格号令天下。

秦汉以来，历朝都在严肃地玩着这个有趣的政治游戏，乐此不疲。

为此，历代史学家在撰写正史时，往往要编写一部《五行志》，以此推衍朝代更替前后的天命。直至民国卿士撰写《清史稿》，都昭示着，不懂“五行”，是没有能力完成正史的。

后周确定自己是“木德”，木生火，故大宋接续为“火德”。大宋自建国之初，就已经推断并确定了本朝属于“火德”，故史称“炎宋”。

五丈河畔的火轮小儿

“木周”让位给“炎宋”，宋人王铚的《默记》还有一个恐怖的宿命故实。

说谋士王朴在后周任枢密使，帮助周世宗柴荣打天下，所向披靡。因为经常要与世宗讨论用兵事宜，所以王朴常常住宿在宫中。

有一天他谒见世宗时，很悲痛地说道：“大祸不久就要来了！”世宗问什么祸。他说：“臣观看天象大异于平时，所以不敢不说啊！这件祸事就在我大周社稷，陛下也不能免，但我要首先承当这个祸事。今晚请陛下跟我一块来看，就知道了。”当晚，王朴与世宗悄悄出城，到了郊野，在五丈河旁停住。中夜后，王朴指着说：“陛下看到河对岸像渔灯一样的东西了吗？”世宗看到了一盏灯闪出荧荧的火光，渐渐走近，到了隔岸之地，大得像一个火轮。火轮之下有一个小儿，也就三五岁的样子，在比比画画。

等到火轮到了近岸处，王朴说：“请陛下赶快下拜。”世宗当即下拜。拜后，看到那个火轮与小儿渐渐消失。

王朴哭泣着说：“陛下既然见到了，臣没有什么更多话说了。”

此事过去没有几天，王朴就在与名臣李谷吃酒时，在座位上忽然无疾而终。而世宗北伐，下关南等地，没有来得及收复幽燕，路上生病，回到京师汴梁，崩。半年后，“天授我宋矣”，天命归于我大宋了。

作者王铚解释这个故实说：“火轮小儿，盖圣朝火德之盛兆，岂偶然哉！”

但大宋确实应该自命“火德”吗？这事也有争议。

太宗雍熙年间有个“布衣”，就是没有做官的庶民，叫赵垂庆，他给朝廷上疏，大意说，大宋不应该继承五代的后周自称“火德”，而应该跨越五代，直接承接“土德”的大唐，因此应自称“金德”。在他看来，乱哄哄的五代，没有资格称天命，也即没有资格进入“五德终始”的圣统。

斯事体大，太宗拿到尚书省，要百官讨论。

最后给出结论性意见的是名臣徐铉。他的说法是：

五运相互承续循环，是国家大事，历来载籍，都有明文。后梁、后唐、后晋、后汉、后周，五代相续，但有不同。后梁自命承续大唐“土德”而为“金德”，但后唐却不承认后梁，而自认后唐就是对大唐的恢复，所以后唐与大唐是一个圣统，依然属于“土德”。在后唐看来，“五德终始”的天命关系中，没有后梁什么事。后梁不过像夏王朝中间出来个后羿、寒浞，汉王朝中间出来个新莽一样，都属于篡代，非正统。后唐中兴大唐，理应是正统。

在此之后，后唐“土生金”，代替了后唐的后晋就是“金德”；后晋“金生水”，代替了后晋的后汉就是“水德”；后汉“水生木”，代替了后汉的后周就是“木德”；后周“木生火”，故代替了后周的大宋就是“火德”。

从国初到现在，二十五年，已经有过多次祭祀大典，而且天下承平，显然这是上天降佑，祖宗显灵，“火德”这一圣统是符合天心的。因此，不要听信布衣赵垂庆的这类意见，“伏乞圣宋永为火德”，我匍匐而请求：我神圣大宋，永远属于火德。

史称太宗“从之”，接受了徐铉的意见，“火德”没有改。

可以推知，赵光义之所以改名赵炅，自有附会“火德”，应天顺人之意。

有一故实，可以约略看看赵光义对“火德”的自信。

红鸟与白兔

公元 995 年，是至道元年。这一年，纳土归宋的吴越国最后一任国王钱俶，他的从子钱昭序，正在执掌通利军（今属河南开封），辖境内发现了一只红色的鸟，一只白色的兔子。红鸟、白兔不算稀奇，稀奇的是这俩同时出现，被人同时捉住。

按照传统神秘家言，红鸟代表太阳，白兔代表月亮。这俩一个属于“阳精”，一个属于“阴瑞”，同时出现，就有阴阳和谐的意味，而“阳精”则恰好属于“火德”。这就等于大宋到了太宗一朝，有了“火德”的“祥瑞”。而“火德”昌盛，更意味着其他“德”应该“服膺火德”，譬如位于大宋西部的西夏，就属“金”。现在有红鸟、白兔这样的“祥瑞”，这是“示金方驯服之征”。表示西夏就要有驯服大宋的征兆。

钱昭序将这俩东西带到朝堂，上表，说了这一番道理，认为这俩东西属于“希世之珍，罕有同时而见”，希望能将此事通告史馆，也即国家历史档案馆，记录下来。太宗看到了红鸟和白兔，答应了钱昭序的请求，并且对近臣说：“乌色正如渥丹，信火德之符矣。”你看那红鸟，颜色红得像红百合，可以相信国家“火德”的征兆了。

赵炅，相信天命，但并不特别相信“祥瑞”。各地经常有人“献瑞”，他都做了很低调的处理，只有这个与“火德”有关的“祥瑞”，他给了肯定性的意见。按照天下治理原则，“炎宋”的“火德”，预示了王朝正朔，是天命条件下的德能彰显。在契丹、西夏、吐蕃等诸邦觊觎之下，王朝应有“顺应天命”的表征，以此宣示内外。后来的真宗皇帝策划天书符瑞，荧惑朝野，泰山封禅，兴师动众，也可以按照这个思路理解。

改名赵炅的宋太宗，初期还没有“金方”西夏的问题，按照方位，最大的地缘问题来自北方，那里有个强悍的恶邻：契丹。正是因为契丹，才使得北汉至今顽梗地存在着。但赵炅认为可以用一代人时间造就太平天下，他也有能力成为一代“太平天子”。但“太平”的条件是河山一统，是为中原治理争取更多合理的地缘生存空间。

大宋帝国，当人们期待以后不再打仗，期待天下太平时，可能没有多少人知道，这位新立皇帝赵炅，久久萦回不去的第一个念头是：

平定北汉，收复河东。

但他将这个念头雪藏起来，不说，不动，一直在隐忍。

诏罢河东之师

河东，黄河之东，在今天的山西中部和北部，中唐五代以来，为天下第一藩镇所在，现在，北汉在那里。

就像当初赵匡胤面对南唐，忍不住要咆哮一句“卧榻之侧岂容他人鼾睡”一样，赵炅先生面对蜷缩于河东的蕞尔小国北汉，也恨不能如此这般咆哮一句！当初周世宗柴荣费九牛二虎之力，没有拿下北汉，赵匡胤也曾经顿兵于太原城下，功亏一篑。北汉，如此顽固！

最近一次，赵匡胤出兵平北汉，已经两个多月，虽然北汉还在那里，不倒，但它已经摇摇欲坠。京师汴梁，不断地接到来自前线的捷报。现在，哥哥赵匡胤不在了，他派出去征讨北汉的军队还在那里，怎么办？

继续征讨，还是调回？

太宗赵炅思前想后，最后，拿定主意，在国丧期间颁诏，调回了前线的征讨大军。史称“诏罢河东之师”。

他为何要召回看上去胜利在望的北伐军？

北汉政权一直得到契丹的支持。但宋太祖时，大宋已经与契丹“通好”，契丹对赵匡胤、对大宋有敬意，对困守河东的北汉则更多了约束，要求他们不要撩拨大宋。

北汉主刘继元感觉到契丹与大宋的“通好”，不免忧惧丛生，甚至想过破罐子破摔，干脆南距大宋、北战契丹，与两个大国决一死战，最后经臣下劝谏才放弃了这个昏妄的念头。

赵匡胤在世的最后一年，感觉到了河东与契丹之间微妙的政治裂痕，于是抓住难得的战机，开始收复河东。当时派出两大指挥官：以侍卫马军都指挥使（禁军马军总司令）党进为河东道行营马步军都部署（河东前线马军、步军总司令），宣徽北院使（略相当于中直机关副总管）潘美为都监（河东前线总监）。这两位前线指挥官干得不错，开宝九年冬十月之前的几个月，不断传来捷报，宋师已经包围了太原，大有指日可下之势。契丹接到北汉泣血请援，一直拖了很久，才派出援军缓缓前来，在石岭关与宋师发生一场战事，败归。但并没有提出终止与太祖的“和约”。失去了契丹有力支援的河东，似乎就要覆亡了。但是，现在，前线将士们得到太祖赵匡胤病逝的消息，同时得到了新任皇上班师回朝的命令。史称党进、潘美等人，“皆自行营归阙”，都从前线军营回到朝堂。

这是太宗践祚之后，做出的一个有意味的重要决定。

党进、潘美等人，乃是太祖时名将，现在太祖驾崩，前线将军有理由回朝参加葬礼。而命令他们回朝的乃是新任大帝宋太宗。他们接受了调遣，也即意味着军权在中枢。中央集权，对于藩镇割据而言，具有秩序价值。党进、潘美之流，如果在前线“辉煌”，承五代流风，不幸被“权反在下”的将士们“阴谋拥戴”，乘国丧期间杀回京师，是可能的——晚唐、五代以来，这样的“阴谋拥戴”，反复上演。更吊诡的是，往往不是主帅造反，而是被部下“拥戴”，不得不反。所谓“部下”，基数庞大，良莠不齐，怀有造反发家念头的不逞之徒，二百年来，并不罕见。假使部下已反，主帅不反，那就有两个结局：主帅回到朝廷，是死罪（事实上也回不去）；不回朝廷，是死事（将士们会杀掉主帅，另外“拥戴”他人）。故主帅一旦被将士“拥戴”，只有造反一途。二百年来，中原大地，多少次上演这类充满血腥汗臭的故实。太宗不想出现这类格局，于是抓住时机，行使帝王权力，彰显最高权威。此举自有遏制藩镇流风，捍卫大宋秩序，将可能的悲剧消弭于无形的良苦用心。

说宋初直至太宗时代，武将们多少还遗留着五代藩镇习气，不是虚言。

与太祖时一样，太宗也不主动侵扰契丹。他在践祚的第二天就下诏颁下“五条意见”，其中第二条意见就是命令边境将官约束属下士兵，不得侵扰境外契丹之地。

但这个诏令没有得到严格执行。

马仁瑀大闹闻喜宴

当时的边将，瀛州（今属河北河间）防御使马仁瑀，负责管理霸州军（今属河北），另一位边将李汉超，正做着齐州（今属山东济南）防御使，但被扩大管辖范围，来做云州观察使，同时继续管理齐州军政。李汉超的职责是监管关南屯兵。云州，在今河北北部张家口一带，地理位置已经与契丹犬牙交错。所谓“关南”，乃是当初后周世宗柴荣时从契丹手里收复的瓦桥、益津、淤口三关（其实还包括瀛州、莫州等地），中原人于是习称这三关以南之地为“关南”。其地略相当于今天河北省西北迤逦东南一带。周世宗打下的关南之地，被大宋所继承，这是自石敬瑭割让燕云十六州之后，中原军民“恢复中原”最好的战略成果。

且说马仁瑀。

这位大将军幼时不好好上学，总是逃课。他爹把他弄到乡校去读《孝经》，学了十多天，一个汉字没认识。老师用木板打手心、打屁股，弄得小小马仁瑀怒自心头起，恶向胆边生，夜半三更，一把火烧了学堂，老师梦中惊醒，在好大一蓬烟火中，跌跌撞撞逃了出来。

据说马仁瑀少时与乡里孩子玩游戏，总是做出排兵布阵的模样，自任“将军”。每次与孩子约定时间，有来晚的，就抽人鞭子。孩子们都怕他。但他又常常买了果子分给伙伴们吃，总是分配得很公平。孩子们又都服气他。

青年时期，马仁瑀几乎无师自通，射箭有一套，能挽二百斤强弓。后汉时，投奔到邺镇（今属河北邯郸）郭威麾下。他应该就是在这个时候认识了赵匡胤，因为据资料推断，赵匡胤从军，也在郭威镇守邺镇时。周世宗时，高平一战，他与赵匡胤同时立功。

周世宗征淮南，攻打楚州水寨时，见水寨中间建有一座飞楼，高达百余尺，相距二百步。飞楼上有南唐瞭望士卒，以为周师奈何不得他，就高声谩骂。周世宗大怒，命令左右向那厮射箭，但是距离太远，射不到。马仁瑀不声不响，扯过弓来，拉满弦，只见弓开如满月，箭去似流星，嗖的一声，那厮“应弦而颠”，跟着弦声响过，一头栽倒。

随后，他在跟随周世宗南征北讨时，屡立战功。后周末年，已经做到龙捷左厢都指挥使，禁军左路军的总司令。

大宋建国后，他跟随太祖赵匡胤，平定泽潞（今属山西）时率师巡边。大军曾到幽州境内，契丹早就听过他的大名，蜷缩着不敢出来。马仁瑀就放纵士兵四野略夺，劫了成千上万的牛马羊。后来又奉命随军征讨川蜀，所在有功。在山东做密州防御使时，群盗在兖州一带活动，首领有一人状貌奇伟，大高个子，身手敏捷，江湖人称“长脚龙”，很为盗贼畏服。当地监军多次征讨，不利。马仁瑀知悉后，率帐下十几人进入泰山，擒了“长脚龙”，平定了齐鲁匪患。

从小胆大妄为的一条好汉，眼里揉不得沙子。

当时赵匡胤的小舅子王继勋常常对将帅们摆出一副傲慢的架子来，诸将因为他是皇后的兄弟，不免礼让三分。只有马仁瑀不买他的账，曾经有几次要撸胳膊挽袖子揍这位皇戚。俩人甚至暗暗约定，要在太祖郊区讲武时私下械斗。老赵得到消息后，谁也不得罪，干脆取消了这次讲武活动。

名相薛居正主持科举，马仁瑀请托照顾某某人。但是到了放榜时一看，某某人名在孙山之外。举子们及第，要吃“闻喜宴”，马仁瑀在自家府邸喝高了酒，带着某某人，大闹“闻喜宴”，当着诸考生狠狠地呵责薛相一番。相国岂可随便凌辱？此事闹大，被专门负责纠弹百官的御史中丞告到朝廷，太祖赵匡胤也不过轻描淡写处理一番完事。赵匡胤知道，马仁瑀还有另外一面：执法公正。他一恶侄杀人，苦主被恶侄派人游说，放弃了司法追究，但马仁瑀还是坚持按照法律程序处理了杀人犯，并给苦主一家安排后事，做了经济补偿。

马仁瑀，就是这样一个人。老赵了解他，对他很优容。

到了太宗朝，刚刚上台的赵炅刚刚出台了不得侵扰边境的诏令，马仁瑀就给新立皇帝来了个难堪。

他居然置大宋诏令于不顾，擅自发动麾下兵马，进入李汉超与契丹胶着的边境地带“略夺”，扩大地盘。

李汉超也是生猛将军，镇守关南，契丹多年不敢觊觎。

宋人田况《儒林公议》说一事。说李汉超带精兵五千，常驻高阳关，此地在今天的河北高阳县境，是契丹南侵的必经之路。李汉超总是担心兵少，就派遣他的儿子带着奏章到朝廷来请求增兵。太祖赵匡胤迎着他说：“是不是你老爸让你来请求增兵啊？”于是让他吃饭，并对他说：“你爸要是不能办我的事，那就等着契丹斩了你爸的脑袋，我再用能办我事的去守边关。兵，我是不能增加的。”然后又解下宝带，让他带给李汉超，还给了优厚的赏赐。从此李汉超能够奋励守边，终其一世，契丹没有能够入寇。

但马仁瑀从关南“略夺”，就涉及李汉超防地的安全问题了。于是两大边将从此“交恶”，有了冲突。如此，北境会发生什么事？略知“五代史”，就可以大致推知：格局莫测。

置酒讲解

太宗承继了太祖家法，对这两员悍将也不想“严肃处理”，但边衅一开，如果契丹介入，譬如，像当初收买石敬瑭、赵延寿、杨光远、杜重威一样，收买李汉超或马仁瑀成功，那就又是一个乱哄哄的“五代十国”！

隐患凶险，不得不防。可能的祸患，连萌芽都不让它出现，所谓防患未然，是政治家至为高妙的管理智慧。

自从五代藩镇割据以来，抑制武夫们可能的祸乱，让邦国实现文官治理，是太祖赵匡胤以及大宋历代君王的第一选择——无论发生什么事，可能导致什么结果，大宋再也不允许出现藩镇割据！要理解从“杯酒释兵权”到“冤杀岳鹏举”到“蒙元亡大宋”这条逻辑链上的军政大事件，藩镇割据问题，是大宋历代君王挥之不去的心理阴影。从中唐“安史之乱”以来——事实上，从东汉末年“诸侯兼并”以来——直到民国初期，藩镇割据，确实是祸害中原的恶性政治肿瘤。德能兼备的政治家，必须有抑制这个肿瘤生长、关键时刻割除这个肿瘤的英雄手段。大宋历代君王，在这个政治格局中，与汉魏晋隋唐乃至元明清民国比较，是做得最出色的。终大宋帝国三百年，从无藩镇割据事件出现。

但造化潜施，阴阳秘运。大宋在警惕这个“肿瘤”时，却遭遇了史上最糟糕的地缘政治格局。后来的日子里，强悍的女真、蒙元与大宋同在，让中原大宋在闪移腾挪中，由于不存在藩镇力量，也同时失去了地方武装的加持。此事说来话长，容我以后慢表。

且说两将“交恶”，已经构成了可与藩镇割据之乱世产生联想的重大事件，作为邦国领袖人物，必须要处理，抑制可能的“肿瘤”生长！

赵炅选择了一个很有效益的政治平衡点：

“遣使赍金帛赐汉超及仁瑀，令置酒讲解”，派遣使者带着金钱布帛，赏赐给李汉超和马仁瑀，让他们二人置办酒席好话好说，彼此和解。

这路数很像江湖黑道手段，体现了新任帝王的宽厚，但“令置酒讲解”的“令”字，却透露着“老大”的身份地位。五代时期过来、浑身带着江湖气的两位边帅能够感觉到：老大就是老大，毕竟身份不同。昔年赵匡胤都与武夫大佬们结成过“十兄弟”，宋初的武夫们熟悉这种路数。所谓“杯酒释兵权”，很大程度上，也是老赵操练江湖路数解决了藩镇割据隐患。与乃兄比，太宗是个读书人，也不得不对江湖“规则”高看一眼。太宗一纸诏书，“令”二位边帅“置酒讲解”，让二位边帅瞬间感受到新立皇帝的强大气场，于是二人握手言欢。

赵氏兄弟懂江湖路数，但在国家治理方向上，并不依靠江湖路数，而是依靠儒学经典以及《誓碑》《宋刑统》所揭橥的政治正义。这一点很像孙文先生。孙先生当年曾与洪门力量来往，很懂江湖路数，但民国治理，并不依靠洪门，而是依靠《建国方略》《建国大纲》《三民主义》以及“六法全书”所阐述的政治正义。大宋政权之取得，从合法政府后周朝廷“禅让”而来，但后来不仅成全了柴氏后人，更推演“天下为公”之政治正义，乱世以来的风气为之一变。史称“逆取顺守”，也即悖逆而得天下，循理而治天下。赵氏兄弟有时不得不借助江湖路数解决一个个具体问题，似也可从“逆取顺守”的格局中，揣度一点政治伦理的复杂性。

所以从逻辑上看，“诏罢河东之师”，是太宗调整内部关系的一个战略性决定——大宋要长治久安，必须控驭武夫。

但也不得不说，前线形势非常乐观之际，借国丧而撤军，实在是失去了收复河东、统一中原的一次大好机缘。

事后沙盘推演，太宗当时如果不撤军，而是点齐御林军，亲征北汉，也许可以更快解决问题。

不过，且慢！太宗另有打算。

太宗本质上乃是一介文人，但他却对自己的军事才能相当自信。他认为他有能力拿下河东。哥哥的未竟事业，需要兄弟我来完成！如此，作为帝王的“武功”才有着落。新立皇帝，应有超迈周世宗、宋太祖的“武功”资本。

但是，有必要在践祚之初，先解决本土内部问题。

开拔出去的大宋禁军主力，是否可以流畅调动？

这是内部问题的“重中之重”。

宋太宗勇敢地走出了这一步棋，他成功了。前线将帅听命“归阙”，显示着大宋帝国的内部管理有效。

草原民族不知道，大宋臣民不知道，宋太宗赵炅正在下一盘很大的棋。这盘棋，比起乃兄赵匡胤来，要凌厉得多。“诏罢河东之师”，不过是这盘大棋中的一次小小布局……

大宋与契丹交聘

赵炅现在还不想惊动北汉和契丹。

契丹与大宋“通好”，是北方民族第一次以平等姿态对待中原民族，也是中原民族第一次以平等姿态对待北方民族。其性质可以表述为：中国土地上，南北两大政权在互相警惕中得到肯认。

这种肯认，是契丹首先采取主动。

太祖时代，契丹确实有讨好大宋的意图。赵匡胤征讨河东，契丹虽然勉强来援，也被太祖打败，但自始至终没有提出“和约”终止，好像那一场战事不过是一件偶然事件。

太祖时，契丹国的涿州（今属河北）刺史耶律琮，第一次给大宋知雄州（今属河北）孙全兴写了信件，权衡利弊，诚恳求和。信件转到太祖手上，太祖答应了契丹的请求。

随后，契丹派出使节来访，国书自称“契丹国”。太祖并不介意，接见并宴请了“契丹国”来使。

几个月后，第一批大宋使团出访契丹，团长是閤门使郝崇信，副团长是太常寺丞吕端。事在开宝八年七月，公元975年8月。閤门使是礼仪官，略相当于中央负责礼宾的官员；太常寺丞也是礼仪官，但主管宗庙事宜。老赵派出这样的使团，有礼有节，可称处置得法。

史称契丹"自是始与中国交聘"，从此开始有了与中原政权的对等交往。"交聘"是外交的专有名词，一般指两国之间的友好往来。

契丹不仅讨好太祖，也讨好太宗。

太祖给了契丹友好的回应，太宗初期也有友好回应。

太祖逝世的消息传到契丹之后，契丹派出了使者前来吊唁，并修"赙礼"。"赙礼"就是"赙仪"，是带着钱财来参加丧事。太宗派出使者在城外宴请了这个使团。使团北还时，太宗还按照礼节给了他们赏赐。

与此同时，契丹也派出了更盛大的使团来祝贺太宗登极。

几个月后，等到太祖赵匡胤下葬时，契丹又派鸿胪少卿等人前来"助葬"。鸿胪，是中原职官，主管礼仪外交；少卿，相当于外交部副部长。契丹已经越来越多地采用了汉地职官制度，到了后期，契丹，也即大辽，基本汉化。这是后话，表过不提。这位少卿带来的"助葬"礼品有：山陵马三十四、御衣三袭、金带两条、御马三匹（并配有黄金鞍勒）、金饰戎具一副。

随后，契丹使节不断前来朝聘。

太宗召回征伐河东的将士，也给了契丹一个感觉，似乎大宋可以与北朝不必发生战争。和平，是可能的。

太宗即位之初，两国友好，互赠礼品，互贺节日，互相往来，历史记录中，不下十几次。

当初在太祖朝时，虽然国境上也有贸易，但都属于民间行为。到了太平兴国二年春，赵炅践祚才几个月时间，百废待兴，但还是在边境几个大的州郡，安排了“榷务”，也即国企性质的贸易公司或贸易管理局，将中原或南国出产的物资，如香药、茶叶之类，带到边境，与契丹“互市”，互相买卖交换。

看上去，两者似乎正在呈现和平前景。

天下太平了吗？

太平兴国

“天下太平”，是传统中国历代圣贤的政治梦想。这个梦想，似乎就要在太宗一朝实现啦。于是，太宗登极伊始，不待转年，就开始“改元”。他特意选择了一个富有诗意的年号：太平兴国。

赵炅先生还是个多产的帝王诗人，现在能看到他留存下来的诗歌达到五百六十多首。他似乎特别愿意追求美感。昔人笔记中记太宗一事，说他酷爱一种艺术名叫“宫词”，这东西有十个小调子，略相当于词牌，可以演唱。十个小调中有两个名为《不博金》《不换玉》。赵炅认为这俩小调子名太俗，根据内容意境，亲自改名，分别为《楚泽涵秋》《塞门积雪》。赵炅乃是文武全才，他甚至觉得禁军各部的名号不雅，于是“诏以美名易禁军旧号”，下诏用美丽的名字替换原来禁军各部名号:“铁骑”改为“日骑”,“控鹤”改为“天武”,“龙骑”改为“龙卫”,“虎捷”改为“神卫”。

所以他制定年号也多有诗情。

他在位二十一年,使用了五个年号。

第一个就是“太平兴国”,意思就是“天下太平,大宋国兴”。

第二个年号是“雍熙”,有“雍容和煦”之意。“雍容”是形容人的仪态最具褒扬的词,大意是温雅、华贵、舒缓、大方。“和煦”则指气候温暖,可以转义理解为用温和手段治理天下。显然,赵炅先生像历史上有道之君一样,有致力民生改善之倾向。

第三个年号是“端拱”。这年号与雍熙三年间的北伐失利有关。大臣屡屡劝谏宋太宗应该“无为而治”,他虚心纳谏,用了这两个汉字。所谓“端拱”,按语词本义,是俩手揣在袖子里,正身,或立或坐的样子。后来指心存敬畏,庄严临朝,端坐垂拱,无为而天下治的帝王之相。这个年号事实上是“太平兴国”的逻辑延伸。

第四个年号是“淳化”。用淳朴之政,感化天下。使用这个年号时,西夏那边正在捣乱,弄得太宗一朝几乎束手无策。赵炅用了这个年号,可以推知他试图“以德服人”的解决之道。

第五个年号是“至道”。淳化年间,各地有叛乱,太宗希望“与民更始”,与天下万民共同改良大宋,达到符合天道的最优模式。

现在,太宗改元“太平兴国”。

改元日选在即位两个月后。

太宗登极在丙子年冬十月甲寅日,干支纪年,以六十为一个轮回单元。两个月后,是十二月的又一个甲寅日。这时距离明年的丁丑年正月壬戌日，只有九天时间。太祖时代的“开宝九年”如果挨到这一天，那就太圆满了。但太宗已经等不及了，“太平兴国元年”，就这样，就在这一天，匆匆到来。

于是，农历丙子这一年，有了两个年号：“开宝九年”和“太平兴国元年”。

史称此类现象为“一年两元”。

但问题来了：赵匡胤逝世那一年，公元976年前十二个月零二十一天，也即丙子年的一月到十二月二十一日，历史文件怎么记录？属于“开宝九年”还是“太平兴国元年”？

司马光编撰《资治通鉴》，就选择后一种做法。

公元220年冬十月之前，还属于汉献帝的东汉“延康”年号，这年十月行禅让，曹丕称帝，改元“黄初”。司马光的《资治通鉴》就将这一年的正月也称为“黄初”。公元265年冬十一月之前，还属于曹魏“咸熙”年间事，被司马光记录为后来改朝西晋“泰始”年间事。公元936年冬十一月，后晋石敬瑭替代后唐李从珂，司马光就将当年正月至当年十一月，这十一个月内，还属于后唐“长兴七年”发生的故实，都记录为后晋“天福元年”发生的故实。

清史学家毕沅编辑《续资治通鉴》，在“考异”中，嘲笑司马光说：

“温公书年号皆以后改者为定，虽易姓之际，亦用此例……颇为后儒所讥……”

存在“一年两元”现象时，司马温公（司马光的爵位封号是“温国公”，故史称“温公”。“温公”不是司马光的谥号，司马光谥号是“文正”）都以后来者的年号记录当年事件，即使是改朝换代之际，也用这个体例……这种纪年方法很为后来的儒者所讥讽……

古人言：春秋责备贤者。毕沅如是说，实是如实说。我读史至此，也不免“责备贤者”：司马光，这类纪年法，不得法。

盖如此纪年，源于孔子作《春秋》之纪年。《春秋》有“王正月”说，也就是由周天子颁布何时为“正月”，并将当年正月作为纪年之始。

难道“正月”还需要颁布吗?

原来，夏商周三代时，各自的“正月”是不一样的。

周时以农历十一月为“正”，殷商以十二月为“正”，今天使用的农历源自夏朝，以每年的农历一月为“正”。

故“王正月”，是说周历十一月也即正月，为一年之始。

所以孔子的纪年与“改元”和“年号”无关，就是指新任周天子践祚，正月开始纪年。司马光将“与年号无关的纪年”转义为“改元之后的年号纪年”，以为如此可以体现“春秋大义”，事实上是将经学义理推演为史学方法，犯了逻辑错误。于是有了解释的混乱。

这种混乱在大儒朱熹那里也存在。

朱熹对司马光这类纪年方法不满意，在编辑《资治通鉴纲目》时，一反司马光的做法，干脆将年中的改元年号一律放在第二年。这样一来，同样的问题出现了：公元976年冬十二月二十一日至月底，这九天时间，已经改元为宋太宗“太平兴国”年间发生的故实，也都算作宋太祖“开宝九年”的故实了。

反反，并不总是得正。

所以毕沅对此仍不满意。

他讥评这二位大学问家说：

“宋太宗嗣位，未逾年而改元，若依温公例，于丙子岁春即书‘太平兴国’，则太祖嫌于不终。若以《纲目》例，须于丁丑春始书‘太平兴国二年’，则太宗嫌于无始。”宋太宗即位之后，如果依照司马光《资治通鉴》的纪年体例，公元976年之春，就应该书写为“太平兴国元年”，但这样一来，太祖的纪年，就等于没有了逻辑自洽的最后一年。如果依照朱熹《资治通鉴纲目》的体例，就应该在公元977年才开始书写为“太平兴国元年”，但这样一来，太宗的纪年，就等于没有了逻辑自洽的最初一年。

所以毕沅编辑《续资治通鉴》没有采用司马光和朱熹的体例，而参酌了编撰《续资治通鉴长编》的宋人李焘的体例：该是谁的纪年就是谁的纪年，哪怕将一年之中割裂为“两元”。如此，十二月甲寅日前，仍称“开宝九年”，属于宋太祖纪年；十二月甲寅日开始，始称“太平兴国元年”，属于太宗纪年。

此事今天看来已经很简单，也很清晰，但在司马光、朱熹二人看来，《春秋》体例自有“经学大义”，轻易不敢背离。但如前所论，经学作为一种儒学思想，在史学书写中，自有重要义理功能，但不能替代叙事逻辑。史上无数胶柱鼓瑟故实，大儒不能免，今儒也当警醒。

历史记录者有问题，宋太宗赵炅，作为历史亲历者，也有问题。

又不是异姓之间的改朝换代，都是大宋王朝，又是兄弟俩，哥哥的“开宝”还在当年，弟弟就改元“太平兴国”，这事就叫“失礼”

（毕沅语）。后来，朱熹在评价这个“失礼”行为时，不乏幽默地说：“开国之初，一时人才粗疏，理会不得。”他的意思是太宗登基时，朝廷没有大儒，所以乱改元。

这些都是闲话，表过不提。

太宗改元“太平兴国”，确实预示了一代贤君致力于天下太平的政治理想。

但太宗初年，天下并不太平。

除了北汉还在割据，吴越也并没有成为大宋本部，还有南方的清源军，也还不属于大宋本部；远在北境的契丹，前景如何，更是吉凶未卜；这些都不说，就是大宋辖境内的广袤土地，也时时出现自然灾害、政治叛逆，每天都有好消息，每天也都有坏消息。

大宋，中原，并不平安。

如果要平定北汉，赵炅希望能效法周世宗柴荣、宋太祖赵匡胤，御驾亲征。那样，就要有一个可靠的后方。他期待中原地区能够风调雨顺，士庶能够安居乐业，而后，他才有足够“放下”心态，致力于恢复汉唐疆界的伟大梦想……

灾害记录

太平兴国年间的自然灾害很严重。

《宋史·五行志》将自然现象，包括水旱蝗虫、灾害变异、吉祥预兆等，分为水、火、金、木、土五个大类，十几万字记录。

梳理这些文字，可以看到，太平兴国八个年头（由于太平兴国元年只有九天，不计入），仅仅与五行之“水”有关的灾害（不算“灾异”和“祯祥”）就有数十起，足见“太平兴国”不太平。

太平兴国二年（977）：

六月，孟州河溢，坏温县堤七十余步（一步，略相当于今天一米五），郑州坏荥泽县宁王村堤三十余步，又涨于澶州，坏英公村堤三十步。开封府汴水溢，坏大宁堤，浸害民田。忠州江涨二十五丈（这个数字可能有误）。兴州江涨，毁栈道四百余间。管城县焦肇水暴涨，逾京水。濮州大水，害民田凡五千七百四十三顷。颍州颍水涨，坏城门、军营、民舍。景城县雨雹。

七月，复州蜀、汉江涨，坏城及民田、庐舍。集州江涨，泛嘉川县。永定县大风雹害稼。景城县（天雷）震死牛商冯异。

这一年闰七月，卫州蝻虫生。

太平兴国三年（978）：

五月，怀州河决，河水北流。又汴水决宋州宁陵县境。

六月，泗州淮水涨入南城，汴水又涨一丈，塞州北门（抗灾，将北门堵塞，防水入城）。

十月，滑州灵河已塞复决（灵河决口，已经堵塞，再次决口）。

太平兴国四年（979）：

三月，河南府洛水涨七尺，坏民舍。泰州雨水害稼。宋州河决宋城县。卫州河决汲县，坏新场堤。

八月，梓州江涨，坏阁道、营舍。

九月，澶州河涨。郓州清、汶二水涨，坏东阿县民田。复州沔阳县湖水上涨，坏民舍、田稼。

太平兴国五年（980）：

四月，冠氏、安丰二县风雹。五月，颍州颍水溢，坏堤及民舍。徐州白沟河溢入州城。

七月，复州江水涨，毁民舍，堤塘皆坏。

太平兴国六年（981）：

七月，河南府、宋州蝗。

（未记月份）河中府河涨，陷连堤，溢入城，坏军营七所、民舍百余区。鄜、延、宁州并三河水涨，溢入州城：鄜州坏军营，建武指挥使李海及老幼六十三人溺死；延州坏仓库、军民庐舍千六百区；宁州坏州城五百余步，诸军营、军民舍五百二十区。

太平兴国七年（982）：

三月，京兆府渭水涨，坏浮梁，溺死五十四人。宣州霜雪害桑稼。

四月，耀、密、博、卫、常、润诸州水害稼。北阳县蝻虫生，有飞鸟食之尽。滑州蝻虫生。是月，大名府、陕州、陈州蝗。

五月，芜湖县雨雹伤稼。

六月，均州涢水、均水、汉江并涨，坏民舍，人畜死者甚众。又河决临邑县，汉阳军江水涨五丈。

七月，大名府御河涨，坏范济口。南剑州江水涨，坏居民舍一百四十余区。京兆府咸阳渭水涨，坏浮梁，工人溺死五十四人。阳谷县蝻虫生。

九月，梧州江水涨三丈，入城，坏仓库及民舍。

十月，河决怀州武陟县，害民田。

太平兴国八年（983）：

五月，河大决滑州房村，径澶、濮、曹、济诸州，浸民田，坏居民庐舍，东南流入淮。相州风雹害民田。

六月，陕州河涨，坏浮梁；又永定涧水涨，坏民舍、军营千余区。河南府澍雨（暴雨），洛水涨五丈余，坏巩县官署、军营、民舍殆尽。谷、洛、伊、瀍四水暴涨，坏京城官署、军营、寺观、祠庙、民舍万余区，溺死者以万计。又坏河清县丰饶务仓库、军营、民舍百余区。雄州易水涨，坏民庐舍。鄜州河水涨，溢入城，坏官寺、民舍四百余区。荆门军长林县山水暴涨，坏民舍五十一区，溺死五十六人。

八月，徐州清河涨丈七尺，溢出，塞州三面门以御之。

九月，宿州睢水涨，泛民舍六十里。

是夏及秋，开封、浚仪、酸枣、阳武、封丘、长垣、中牟、尉氏、襄邑、雍丘等县河水害民田。

九年（984）七月，嘉州江水暴涨，坏官署、民舍，溺者千余人。

八月，延州南北两河涨，溢入东西两城，坏官寺、民舍。淄州霖雨，孝妇河涨溢，坏官寺、民田。孟州河涨，坏浮梁，损民田。雅州江水涨九丈，坏民庐舍。新州江涨，入南砦，坏军营。

除此之外，《五行志》记录与“火、金、木、土”有关的灾害也不少，如“金”之灾害（天旱属于“金”）：

二年正月，京师旱。

三年春夏，京师旱。

四年冬，京师旱。

五年夏，京师旱；秋又旱。

六年春夏，京师旱。

七年春，京师旱。孟、虢、绛、密、瀛、卫、曹、淄州旱。

九年夏，京师旱。秋，江南大旱。

与“土”有关的灾害（大风属于“土”）：

二年六月，曹州大风，坏济阴县廨及军营。

四年八月，泗州大风，浮梁竹笮、铁索断，华表石柱折。

六年九月，高州大风雨，坏廨宇及民舍五百区。

七年八月，琼州飓风，坏城门、州署、民舍殆尽。

八年九月，天平军飓风拔木，坏廨宇、民舍千八十七区。十月，雷州飓风坏禀库、民舍七百区。

九年八月，白州飓风，坏廨宇、民舍。

……

史上这些灾害记录，来源于当朝者“史馆”也即“国家档案馆”的记录。

当朝者为何关心这些灾害？

因为它们不仅与皇权的合法性相关，更与“民生”问题相关。

大宋不厌其烦地记录这类灾害以及面对灾害的回应，证明了合法政权对“民生”的实在关注。

按照现代政治哲学原理，国家，乃是人民对个人部分权力和权利让渡的产物。国家，理应在获取权力之后，保障人民的合法权利，其中就包括安全保障的权利。所以，合法政权，一定是承担灾害责任，关注民生的政权。大宋帝国，自赵匡胤第一个年号“建隆元年”开始，邦国治理，就对民生问题投入了极大关注，多方动员国家力量解决民生问题。

之所以有此优良治理结果，与大宋关注“民生”的强度有直接关系。

而关注“民生”的强度越大，也就越需要“公正”理念的介入。

大宋不厌其烦地记录这类灾害，以及面对灾害的回应，证明了合法政权对“公正”的实在关注。

按照现代政治哲学原理，合法政权在推行“公正”问题时，容不得各种“折扣”。与“公正”最为相关的政治概念是“公平”和“正义”。这是一个比“民生”问题复杂得多（但未必重要得多）的政治学概念，譬如，组织内的公平正义，是一回事；组织与组织之间的公平正义，又是一回事，等等。这里展开来谈是不可能的。但借助传统思想史意见可以约略知道：公正，与“义”有关；义者宜也。政治问题之处理，以“合宜”为佳。达致这个“合宜”状态，就是达致“平衡”状态；反之，就是“失宜”也即“失衡”，也即不合适，不妥当，不应该。“失宜”或“失衡”，是政治败笔。

大宋帝国，自赵匡胤时代起，就对“合宜”问题有关注。预防或治理灾害，需要国帑支出；对寡头政权而言，这类支出因为影响到团伙利益，他们是吝于出手的。但对天下为公的大宋政权而言，这就是必要的支出。大宋多次动用国库财政解决灾害损失，并从不将此视为德政，从不做自我旌表，就是认为救灾是合宜的，否则就是不合宜的。

这方面，太宗赵炅有一种文化自觉。考察中国荒政（荒年政治治理），大宋做得相当出色。具体故实容当后表。

王沔读试稿

宋代史料，记录了很多关于灾异的有趣故实。

大宋淳化二年（991），因为天旱闹蝗灾，宋太宗忧心忡忡，于是召问近臣时政得失，大臣寇准回答说：

“《洪范》讲述天人之际的关系，灵验如影随形。之所以有天下大旱，那是因为刑罚有不公平之处。不久前，祖吉和王淮两个人都同样贪赃数万，但祖吉被正法，家资被抄没；王淮却因为他的哥哥王沔正做着参知政事（略相当于副丞相），算是朝中有人，只受了杖刑，还能继续做官。这样用法，轻重不一，执法不公，天下大旱，实在是上天有意示警啊！”

王沔，史称此人“聪察敏辨，有适时之用”，聪明，有洞察力，敏捷，有辨析力，适时需要，能献上中允意见。他在太宗前讲话，很从容，逻辑性强。过去殿试，往往由有关官员念诵给皇上听。王沔可以做到像播音员那般念诵殿试考卷，声腔抑扬顿挫，吐音明丽流畅，经他读过的试稿，往往都能高中。但此人“性苛刻，少诚信”。掌管政事堂国务时，凡是有人来拜见他，他都跟人说好话，但最后答应人家的事，并不办理，所以一般人都怨恨他。他与朝中大臣也有过节，名相张齐贤、陈恕、寇准等人，也都不喜欢他。他的兄弟王淮因为贪赃，按大宋律法，应该正法，但因为他的缘故，得到了从轻处罚。所以寇准在太宗讨论时政得失时，拈出此事，等于借天灾力量推动司法公正。

太宗往日也曾听到人们议论王沔的不是，但还是为王沔回护，毕竟是国务大臣，太宗有优容之处。这一次，经寇准一番议论，史称“帝大悟”，太宗大为醒悟，知道以前确实司法不公，而王沔则太多机巧，好使诈术，“非廊庙器”，做不得朝廷大臣。第二天，召见王沔，“切责之”，狠狠地斥责了他一通。随后，寻了个机会，罢免了他的参知政事。据说王沔得到诏令，来见太宗，哭着不愿意离开，甚至不久之后还为被罢免之事愁得须发皆白。

皇上“自焚”

大宋如此，是有“宗教信仰”为底色的。

古代祭祀，往往要有“祝版”，是将写好的祝词张贴在一块板子上。纸张因祭祀对象不同而有不同的美工装饰，有的要用白纸，有的要用红纸、青纸，有的还要配黄边，等等。祝词要预先写好，如果是国祭，就要皇帝在祝词后署名。

至道元年，公元995年仲春，命宰相和群官祷雨，又派出中使，也即宫中宦官，作为特命全权大使，分头去祭祀五岳神山。按过去惯例，皇上要“御署”，也即预先在祝词上署名“大宋赵炅御笔”之类字样，然后再派遣。

翰林学士王禹偁提出了反对意见。

他说："准礼，五岳视三公，今虽加王爵，犹人臣尔。天子称名，恐非古制。请自今更不御署。"按照礼制，五岳的神职相当于朝廷的三公，现在虽然给五岳神加上了王爵，但"王"还是比"帝"低一格，相当于人臣。天子在祝版上署名，恐怕不是古来的制度。请从此不要"御署"。

太宗在王禹偁奏章的后面批示道："朕为万民祈福，桑林之祷犹无惮，至于亲署，又何损乎！"朕为万民祈福，即使是洗澡沐浴，像汤王在桑林祈祷下雨，准备自焚，我都不怕，至于亲自署名这事，又有什么损失呢！

赵匡胤以来的宋帝，人人虔诚"敬天"，谁也不敢违逆天命、天道。面对各类"天谴"，所有的宋帝都会反躬自省。夏商周三代以来的"罪己"传统，在宋帝这里得到很真诚的承续。

太宗说"自焚"事，并非虚伪的大言。

早在王沔事件后的蝗旱灾年，太宗就有了准备"自焚"的敬天举动。

宋人吕中《大事记讲义》，论及这一"灾异"时说：

"淳化二年（991）二月，诏以旱蝗，欲自焚，明日雨。"

宋太宗淳化二年二月，下诏，认为蝗灾旱灾之重是因为帝王之德薄所致，准备自焚以谢天。第二天下雨。

明人孙承恩有《鉴古韵语》一书，对历代帝王都有一段"韵语"（相当于打油诗），内中说到宋太宗，有言：

罪已消天变，仁民隐至情。

厚伦施义粟，勤学购遗经。

节为山林重，功于宦寺轻。

不惭称令主，恭俭更仁明。

这里五言八句，每一句都与太宗的故实有关。我这书里会慢慢说到，此处且不啰唆。“韵语”中说“罪已消天变”，指的就是太宗因蝗旱之灾要自焚的故实。孙承恩认为这是太宗“敬天”而得到的天下福报：“太宗之为君，其敬天也。因旱蝗欲自焚，而致霖雨……”

《续资治通鉴》记录此事在淳化二年三月，而非二月。原文道：

帝以岁旱蝗，诏吕蒙正等曰：“元元何罪，大谴如是，盖朕不德之所致也。卿等当于文德殿前筑一台，朕将暴露其上，三日不雨，卿等共焚朕以答天谴。”蒙正等惶恐谢罪，匿诏书。翼日而雨，蝗尽死。

太宗皇帝因为年岁中多有蝗旱之灾，下诏给宰相吕蒙正等人说：“黎民百姓有什么罪，而老天给的惩罚这么重，实在是我的无德（应该包括王淮贪赃案处理不公）所导致的天谴示警。爱卿等人，应该在文德殿前面搭筑一个台子，我将面对苍天待在那台子上。三天不下雨，爱卿等一块把我烧了，以此来回应天谴！”吕蒙正等人惶恐不安，向太宗谢罪，藏起诏书没有颁发给政事堂。不料第二天就下了大雨，蝗虫几乎全部死掉，解除了蝗旱之灾。

皇上要自焚！

这是什么节奏？

原来这是一个来源甚古的吾土传统。

夏商周，史称三代。一般认为这是传统中国“天下为公”的时代。三代之前，皆有巫师。巫师负有与天帝交流沟通，为民祈福的责任。这是从更早的部落时代即形成的一种分工。如果天下灾害过重，巫师祈福无效，就要“升天”去面见天帝，当面陈述，继续为万民祈福。三代之际，君王即“天子”，天帝之子，成为比巫师更重要的万民领袖，或者说，是集天子、巫师与领袖为一体的邦国首领（而不是部落首领。按国家起源原理，先有部落，后有部落联盟，而后有部落大联盟，国家出现），天下有灾，君王有责，成为三代以来的“罪己”传统。这个传统一直影响到近代，大清王朝的帝王也常常会颁发“罪己”性质的诏书，以此来忏悔罪恶，昭告士庶，祈请天帝。历来《罪己诏》的关键词是“万方多难，罪在朕躬”八个汉字。有些时候，帝王不愿意“罪己”，明白大义的臣子就会劝谏帝王“罪己”，大唐王朝的名臣陆贽就曾劝谏德宗下《罪己诏》。苏轼评论此事有言：“罪己，以收人心，改过，以应天道。”所以天下灾害严重，替代了巫师职责的帝王，有了向天帝吁请的责任。

三代时的殷商第一任首领汤王，执政时天下大旱，多年祈雨而不得。最后，汤王决定自己“升天”去找天帝，当面祈求降雨，救助万民。

但“升天”是有仪式的。汤王“升天”的仪式在一个叫桑林的地方。现场搭好了一座由柴薪堆起的燔祭高台，汤王理了发、剪了指甲，而后，沐浴更衣，端端正正地坐在高台上，向天帝祷告说：

“余一人有罪，无及万夫；万夫有罪，在余一人。无以一人之不敏，使上帝鬼神伤民之命。”

（天下大旱，是因为）我一人有罪，天帝您不要连累万民；即使万民有罪，那也是因为我一人治理天下不当而造成的，那就由我来承担罪责。恳请天帝，不要因为我一人的无能，连累到万民的性命！

故实的展开非常富有戏剧性，就在汤王祈祷之后不久，也许就在点火焚祭之际，天帝降下雨来。

《吕氏春秋》《墨子》等先秦典籍，都记载了这个故实。

宋太宗赵炅继承的，就是源于远古，主要是源于汤王的传统。

“五行”，不仅是“五行终始”，不仅与王朝更替的合法性相关，还与汉代以来“天人感应”的政治哲学理念相关。对应于“五行”的各种自然现象，如对应于“水”的沟渠、水患、祈雨等，都有了灾异示警的功能。所谓“天人合一”，在推演君王领袖对政制事件负起第一责任的道义担当方向上，具有政治哲学的意义。而历代君王视“天谴”等义于“示警”，而且坚持认为主要是向君王、宰辅，而不是向普通臣僚和士庶“示警”。这方面，历代君王认识上，有着高度的一致性——那些死不认错的昏暴之君例外。

所以历代正史《五行志》事实上是历代灾异的记录。浏览历代《五行志》，可以感受到历代君王在自然灾异面前的悚惧恐惶，以及频繁颁下“罪己诏”的谦卑自责，从中感受到先哲政治设计或文化演绎的独特魅力。《清史稿》就干脆将“五行志”改为了“灾异志”。

在不信天不信神的人看来，往往以为殷商汤王、太宗赵炅这类“欲自焚”的举动是一种虚假的阴谋，认为他知道自己不可能“被自焚”，所以故作大言，以欺哄天下，云云。读近代以来的各类文史书，往往会看到这类说法。大意就是：帝王玩权术，欺骗天下。

我不信这类意见，并认为这类意见多属于无甚思想含金量的“阴谋论”。

天下何其广大！一个帝王的权术就“欺骗”了亿兆士庶，独独“欺骗”不了“阴谋论”者？这个“阴谋论”者的“智慧”岂不近于神？

一般来讲，这类“阴谋论”者的意见，多流行于坊间；制作这类“阴谋论”的人物也未必真的相信“阴谋论”。此类“阴谋论”，无非是想证明“封建社会”（大宋事实上已经不属于“封建社会”，但囿于近代传统，受教科书影响的人们还是愿意习称二千多年施行郡县制度的帝制时代为“封建时代”）制度不合理，因此连带着说“封建时代”的人也不合理，帝王作为尤其不合理而已。这个话题展开来说需要篇幅，而且无聊，此处还不是我来讲述这个问题的苑囿，且略过不提。但我知道的是，这个命题下的明白人，会越来越多。

简言之，我相信历代“贤君”面对五行变异时的真诚和敬畏。宋太宗赵炅“欲自焚”，与汤王的“欲自焚”一样，都是真诚敬天、为万民祈福的仁爱举动。说是“感天动地”，不算过。

贰

励精图治

宋太宗赵炅践祚后，振奋精神，发愤致力于天下大治，史称“励精求理”。理者，治理也。但在太平兴国最初几个年头，他的邦国治理曾有“失衡”“失宜”倾向。孔子论及中庸智慧时有名言：“过犹不及”。赵炅在几件事情的处理上不免“过”了。

赏罚“失宜”的政治败笔

宋太宗赵炅践祚后，振奋精神，发愤致力于天下大治，史称“励精求理”。理者，治理也。但在太平兴国最初几个年头，他的邦国治理曾有“失衡”“失宜”倾向。孔子论及中庸智慧时有名言：“过犹不及”。赵炅在几件事情的处理上不免“过”了。

有一个叫孟蛮的官员，朝廷拟定他到窦州去做录事参军。窦州在今天的广东广西交界处，汉代以来算是蛮荒之地。录事参军是地方监察官，负责管理地方官吏档案，同时负责察举他们的善恶，有向朝廷汇报的责任。这个职官对于制度性管理地方有重要作用。但孟蛮先生嫌窦州这个地方太偏远，不去上任，反而“诣匦自陈”。“匦”是一种四面有口的小匣子，一般放在朝堂附近，臣民有意见，可以投书其内，有内侍会定时取走给皇帝看。孟蛮估计是到了该上任的时间没有走，写了封信投在“匦”内，自我辩解。赵炅看到这个投书，大怒，给了他一顿棍子，史称“决杖”，流放到更僻远的海岛上去了。

有一个叫綦廷珪的朝官，请了病假。病好后，按程序，他需要先到主管部门销假，然后“朝参”，要向朝廷表明病假结束了。这些他都没做，直接回到原来的工作单位上班了。赵炅不高兴，处罚了他，还连带着处罚了他的上级——好几个人都做了降级处理，潘美、王仁赡二人也是他的上级，没降级，但都罚了三个月的俸禄。

有一个叫刘翊的殿中丞，也即掌管禁中日常生活的朝官，外放到剑州（今属四川剑阁）做州官。那里发生了偷盗官物事件，刘翊就招募人告密，抓获了盗贼，并上疏要求朝廷赏赐这个告密者。赵炅也不高兴，认为刘翊不用心去抓捕贼盗，擅自赏赐招募告密者，干脆罢了他的官，还发出诏令“永不录用”。

赵炅给这几个人的处罚，今天来看，都不轻。

孟蛮不愿到边远地区上任，罢职也就是了；打棍子、流放，罚过重。

綦廷珪不按规章制度办事，警告批评也就是了；连上级一块惩治，罚不公。

刘翊招募知情人检举揭发，也是一法；罢官，还“永不录用”，罚失正。

这种过重、不公、失正的惩罚，赵匡胤时代也可以见到。但是与历朝历代比较，赵家兄弟的帝国，这类错判可能是最少的。他们对惩治贪官很凌厉，但对一般官员的过失，往往比较优容，这也是敛天地杀气、养人间和气之道。但赵家兄弟不时可以见到的这类偏狭、躁急，以个人喜怒情绪影响决策，赏罚“失宜”的做法，毕竟属于政治败笔。

泼皮乞丐之死

赵匡胤的这类“失宜”与个人天性有关；赵炅的这类“失宜”则更复杂一些。他践祚之初，没有赵匡胤那般武功，因此当朝立威，需要一点霹雳手段。当着强枝弱本的藩镇习气还在浮漾的时代，出于对政治秩序的追求，建构并推演领袖权威，有其正当性理由。他要“杀伐立威”。这样，赵炅的赏罚“失宜”与赵匡胤的赏罚“失宜”，就动机而言，就有了性质的不同。

宋人蔡绦笔记《铁围山丛谈》说一太宗故实，荒诞中可以见出士庶意见。

故实说宋太宗赵炅刚刚做了皇帝，很想让朝廷内外对他的治国能力和公道仁德心服口服，于是，有了一桩奇案。

说东京汴梁有一泼皮乞丐，要饭时稍不如意，就要倚门大骂，主人被骂苦，出来道歉，半天也打发不走他。东京城的土豪雅豪都惹不起他。某日，这泼皮又来一户人家大骂，主人出来赔上小心，说了无数好话，他还是不依不饶，什么难听骂什么。周遭围观者越来越多。忽然，人群中跳出一持刀汉子，刀光闪出，泼皮已经倒在血泊之中。刺客留下了作案工具，从容离去。

官府追拿凶手不得，第二天报到朝廷。太宗大怒，颁下口谕，大意说：朕现在正要“太平兴国”，不料还有这等白昼杀人的五代恶习！此事绝不轻饶！于是下令从严从快，限期捉拿罪犯。

眼瞅着限期就到，东京城官府恐惧无法交差，最后根据这个事件另外的逻辑，推断乃是主人被泼皮骂怒，“不胜其忿”，无法忍受，亲手或雇人杀了这厮。然后就以此逻辑定案。案件整理为卷宗，上报。

太宗对司法者也即东京市市长说：“你们能这么用心，很好。但还是要重新核对一番，不要弄成冤案。另外，把那把杀人刀拿来我看。”

又过了几天，东京市市长登朝，坚持此前的定案意见，并将卷宗和杀人刀一起呈上。太宗问道：“你确定就是主人不胜其忿而杀了乞丐吗？”市长说：“肯定是。已经反复审核过了。”太宗闻言冷笑一声，回头对小内侍说：“把我的刀鞘拿过来！”小内侍当场取过刀鞘，将那把杀人刀放入，严丝合缝。

原来，乃是太宗派人杀了乞丐，东京市市长显然判了一个冤案。

真相大白，太宗留下一句话：

“如此办案，怎么能不妄杀人呢！”

说罢拂袖而去。

根据这个故实，似乎可以见出宋太宗为了收拾人心，有意制造无头案，要东京市市长去想法子。但破案难度太大，市长怕得罪朝廷，只好制造嫁祸于人的冤案，试图好歹了事，最后太宗又解密事实真相。

故实似乎想告诉世人：太宗以此警戒地方官，不要制造冤假错案！

太宗这一招确有惊悚效果——站在时光的这一面，甚至不难想象那位东京市市长面对谜底目瞪口呆的样子。估计这位市长一辈子再也不敢制造这类冤案了。

此事或许对天下“依法治国”有利，但却不符合儒家伦理与道义，也不符合法理公正。

因为那个乞丐法不当诛。

史称“庚申，以皇弟永兴节度使（治所在今西安）兼侍中廷美为开封尹（略相当于东京市市长）兼中书令，封齐王”，赵匡胤驾崩的第七天，庚申日，赵光义就封赏正做着永兴节度使的皇弟赵廷美为东京市市长兼中书令（宰相之职），又封为齐王。这样看，《铁围山丛谈》中说到的这个制造冤案的东京市市长就应该是赵廷美。个中又有玄机。

蔡绦笔记《铁围山丛谈》写太宗赵炅，往往明褒暗贬，看上去是褒扬赵炅，但细味之，几乎等于在黑赵炅。如那个讲述“射杀花蕊夫人”的故实：说花蕊夫人归宋后，赵匡胤“惑之”，也即被花蕊美色所迷，赵光义也即赵炅多次劝谏，赵匡胤不听。赵炅干脆将其射杀。这个故实表面上说赵炅有江山社稷情怀，用特殊手段打破“红颜祸水”的咒语，事实上却可定案为冤杀无辜、草菅人命——假如花蕊夫人确有其人，假如因此而死，太宗赵炅岂不过于心狠手辣？这哪里是一代“贤君”气象？

《铁围山丛谈》记录赵炅这两件事，情节荒诞——太宗要“立威”，自有丈夫手段，不必设局冤杀一个八竿子打不着的乞丐；太宗爱大宋，自有英雄气象，不必悲情冤杀一个美丽的柔弱女子，何况，这个柔弱女子并不存在。

说史上并无花蕊夫人，《赵匡胤时间（下）》第五章《全师雄·孟昶·花蕊夫人》已经说过。我的结论性意见就是：这俩故实很可能都属于瓜棚豆下的扪虱闲话、茅檐日下的野叟曝言、茶余饭后的坊间奇说，不可信。

张道丰死里逃生

太宗对冤案极为重视。有一故实可以做证。

说有一个循吏，名叫邵晔。这是一个自幼嗜血的人，太平兴国八年（983）中进士，做了蓬州（今四川营山）录事参军，负有监督和管理官员档案的职责。知州名叫杨全，此人性情粗率而又愚昧。州境内有庶民张道丰等三人，被人诬告为劫匪强盗，都要判处死刑，判词已定，卷宗也整理完毕。但邵晔察觉到此案有冤情，就不在文件上签字，并告知知州杨全，要重新审核。杨全不听，派人带着张道丰等人去“抵法”，也即要正刑伏法。张道丰等不服，临刑前号呼“冤枉”。按大宋法条，正法之前喊冤，要带回重审。邵晔就开始了重新复核。不久捉到了真正的匪盗，张道丰等人获释。杨全被削籍为民。

邵晔在任职期满，到朝廷述职时，太宗对他说：

“尔能活吾平民，深可嘉也！”你能平反冤案，让我的子民能够活下来，太值得嘉奖啦！于是赐钱五万，并下诏“以全事戒谕天下”，以杨全制造冤假错案的事告诫全国各级官员。邵晔因此而授予光禄寺丞，让他出使广南采访刑狱。

这样的宋太宗，可能去为了解决冤狱问题，再去制造另一场冤狱吗？

孟蛮、刘玥、綦廷珪事件，均见于《续资治通鉴长编》，是书为记录大宋帝国的重要史料，是正史《宋史》的主要资料性来源，也应该属于正史之列。蔡绦《铁围山丛谈》则是典型野史。今天对比来看二者记录的这几条故实，会有新的况味。简言之，太宗杀乞丐，此事很可能子虚乌有。但为何会有这类故实呢？因为太宗赏罚，有时往往“失宜”，因“失宜”而“失衡”。

赏与罚，权柄极重。无论传统政治治理抑或现代政治治理，公正赏罚是题中应有之义。政治与伦理最后的不可化约的核心、应然价值“公道－仁德”，很大程度体现于“赏罚系统”。宋太宗赵炅对官员惩罚过重、不公、失正，就是政治“失衡”，是对应然价值的义理背离，因此属于“失宜”。这类历史故实与《铁围山丛谈》的野史记录，就有了符合人物性格的逻辑链条的一致性——他要“杀伐立威”。海客、野老们聊天，就有了添油加醋、向壁虚造的印象来源，于是有了人类学上母题的衍伸。因为有孟蛮、刘玥、綦廷珪的“故实”，所以有了杀乞丐、杀花蕊的“故事”。“故事”在“合理想象”中，包装为“故实”，进入野史出笼了——这类故事是安不到赵匡胤头上的，也安不到宋真宗、宋仁宗……头上的。宋太宗赵炅先生是虚构故事最合适的主角，谁让他在处理孟蛮、刘玥、綦廷珪案例时过重、不公、失正呢？

转运使

赵炅"励精求理"故实甚多，"不合宜"也即"不合义理"之处不少，但"合宜"也即"合于义理"者更多。

他善于学习。在后来的日子里，他的作为并不比乃兄差，甚至有些地方，就政治家责任伦理而言，他的道义担当与政治智慧，还超过了赵匡胤。

自赵匡胤时代起，大宋对五代十国道义沦丧的格局就有拨乱反正的自觉意识，成就君子，而不是纵性做小人，渐渐开始蔚成风气。但事情往往也容易走向另外一极，官员们开始出现不求有功、但求无过的心理颓势。这不是"励精求理"的宋太宗愿意看到的局面。契丹在草原虎视眈眈，北汉在河东伺机骚扰，吴越在江南占据一隅，清源在三闽尚未归顺，藩镇余风尚未涤荡一清，大宋刑统尚未深入人心，民生弊端还有待改善，道义天下还有待推衍……大宋正是需要人才之际，面对温温吞吞、无所事事的官员，赵炅似有一种无力感。

郡县治，天下治。他决计从地方开始，改变这种局面。

为了督成地方治理，从太平兴国初年开始，大宋就派出了中央巡视组到地方访查。最初，这类巡视组由转运使兼职领衔，诸州诸县，各级官员，工作优劣，都要做出考核判断。转运使，是负责财赋，主要是负责军需物资的职官，略相当于后勤部部长。赵炅对此一职官很看重，赋予了转运使更大权力，包括维持地方治安、清点地方刑狱、推荐地方贤良等，现在，又有了考察地方官吏的职能。这些活儿，原本都属于节度使的。但节度使自唐末以来渐渐演绎成地方藩镇割据势力，尾大不掉，于是有了五代十国的乱世。现在赵炅派出官员“暂行”巡视工作，就有了集权的效果。说“暂行”，是因为转运使一职，无论职权多么重要，都是临时差遣。“勾当”已毕，工作完成，归阙，回到朝廷，这个职位就撤销了。“勾当”是宋人常用口语，作及物动词用时，有“处理”的意思。大将曹彬平定南唐回来，交差，就有“奉敕江南勾当公事回”字样，意思是：奉朝廷差遣到江南处理公事回来了。从太祖“收兵权”开始，到太宗一代完善临时差遣机制，一点点地化解了可能的藩镇割据威胁。

转运使在地方系统内，知州、通判、监官、京朝官等，都是察举对象。评定这些官员，政绩优异者为上，恪守本职工作者为次，部内粗有治理效果者为中，而处理事情怠惰，没有治理成绩者为下。转运使要将地方的吏治情报和判定意见在年终汇报到朝廷，以备朝廷赏罚。

宋代历史评论家吕中曾有评论说：“转运置于乾德，本以总利权耳，而兼纠察官吏自此始。厥后有判官，有副使，又有提点刑狱，皆所以纠察官吏，此汉部刺史职也。本朝之监司，以台、省、寺、监为之，虽宰臣、侍中为帅，亦许弹劾。此我宋三百余年无藩镇之患者，盖以此也。”转运使一职，始于太祖乾德年间，本着总揽地方财经大权，并兼有纠察官吏的目的。后来又有判官、副使，又有提点刑狱，都是以此来纠察官吏的。这原来就是汉代刺史的职务。本朝的监司，以御史台、中书省、大理寺、监察院来负责，即使是宰辅、侍中做了地方大帅，允许弹劾。我大宋之所以三百余年没有藩镇之祸患，原因在这里。

大宋的监察制度是历来政制设计中，做得最好的。

转运使将地方治理情报，呈给朝廷。出于谨慎，朝廷往往还要再派出专使按转运使提供的信息，进一步廉察复核。这样，就以文职方式将地方控制在中央。有此过程，地方官吏的优良中差，中央一目了然，而藩镇割据的可能也就越来越渺茫。因此，转运使一职的设置，是藩镇割据的克星。

但问题也有另外的一面。地方官往往乐于居于“次”一等，只要恪守职责，不出事，就等于“无功亦无过”，转运使的察访不会给更低的评价。如此，保住官位的成本最低。而转运使自身也有因循怠惰之辈。

于是，出于“励精图理”的强势政制，太平兴国年间，赵炅对“疲软不胜任、惰慢不亲事”的“老好人”官员做了“免官”处罚。譬如，掌管诉讼定刑判案的河南府法曹参军高丕、负责秘书工作的伊阙县主簿翟嶙、执掌全县行政的郑州荥泽县令申廷温等人，就因为这个原因被“免官”。

有一位荆湖南路转运使崔宪，副使许奇，在处理某一事件时“稽留不决”，拖延着不做决定，这也属于“疲软不胜任”。调查属实之后，崔宪被降职，许奇被组织部开除，削去所有官职，史称“除籍为民”，并追回过去赏赐的五十万铜钱。大宋有一个不成文的制度规定：如有犯罪，可以追回往日恩典。

郭贽的“愚直”与德举

太平兴国八年（983），赵炅还免去了一位参知政事、副宰相级别的高官郭贽的职务。

据说这位郭贽曾经因为某事上奏，奏折中有言：“臣遭不次之遇，誓以愚直上报。”意思是：臣因为得到皇上非同寻常的破格提拔，发誓用我的愚笨耿直来回报陛下。

话中“愚直”二字，也许不过是客套，但赵炅不爱听，召他说：“‘愚直’何益于事！”你这个“愚直”对政事又有啥补益！郭贽回答道：“虽然，犹胜奸邪！”虽然没啥补益，但总比奸邪之辈强哩！赵炅当然不希望属下都是“奸邪之辈”，但他也同样不希望属下都是“愚直之人”。郭贽答对后，赵炅忍了一段时间。有一次召他入宫讨论政事，没想到郭贽来前饮酒过量，答对之际“宿酲未解”，昨晚的醉酒还没有醒过来，糊里糊涂地说了些酒话。史称“帝怒”，罢了他的参知政事，连降三级为秘书少监，去做图书管理工作了，不久，又调他到荆南（湖南）去做了州官。

太宗还在做晋王时，郭贽就出入于府邸。此人有文采，晋王就令他掌管类似朝廷“知制诰”的职务，负责府中一应秘书工作。但文采不是思想，郭贽草就的文件，往往有见识浮薄之处，所以常常被人“哂之”。太宗对制定朝廷内外诏令、制度文件的文臣，一直很重视，要任命谁，一定会事先向宰辅咨询、访问，务必求得“才实兼美”者。初定人选后，太宗再将人召来跟他聊天，史称“观其器识”，然后才将任命书下达。为此，太宗还对左右说：

“朕早就听人说过，朝廷任命一个知制诰，亲族们都来庆贺，认为这是‘一佛出世’，真是太不容易啦！郭贽，过去是我的门人，但是一直缺乏时论名望。但我因为喜欢他文笔，就命他掌管秘书工作起草文件。听说他文件往往有不合道理处，很被人嘲笑，朕也为之羞愧。所以始终不能让他进入翰林之地。”

在赵炅那里，“愚直”与“疲软不胜任、惰慢不亲事”之类半斤八两。

今日来看，郭贽或许有“愚直”的一面。他到了宋真宗时代还在，真宗就称赞他是“纯厚长者”，这个评价虽然并不就是“愚直”，但却与郭贽自诩的“愚直”颇为神似。

郭贽也曾有过几件德举。

大将曹彬曾经被人诬告，郭贽极力为曹彬辩解，最终救助了曹彬。

郭贽后来做官为盐铁使，当时各路（路，宋代略相当于省级行政单位）都在抓捕犯人，即使是多年前的罪犯，也不放过，甚至罪犯已死，各地还在抓捕罪犯的子孙。郭贽知道此事后，认为此举不当，于是草成奏疏，认真来说这个事。太宗赵炅知道后，当即赦免了很多人。

他还能够发现人才、举荐人才。史称郭贽“性温和，颇能延誉时隽”，性情温和，很能为贤人传扬美名。后来与名相李昉等人共同编辑《文苑英华》的大宋文豪宋白，就是郭贽引荐给朝廷，后来成就一番事业的。名臣赵昌言很小的时候，郭贽看到他，“一见器之”，第一次见面就非常器重他。等到郭贽掌管科举，特意在奏名的时候，将赵昌言排在第一个。以后，赵昌言果然做出一番有声有色的事业。延誉时隽，举荐人才，是传统人格中的道义所在。郭贽有道。

但史书给郭贽的评价一般，特别是他的晚年，总想着做生意，又吝啬，在国家大事方向上，几乎没有什么贡献，史称“晚节不事事”，晚年几乎不做政事，舆论因此对他有讥评。“不事事”，正是“疲软不胜任、惰慢不亲事”的“老好人”官员写照。这类性格做国家副总理，估计没有什么戏看。这样来看，赵炅讽刺他的“愚直”，是看透了他的为人，当初罢免他的参知政事，合宜。

藩帅移镇

“政治英雄”，无人能省略杀伐手段。

严复评价黎元洪有言：“黎公道德，天下所信。然救国图存，断非如此道德所能有效。何则？以柔暗故！遍读中国历史，以为天下最危险者，无过良善暗懦人。下为一家之长，将不足以庇其家；出为一国之长，必不足以保其国。”意思是说黎元洪因为“柔暗”，不足以救国图存。读中国史可以看到，过于“良善暗懦”之人，甚至很危险，做家长，无能庇护其家；做国君，不可保护其国。

这段话讲述了政治家的责任伦理：道德完美，不是政治家的图腾，如果这个政治家缺乏足够的洞察力（无洞察力即暗）、决断力（无决断力即柔），决断，就要用到杀伐手段。此类道理展开来说，需要相当篇幅，简言之，政治性杀伐手段与人类的复杂性有关，有其合理性、合法性和正当性。故历代合法政府，有限暴力的参与是结构性存在，必不可少。推演天下秩序，没有任何一种类型的政府能够省略暴力，尤其是有限暴力。

有意味的是，太祖太宗虽然不可能放弃有限暴力，但他们在一些具有转型意义的大事件上，还是尽可能地减少暴力烈度，将国家暴力控制在尽可能道义正当的范围内。宋太祖在攻伐南唐时，曾说宁肯不要江南，也不许胡乱杀人。宋太宗在攻伐北汉时，担心攻城正酣的将士入城后屠城，竟然在就要破城时，下令暂停攻城。这种敬畏生命的政治家，在道义与功绩之间，将权重压向了道义一边，是永远值得后人敬重的。吾土至为深沉义重的道德传统，在这里，值得恒久性地予以历史表彰。

但政治家不可能省略杀伐手段。太宗赵炅的杀伐，像赵匡胤一样，像一切富有道义感的政治家一样，恒指向罪恶与邪僻。

当初马仁瑀与李汉超闹矛盾，赵炅“令”二人“置酒讲解”之后，还是不放心。出于防患未然的考虑，他又对马仁瑀做了调动，要他从防地霸州换防到辽州（今山西左权）。边帅换防，相当于过去的藩帅移镇，都是将手握重权的武夫从一个“熟地”调往“生地”。过去的藩镇最怕移镇。马仁瑀的换防，对新立皇帝赵炅来说也是一招带有“胜负手”的策略安排。但赵炅为了安抚马仁瑀，还另外做了一件大事：处理赵匡胤的小舅子王继勋。

处决皇亲王继勋

王继勋是马仁瑀的死对头，又是太祖王皇后的亲兄弟。此人在洛阳期间，买卖奴婢，虐待奴婢，凌迟奴婢，还将奴婢们当作牛羊猪肉，煎炒烹炸了吃掉。这样吃了一百多人。这个恶人的故实，已经见于《赵匡胤时间》。太宗当朝，按照大宋《刑统》，将这个皇亲正法。此事一举三得：伸张了正义，震慑了恶人，安抚了马仁瑀。天下士庶看到：即使是皇亲国戚，触犯大宋法律，也必将依法得到惩处。

处决王继勋，应该是太平兴国初年的一件大事。

顺便说，太祖时，碍于皇后身份，只给了王继勋降职罚俸的处分。但这很可能是故意留下一个破绽，要三兄弟赵光义也即赵炅来收拾。赵匡胤栽培赵光义处甚多，生时不立太子，是给三弟预留了前途；生时不取才子张齐贤，是给三弟预留一个“天子门生”；生时不动“封桩库”钱帛，是给三弟预留收复燕云十六州的财政支持；生时不处理王继勋，也有可能是预留一个政治大案给三弟，以此为三弟“立威”……将这类故实连缀起来看，线索分明。

闲话表过不提。且说赵炅，他期待五代以来的藩镇习气能够得到彻底抑制，解决还占据于一隅的吴越国问题、清源军问题，更要解决顽固地据守于山西的北汉国问题、横蛮霸占着于燕云十六州的草原民族问题！他梦想从此有一个富饶而又强大，足可媲美汉唐的大宋帝国。

如此，国家治理必须惩治贪腐与恶官。道义之邦，不能容纳蠹虫害民。史称“上注意治本，深惩赃吏”，太宗注意治国之本，对赃吏惩治很严厉。他曾下诏说：自太平兴国元年十月乙卯以后，京官、幕职、州县官，凡属于国家官员者，只要犯有贪污罪名，发配边远诸州者，即使遇到国家大赦，赃官们所在的州县，也不得放还他们，以前逢赦已经放还的赃官，各地有关部门不得录用。

处罚王继勋之后，大宋王朝人人皆知国家有法。

惩治贪官

太宗举起了正义之剑。王继勋大案之后，赵炅借势放出凌厉手段，三年时间，惩治了十几个贪官、恶官。

太平兴国初年，有“均输制”，即由各地州郡向京师派送战略物资，也即“官物”，由地方官护送进献。但京师负责接收官物的国库守藏吏多有不法，史称“硾钩为奸”，也即敲诈勒索作恶。譬如按规定进贡一百斤大米，守藏吏就说分量不足，只有八十斤。地方官就只好另外购买二十斤补齐。这补齐的二十斤，就落入守藏吏私囊。这类“硾钩”若是二十斤大米也就罢了，若是二十匹绢帛、二十两黄金、二十斛珍珠……那事就大了。但守藏吏照样“硾钩”不已，以至于来押送官物的地方小官“或至破产不能偿”，有些人甚至到了家庭私财破产都不能补齐差额的地步。此事展开的恶相，几乎就是地狱风景。

太宗闻听此事，大怒道：

“此岂为天下守财之道耶！”

这哪里是为天下百姓看守钱财的法子啊！

于是下诏规定：

以后国库或粮库等接收地方官物，要由朝廷派出监临官，认真地看好主秤，不许欺瞒榨取！有违犯者，主秤官及守藏吏皆斩，监临官也从重治罪。

规定下达之后不久，就遇到一个粮库受贿案。

原来，自从平定南唐之后，每年都要从江南漕运粮米数百万石到京师，以此来增广国家粮库的战备储存。接收南粮者，除了守藏吏外，又由朝廷命官来掌管出纳，内侍为出纳副官。这样三重监督之下，太宗赵炅还是不放心，就秘密地派遣皇城卒也即京师公安巡警，穿了便衣到粮库去侦察。

结果查访到永丰仓的计量官张遇等八个人，在称量南粮时，大斗小斗间不清不白，有受贿为奸、重入民租的情节。事实清楚后，这八个人全部正法；掌管粮仓的官员负有连带责任，被免官；派出监仓的朝廷命官右监门卫将军（掌宫殿门禁和守卫，略相当于卫戍军区警卫师副师长）范从简等四人也被罢官；同监的副官内侍宦官被“决杖”，处以杖刑，挨了一顿板子或棍子。

有一个西京洛阳的右军巡使、光禄寺丞李之才，因为与一市井哥们儿带着酒到宫殿中“聚饮”，被同事上告，赵炅调查后属实，罢了李之才的官。

外省泗州，有一个地方监察官，录事参军徐壁，同时又掌管本州部分租税。此人与属下一个名叫高贵的武官，收受租民的贿赂，而免除租民的税赋，给租民开具一张虚假的收据。奸赃事发，二人被正法，参与此事的支党都受了“杖脊”，而后发配到遥远的荒凉之地。

被“正法”的恶官

有一个刺史赵彦韬，在澧州（今属湖南常德）为官，地方有一小民，说家中财产被盗匪劫夺，赵彦韬调查后得知，没这回事，纯属顽民诬告。他一怒之下亲手杀了这个顽民，开膛破肚，还用手抓取人的心肝。顽民家属认为这个刺史手段太过残忍，于是到朝廷上访，诉告。赵炅弄清事实后，将这个刺史“杖脊”，发配到淮西，禁锢不用。

大宋杖刑五等，“杖脊”最重。比“杖脊”更重的刑罚就是“杖杀”了。

有一个掌管传宣诏令的中书令史李知古，接受罪犯的钱财，私自修改刑部所规定的法条，从轻处理了犯人，被有关部门起诉。赵炅派人调查属实，“杖杀之”，用杖刑，直到打死。同案犯，负责刑房的官吏孙甫因此而被罢官。

另一个中书令史习元吉，盗取皇上近臣的印玺，伪造征调信函，从两浙人家骗取绢彩一百七十四，也被“杖杀”。

记录中还有一个掌管宫中事务的詹事府丞徐选，外放督办漕运军粮时，利用职权收受贿赂，被濮州驿站招待所官员告发。经赵炅调查属实，也被“杖杀”。

“杖杀”属于“正法”，“正法”也有种种，“杖杀”算留全尸，更厉害的刑罚，就是“斩首”。

有一个御史赵承嗣，监管郑州市场赋税时，与地方官吏狼狈为奸，“隐没”也即吞没收缴上来的官钱好几万，被人告发。赵炅下令刑侦，调查结果属实。有关部门认为这人可以“绞杀”，赵炅特命“斩杀”，并将与他共同作案的官吏七个人，一道在街市斩首。然后诏令诸道转运使，在各州县布告此案，将案由和判决结果制作为传单，张贴在各地官舍的墙壁上。

朝廷当时规定，不允许各地私自讲述天文历法、推测灾异。于是就有几个属于禁军精锐的“骁捷卒”，上疏说他们的指挥使戎希萼，私自在弄天文灾异之类的玩意儿。调查后发现，属于诬告。赵炅于是下令将这三个诬告的“骁捷卒”斩杀，另外又赏赐给戎希萼紫袍、银带、金帛等，安慰这位被诬告者。

有一个管酒库的低级京官王守忠，被人告发，说他偷盗了三百瓶官酒，事实清楚后，监守自盗者被“弃市”。

有一个著作佐郎卢佩，在南京监造酒业，转运使樊若冰发现了他收受贿赂，有“寻租”行为，当即汇报到朝廷。下狱审讯，卢佩服罪，承认前后所受赃款一百九十贯。也被“弃市”。

还有一个县尉周楚，因为贪污（数额不详），被“弃市”。

所谓“弃市”，就是绞刑或斩刑后，暴尸街头。

还有比“弃市”更重的刑罚：斩杀之前，先受刖刑。

有一个殿前的武官吴舜卿奉命到山东区招募兵勇，在泗水的驿站，酒喝高了，亲手杀了八个平民。当地州官告到朝廷，赵炅让人将他“械系送阙下”，戴上刑具送到京师，先命人斩断他的两足，然后正法。

比这个加刑更重的就是腰斩了。

有一个殿前的武官霍琼，也奉命到山东招兵，在郓州，伙同招募的兵勇劫掠邑中市民刘凝的家财，也被州里告到朝廷。赵炅令当地用槛车将他押到京师，讯问得实，在都市腰斩。

掠夺小民私有财产，在大宋帝国，是极重的犯罪，惩罚酷烈。

李飞雄大案

太平兴国年间，曾有“族诛”行为。这是宋太宗还未能脱略法家“株连”法制的一个恶果。

秦州（今甘肃天水）节度判官李若愚，他有个儿子名李飞雄。节度使，是各州郡的军政总指挥官；判官，是佐理，但由朝廷派出的京官担任，遇有大事，要与节度使一道签署文件，略相当于副省长，地位仅次于节度副使。这也是权力很重的地方官。李飞雄仗恃着“官二代”的派头，常有背离道义之举，史称“凶险无行”，凶虐险恶，不守规矩，没有道德约束。李若愚一家几乎无法容他。于是他就常常离开天水，到京师、河北一带游荡，所到之处与无赖恶少纵酒赌博，做了不少坏事。

因为他的老爸李若愚在秦州做判官，所以李飞雄对秦州的府库仓廪战略物资，以及当地地形如何险要、要塞如何布局、各路兵马多少等机密信息，都了如指掌。这样，就令他产生了幻觉，以为可以据此做一番大事。五代以来的藩镇造反最终演绎为改朝换代的故实，他应该听过不少，于是这个德薄、智浅、力小的野心家有了谋夺天下的凶妄之念。

他岳父在凤翔（今属陕西宝鸡）盩厔（音粥志，今陕西周至）做县尉，管理着地方有限的几个兵马。李飞雄从京师跑到盩厔，偷了岳父的马，假称朝廷使者，半夜又来到盩厔的马厩，招呼管理马匹的小卒，讨要马匹，说是公干。小卒举着火把出来看，李飞雄将黑市上买来的马缨在他眼前晃晃，意思这就是县尉调动马匹的证据。马缨调马，仿佛过去的“虎符”，算是令牌性质的东西。小卒无法分辨马缨的真假，就给他配了一匹马。然后李飞雄就让一个小卒做他的“前导”，开始堂而皇之地“巡边”，并称这是奉了朝廷的差遣。

当时的“巡边”大臣要由皇上委派，有诛杀地方官的大权。此前，有个知封州（今属广东肇庆）的地方官李鹤，不遵守朝廷法度。朝廷派出的岭南使者向皇上汇报此事，很有可能诬奏了李鹤，说李鹤部下军吏试图“谋反”。这又是一个“权反在下，阴谋拥戴”的故事。太宗赵炅给出的指示是：“诛之不问状”，当即正法不必调查缘由。此案一出，地方官对巡边使者无不心怀恐惧。

李飞雄此际干的就是当初岭南巡边使者干的活儿。按照事后的结局推断，他是试图用这种办法，裹胁几位地方官，占据一座城池，而后举兵，造反。很有可能还有李逵式的那种雄心壮志：“杀去东京，夺了鸟位”，也弄个皇上玩玩。不然，就不能理解他的一系列失心疯般的行为。

他以“巡边”为名，先是劫掠了一位巡驿殿直（朝廷派出的巡查驿站的散官）姚承遂。然后带着他到了陇州（今属陕西宝鸡），劫掠了当地的监军供奉官（朝廷派出的监察地方武装的散官）王守定，到吴山县（今属宝鸡）后又劫掠了县尉卢赞。李飞雄命令他们都跟着他往前走。干吗去？谁也不知道。

说话就到了他老爸所在的秦州。

这时的秦州形势不稳。当地一些“戎人”本来已经“内属”，也即依附于大宋，但时常“为寇”，掳掠地方。于是朝廷派出了周承瑨、田仁朗、刘文裕、王侁、梁崇赟、韦韬、马知节等多人为巡检使，受诏屯兵于秦州附近的清水县。

初夏的一天，李飞雄来到清水县，假称受朝廷诏书，将这几位巡检使全都绑了。这一班人，都是身经百战的武官，朝廷派遣的命官，没有一人敢于反抗。周承瑨经多见广，但看到姚承遂等人也被绑缚，以为很可能是真有诏书，所以不觉得这事有诈，根本不敢反抗。一行人中，只有马知节看出了蹊跷，但他也不敢妄动，在等待机会。田仁朗虽然觉得不对劲，但也不敢反抗，只能哭泣着要李飞雄出示诏书。李飞雄发怒斥责他说：

“我受皇上密诏，因为你们这一伙子人在抵御秦州戎寇时不尽力。诏书让我诛杀你们这一伙儿！难道你们没有听说过岭南封州李鹤的故实吗？诏书？哪是给你们看的！”

一番话吓得田仁朗都不敢再说话。

田仁朗也是一资深武官，史称此人“性沉厚，有谋略”。他的父亲曾任后晋节度使，袭父荫，他做了西头供奉官。赵匡胤时代，他曾跟着御驾征讨扬州李重进，攻城有功。讨伐后蜀，他又是凤州路濠寨都监，负责监管军营设备。那时宋师入蜀，道路艰辛，他带兵伐木开道，大军得以顺利进川。

太祖晚年讨伐北汉，田仁朗也曾立功。他官职做到大宋重要国库左藏库使时，得罪中使宦官，被进谗言，说他贪赃枉法。太祖赵匡胤大怒，立即命令将他从职场召来殿下亲自讯问。他在进入殿门之前时，太祖下令将他冠带免去，这就等于褫夺了他的官职。但田仁朗神色不变，并不屈服，他很从容地对皇上说：“臣曾经跟着大军破蜀，那时候要贪赃，有的是机会，但臣秋毫无犯——这事皇上您知道。现在让我典守国家仓库，我岂能做这种奸利之事玷污了一世令名！”一番话说得太祖不得不信，稍稍平息了愤怒，最后只暂时停止了他的职务。

开宝年间，田仁朗被再次起用，出知庆州。庆州在今天的甘肃庆阳，北宋时是西北边防重镇，这里常有异族入侵。田仁朗刚到任所，就有了边警。他没有犹豫，率兵迎敌。两军阵营短兵相接，前锋不免胆怯，开始动摇，有了退却的阵势。田仁朗当机立断，立斩两个前锋指挥官，军中见状，有了震恐，于是人人奋力向前，效命疆场。一战，大破戎寇。此役以后，戎寇酋长好几拨人，先后前来请和。田仁朗烹牛置酒，跟他们立下盟约，互不侵犯。史称“边境乃宁”。太祖闻讯大喜，亲自写了书信，盖上玺印，褒美田仁朗。

就是这样一位阅历丰富的武官，面对太宗赵炅诏书，也不敢轻易动疑，只能束手就擒。

李飞雄带着这一班人马，往秦州进发。按他意图，准备到秦州后，将这几位命官“正法”，以此抢得他们的兵权，可以调动守兵，以秦州为大本营、根据地，开始打天下的泼天事业。

路上，李飞雄跟这些待死的囚犯吹牛，说当朝皇上做晋王时，自己过去曾在晋王府中做事，乃是晋王的亲吏。听到这话，被劫掠的刘文裕有了怀疑。他也曾在晋王府中做过事，却怎么也记不起来有个叫李飞雄的人物！路上，马知节瞅个空当，已经偷偷地向刘文裕表示了自己的疑心。这样一来，刘文裕疑心就更重了，于是开始和李飞雄攀拉关系。他哀告说：

“我过去也曾在晋王府中做事，咱应该都是一个战壕里的战友啦！现在，您作为巡边使者，难道忍心不来营救老关系吗？”

李飞雄也需要有个称意的帮手，感到这位也许能对自己的“大事”有助益，于是偷偷地跟他说：

“你能跟我同享富贵吗？嗯？”

这一句话，透露了底细，刘文裕当即判断：这位“巡边使者”乃是一个冒牌货！但是一行人都被绑了两手，一时间也无计可施。刘文裕就假作欢喜状，答应了他“同享富贵”。李飞雄很得意，就给他松了绑。

刘文裕于是在行进中靠近田仁朗，找个机会对他耳语，点破了此事之诈。田仁朗于是假装摔下马来，做出一命将绝的样子。李飞雄就跟那个前导的卒子前来观看，但见田仁朗已经气息奄奄，于是给他也松了绑。田仁朗瞅准一个时机，一跃而起，与李飞雄搏击，刘文裕从旁相助，共同擒住了这个野心家。

李飞雄被擒还不死心，大呼：“田仁朗谋反，要杀朝廷使者！”意思是要同行者来帮忙。但田仁朗、刘文裕凭借往日权威，早已控制了局面。于是将李飞雄带往秦州，越过他老爸李若愚，直接交给了秦州节度使，下狱，审讯，得到了有效口供，上报朝廷。

太宗赵炅下诏：

一、夷灭李飞雄三族；

二、给李飞雄马匹的那个马倌被灭族；

三、最初被李飞雄劫掠的姚承遂等人，在秦州街市被腰斩；

四、抓捕此前与李飞雄有来往的同伙若干人，全部斩杀。

同时，又将李飞雄案向全国通报，并告诫朝廷和地方官员以及士庶，家中子弟如果心怀凶险，有悖于国家法令，屡教不改者，应由家族中的尊者、长者向州县告发，由州县将人上了刑具送到京师。审明原委后，当配送流放地。如果容隐不闻，近亲家属都要连坐。

为了避免今后再出现假冒钦差，所有外派巡检都要手持朝廷颁发的银牌，无银牌者即为诈伪。

李飞雄属于谋逆，按律确当严惩；太宗立朝也需要“立威”，但“灭族”一事，实是赵炅磨灭不了的污点。

古罗马也有族诛的株连刑罚，也可以称之为“奴隶连坐法”，公元10年，罗马元老院就讨论通过了这一项法令：如果主人在住处被谋杀，这一住处的所有奴隶无一例外将被处死，妇女儿童也无能幸免。古罗马史学家塔西佗的《编年史》曾经记录过四百名奴隶被“连坐”，判处死刑的故实。

说古罗马的故实并非要为大宋开脱，而是要说，人类的残忍源于恐惧的本能——罗马贵族恐惧自己被奴隶谋杀，太宗赵炅恐惧帝国被谋逆颠覆，以及渴血的冲动。从野蛮步入文明，需要一个演进和反省的自觉过程。

大宋法制的局限所在不少，宋仁宗时恢复“磔刑”，宋太宗此际的“族诛”，是灿烂大宋的丑陋、罪恶之一面。

画家郭忠恕

太宗赵炅还惩办了一个名满天下的文人，他就是留名中国绘画史的著名画家郭忠恕。他遗留至今的绘画作品都是稀世之珍。

事实上，他不仅是一个画家，还是书法家、文字学家、文化学者。《宋史·艺文志》记录他的学术著作就有《佩觿》三卷、《汗简集》七卷、《辨字图》四卷、《归字图》一卷、《正字赋》一卷等五种，都属于文字学专著。《宋史》本传还记录，当时大宋通行的《古今尚书》及有关《释文》，也是他整理编撰的。

《佩觿》的“觿”字，音西，是古人一种实用的玉石佩饰，状如弯月，可用来解开绳结。郭忠恕这部书论汉字形声讹变的缘由，分析字画疑似的脉络，虽然有不少舛误，但用《四库总目提要》的说法就是：郭忠恕“洞解六书，故所言具中条理”，因此自有不俗的学术成就。书名《佩觿》，意思就是可以解开汉字疑惑之死结，故可以猜测成书之际，郭忠恕相当自信。

《汗简集》也名《汗简》。是对秦以后的篆字、隶字的总结研究。这书完成于五代后期，当时即在文字学界有广泛影响。蜀地文字学家李建中，从后蜀进入大宋时，曾经亲手抄录《汗简》进献给大宋。大宋名臣夏竦，带兵打仗糊涂无能，对西夏用兵时多有败绩，被西夏首领李元昊所轻鄙，但却是一个很优秀的文字学家，他在专著《古文四声韵序》中就说明是郭忠恕“首编”了《汗简》。

郭忠恕很小的时候，就已经通晓史书和“九经”，并对汉语言文字有不凡的颖悟力。传统中国承认人之差异，少年亦然。国家和地方，常将荣誉、尊崇向“幼敏”少年倾斜。那些有特殊禀赋、超越其他少年的天才，往往被人称为“神童”。郭忠恕七岁那年就被地方举为“童子”，名气很大。

顺便说，大宋似乎是历朝神童最多的朝代。杨亿、苏轼、王禹偁、黄庭坚、叶梦得、孔文仲……可以罗列一个长长的名单。

郭忠恕留在史上的记录，除了艺术、学术之外，就是特立独行的性格。

湘阴公刘赟

后汉开国君主刘知远传位于儿子刘承祐，刘承祐在郭威的兵变中被杀，刘知远的侄子徐州节度使刘赟，被朝廷推举为帝。后汉还派出名相冯道去迎接新君。刘赟闻讯大喜，即刻从徐州西行，打算尽快赶到京师践祚。但他走到宋州（今属河南商丘）时，冯道也到了宋州。这时，传来郭威已经进入京师“监国”，并以太后的名义下诏废黜刘赟的消息。诏书中，将准备称帝的刘赟降封为“开府仪同三司、检校太师上柱国、湘阴公”，这都是名誉性质的职位爵位。然后刘赟在宋州被囚禁，随后，宋州节度使李洪义又出于讨好郭威的心思，毒杀了刘赟。郭威称帝，建立后周。

历史记录在这里出现分歧。

《宋史》说郭忠恕“弱冠，汉湘阴公召之，忠恕拂衣遽辞去。周广顺中，召为宗正丞兼国子书学博士，改《周易》博士”。这是说，郭忠恕根本瞧不上后汉湘阴公刘赟，到了郭威的后周初年，反而做了官。

《五代史补》则记录了郭忠恕的另一种面目。说郭忠恕年方弱冠，被徐州节度使刘赟辟为从事（相当于办公室科员）。到了刘赟西进京师准备称帝，在宋州被拦截后，郭忠恕知道大势已去，于是正色责备冯道说：“令公乃是累朝大臣，诚信之名为天下所知，四方士大夫谈论起先生来，都认为您是个道义长者。现在忽然做了‘脱空汉’，让你前面的信誉功业一下丢空。请问令公：您这心下可安？”

“脱空汉”的意思是“言行诈伪之人”。古人的解释就是：凡事据实而言，才涉诈伪，后来忘了前话，便是脱空。

郭忠恕这一番话，让前来“迎帝”的冯道无言以对。

郭忠恕向湘阴公刘赟建议：杀掉冯道，投奔河东大本营。当时刘赟的父亲刘崇正在河东做着节度使。后来，正是这位刘崇，听说儿子被杀，在河东称帝，史称北汉。

刘赟听了郭忠恕之言，犹豫不决，最后还是没有杀冯道。结果刘赟遇害。

《五代史补》说郭忠恕在刘赟死后“窜迹久之”，隐姓埋名，亡命避难很久。并没有在后周做官的记录。

这两种歧异的记录都可以见出郭忠恕的传奇性格。郭忠恕生当五代末年，少年得志，且满腹锦绣，又看遍了帝王将相的丑态，于是天下名流在他眼里，都不过尔尔，当代文武将相概不入其法眼。按《宋史》意见，郭忠恕对徐州节度使很是藐视；按《五代史补》意见，郭忠恕对后汉当朝宰相冯道，以及兵变大帅郭威，很是藐视。

进入大宋之后，郭忠恕应该还保留着后周时的官衔“宗正丞”（掌管皇亲宗族事务）。他同时还是“《周易》博士”。太祖建隆初年，他在上朝前饮酒，借着酒劲跟一位监察御史争吵，事后被御史弹劾。郭忠恕当堂叱责御史，并夺过他的奏本，直接撕毁。这事未免有失体统，他因此被贬为地方官，到乾州（今陕西乾县）做了司户参军，户籍科科长。在地方，他又借着酒劲，殴打一位办公室科员。并且不顾职官律令，自由散漫，擅自离开职所，到各地行走。结果被太祖赵匡胤除去公职，做了自由民。

从此之后，他流落于民间，不再求取功名，游走于陕豫之间。平日纵酒，不修边幅。碰到好山好水，就待上十天半个月。

这之后，就有了种种传闻，据说他可以超过一个月不进食。大夏天的，可以在日头下坐卧，连汗都不出；隆冬季节则可以凿开河上的冰冻，跳下去洗澡，他身体周围的冰凌则像遇到热汤般，渐渐融化。

他的书画早已名动天下，尤其善于做“界画”，也即以各类建筑为主题的山水画。史称“所图屋室重复之状，颇极精妙”。他也常常在王侯公卿之家游走。官员们都想得到他的画，往往要用美酒伺候，预先在墙壁上陈设“纨素”，也即白绢，郭忠恕如果想画画，就乘兴画之；如果不想画，官员们还执意请他画，他“必怒而去”。所以世间以得到他的画为荣。

说他在陕西时候，有个富人很喜欢他的画，每天好酒好菜伺候他，很久之后，才说想求他一幅墨宝，并给他一匹珍贵的白绢。郭忠恕将这匹白绢展开，看有数丈之长。略一思忖，就在白绢的下角画了一个放风筝的小童子，上角，对角画了一只风筝。中间隔着的数丈空白，被他袅袅地画一根细线连起来。一幅“后现代”作品诞生了。史称这位“富人子大怒，与郭遂绝”。

显然，这位“富人子”还是不解这幅作品的创意韵味。

另有一位镇守陕西的节度使郭从义，就比“富人子”有情趣得多。这位郭帅也喜欢郭忠恕的画，更知道这位艺术家乃是当代一高阳酒徒，就专门为他设计了一个适合吃酒挥毫的环境，白绢、笔墨都是现成的，天天请他喝酒。几个月后，郭忠恕先生忽然来了灵感，就张开白绢，但他只在一个角落画了几个远山的山峰而已。但郭帅“亦宝之”，还是拿它当宝贝。

太宗赵炅即位后，久闻郭忠恕大名，就召他“赴阙”，到朝廷来，继续做官，给他的官职是国子监主簿，太学的一等秘书。并给了他很多赏赐，让他住在太学里，主要工作则是让他“刊定历代字书”，整理历代关于文字方面的典籍。

儒者的游戏

在太学，郭忠恕总是伺机奚落嘲弄他人，不管对方是谁。

太宗召他时，他住在内侍省宦官窦神兴的官邸。窦神兴，乃是另一个“武宦”窦神宝的哥哥。窦神宝带兵打击契丹抗击西夏，都有战功。窦神兴也是宦官中的首领，权势很大。郭忠恕本来长了一副美髯，看到宦官窦神兴没有胡须，肉肉的脸蛋，就来了兴致。有一天，他将所有的胡须都拔掉了，窦神兴一见，大为吃惊，问他为何放着现成的美髯公不做，郭忠恕说：“聊以效颦。”老夫暂以这个法子向您老学习。窦神兴闻言大怒，所以不断地向太宗说他的坏话。后来郭忠恕倒霉，大约跟这个玩笑有关。

他这一生奚落别人，很少遇到对手。只有一次折在儒生聂崇义手下。

聂崇义乃是五代末到宋初的大儒，尤其精于礼学。后周时，曾摹画多种礼器图形，并解释其用途。到了宋初太祖建隆年间，完成《三礼图表》。这书对于国家礼制的推演具有划时代意义。中国千年礼制，此书实为一大重镇。聂崇义身为学官，日常生活极为低调，但学识渊博。郭忠恕有一次拿他的姓氏“聂”字开玩笑，嘲弄他说：

“近贵全为聩，攀龙即作聋。虽然三个耳，其奈不成聪。”

你看你这个“聂”字，都是“耳”。要是“贵”字贴近“耳”，就是个“聩”，失聪。要是“耳”字攀上“龙”，就是个“聋”，也失聪。所以，“聂”字虽然有三个“耳”，奈何也成不了“聪”。

听觉灵敏为“聪”。郭忠恕这个嘲弄，就文字游戏言，确实有才。

但他遇到的聂崇义，是更有才的人。

聂崇义说：“仆不能为诗，聊以一联奉答。”我不能作诗，姑且用一个对联来回应您。当即说道：

“勿笑有三耳，全胜畜二心。”

您不要笑“聂”这一个字有“三耳”，整体来看，全都胜过“忠恕”这俩字藏着“二心”。

“二心”等于说士大夫不忠不信，那个时代，是骂人的狠话。但聂崇义用一种典雅手法拈出，又是对嘲弄的合理回应，所以，郭忠恕招辱，第一次被嘲弄，羞愧得没有话说。

旁边人听到，都很推许聂崇义“机捷而不失正”，机敏捷智而保持言说之雅正，史称“真儒者之戏云”，聂崇义的应对，真是儒者才有的游戏啊！

大宋这类“雅谑”很多，这个“聂三耳”和“郭二心”的故实，与后来的“假蝗虫”“芦多损”故实有一拼。

说大宋名相卢多逊恃才而傲，有时也喜欢拿人姓名开玩笑。当时贾黄中做宰相，卢多逊做参知政事，有人来报说京畿附近有蝗虫。

卢多逊就笑着说：“某闻所有乃是假蝗虫。”这个“假蝗虫”与“贾黄中”音近，他就如此来奚落老贾。

但老贾也是才子，就回复他道：“亦不闻伤稼，但芦多损耳。”还可能真是假的蝗虫，所以老夫也没有听说伤害庄稼，但是“芦多损”，损失了很多芦苇。以“芦多损”谐音“卢多逊”，弄得对方无话可说。

“出将拜相”情结

郭忠恕在太宗朝仍然放纵自己，史称“忠恕性无检局，放纵敗度”，不懂克制约束自己，多次败坏国家法度。但是太宗爱才，每次都原谅他，史称“上怜其才，每优容之”。不料这位郭先生，更加酗酒，并放言诽谤朝廷、诽谤时政，这些也都罢了，太宗也不与他计较，才子嘛！

最后，郭忠恕犯了罪——经常将官府中的东西拿去倒卖，得到的钱财都自己留下花了。

这事严重。读书人贪赃，那是知法犯法，按律当斩。但太宗特意下诏：免死，决杖流放登州。

这是太平兴国二年（977）的事。登州今属山东，一般流放登州是到沙门岛，此地在今山东长岛县西北，格局仿佛拿破仑流放的那个孤岛，四面环海。五代时期，这里就是重犯流放地。进岛容易出岛难，似乎还没有几个流放沙门岛的罪犯能活着出来。有时，遇到大赦，沙门岛的罪犯也往往不赦。郭忠恕大约估摸到了生命的结局，于是自己设计了一个末路行为。走在半路，大约到了今属济南的地界，他对押送警官说：“我今逝矣！”我现在就在这里升天了。于是开始在地下挖坑，大约挖了篮球那么大的一个小穴，他估计可以容得下自己的脸面了，就趴下来“俯窥”，随即死去，被葬在道路旁边。过了几个月，有老朋友来，准备给他改葬，抬着他的棺椁，感觉里面很轻，“空空然若蝉蜕焉”，空空的，就像蝉蜕下的皮那般。打开看时，只有衣冠，史称“尸解”，也即本真遁化，空留遗物而去。

郭忠恕为何“性无检局，放纵败度”？宋初王禹偁曾有诗咏叹郭忠恕，内中有两句，可以点破个中隐秘：“忽以伎术召，此意殊郁郁。”

郭忠恕经多见广，当初斥责冯道，又鼓励刘赟杀冯道而投河东，刘赟不听，导致身死败亡。刘赟如果投奔河东，后来时局的演变还会有另外的可能性，至少不是现在这个样子。曾经有过的这类决断，让他有了幻觉。他自以为应该属于“致君尧舜上”的政治人物，但是没有想到的是，朝野都拿他当学者、画家看待。他认为世人包括帝王在内，都看轻了自己。就这个意义分析，郭忠恕也不能免俗。他还不懂得《佩觿》《汗简》才是万世事业，书法、丹青才是人间寄托。比较起来，乱世当权，或治世职官，都不过是过眼烟云。但他属于那个时代的“官本位”思考者。从西汉班超视“笔砚”为小道，立志“封侯”，到东汉扬雄视“诗赋”为小道，“壮夫不为”，传统文人多有“出将拜相”之情结。太宗给他这个当年主张诛杀冯道的政治家一个“国子监主簿”，这类“伎术”职务，他是不满意的。所以有了“郁郁”不得志的表现。

大唐初期，那个画过《凌烟阁功臣二十四人图》和《步辇图》的阎立本，官拜主爵郎中、将作大匠、刑部侍郎，与郭忠恕一样，他也认为自己是个当朝命官、社稷重臣、大唐栋梁的料，画儿，只是偶一为之的雕虫小技！但没有料到的却是一生被人称为“画师”。乃至于唐太宗李世民在太液池荡舟，看到水鸟在画舫前飞舞，就命人传“画师阎立本”来“写真”。阎立本遭此召唤，深感耻辱，当晚，回到家中，把儿子们叫来，很认真地说道：

“……今天的事儿，你们都知道了。我自幼读书，文章比当朝哪个公卿也不差；官做到刑部侍郎，品阶比谁也不低；不料现在独以画画见名当世，皇上、差官传呼起我来，就像传呼厮役皂隶一样，这可真是天大的耻辱啊！记住：汝辈之中，不得有人再习水墨丹青！你们要把这个当作一条戒律！”（据唐·刘肃《大唐新语》。）

郭忠恕应该知道阎立本的故实。他对新朝应该有期待。期待落空，于是走向放浪形骸一途。这也正是传统中国文人所谓“不得志”之后慨叹“不遇”的行为之缘。

矫诏开仓

宋太宗赵炅用法严酷，这与他立朝之初，急切于推行帝王威权有关联，更与他心系北汉、志在幽云有关联。但他操练帝国法条也有一条底线：如果有益于庶民，即使犯法也不治罪。

就在秦州，因为当地“岁饥乏食”，这年歉收闹饥荒，百姓没有粮吃，朝廷下诏，由附近延州（今陕西延安）开仓，拿出战备粮粟米二万斛，借贷给贫民。但后来朝廷又派出使者刘文保，带着皇上的诏书，匆匆赶到秦州，下令收回开仓放粮的前令。知秦州的张炳与刘文保现场看到，不断有百姓饿死在道路沟壑之中，于是假传圣旨，开仓，史称“民饥益甚……矫诏开仓，救百姓倒垂之急”。这两个大宋文官，一个是地方州官，一个是朝廷京官，在这个历史性的“严重时刻”，选择了对庶民负责的姿态，居然置圣旨诏令于不顾，毅然救民。这故实很少被人讲述，但在我看来，这就是传统儒学表彰的“爱民”精神，也是孙文先生揭橥的“民生”精神，很了不起——能够做到敬畏生命在先、服从命令在后的善良而又正直的官员太罕见了。

这二人也知道如此抗命，自有大宋法条伺候，于是上疏，承认罪责所在，表示愿意“属吏”，交由司法官员按律处理。赵炅知道情况后，特意颁下指令，免除了这两位“违诏”的刑罚惩处，史称“诏释其罪”。

秦州“民饥”灾荒发生在太平兴国二年（977）四月，到六月二位官员上疏，赵炅不过践祚半年多，正是“杀伐立威”的时段，这一次赈灾令，以及收回赈灾令，都是赵炅初为帝王之后的第一次。如果诏令无效，帝王之威风何在？但他居然放过了二位官员。这一事件证明了赵炅杀伐之外另有道义。由他出任帝国领袖，即使今天来看，也是合理、合法、正当的。

战备粮救灾

太宗一面以杀伐立威，一面又将国家政策不断向“民生”倾斜。大略考察，太宗在位二十一年，几乎年年动用战备粮赈灾。

太平兴国八年（983）三月，同州（今陕西渭南）地方官告知当地饥荒，国家发仓粟四万石（一说四十万石）赈之。

雍熙二年（985）四月，因为江南数州去年秋天略有旱情，百姓口粮紧张，赵炅不放心，随即派遣多位朝官到江南几个州，与地方长吏做细密调查，看到有缺粮户，马上发粮赈贷。同时，还开放地方的“常平仓”，将国库中的粮米减价出售，以平抑粮价。借这个机会，又命令下放的朝官访察地方吏治，官员为政的善恶，以及民间利病，做成报告交到朝廷。

雍熙三年（986）八月，剑州地方官报告“谷贵”，赵炅下诏开放地方粮库，赈济饥民。

端拱二年（989）八月，乾宁军（今河北青县）报告“民饥”，赵炅下诏以官粟二万石赈之。

淳化元年（990）二月九日，京东转运使何士宗报告：“登州（今属山东）岁饥，文登、牟平两县民四百一十九人饿死。”赵炅当即下诏，并派遣使者开仓赈灾。死者由官方代为葬埋，并发给死者家属抚恤金，“以钱五百千分给之”，用了五十万钱分给家属。由于地方官没有及时报告灾情，导致地方饿死人事件发生，赈灾之后，开始追究责任，“仍劾罪以闻”，推定官员渎职罪责的惩罚办法，上报朝廷。

至道年间，契丹的威胁愈益严重。但京畿及河南百姓遇到了灾年，乃至于春播的种子出现紧张。一场雨后，赵炅当即下诏，以官仓粮豆数十万石贷给庶民做种子。有关部门考虑到战马需要养护，请求留出一部分给马匹食用。赵炅说：“但竭廪以给之，国马食以刍藁可矣。”春雨及时，正是播种时机。百姓没有粮种不能尽地利，只管倾尽粮库给农民，相信到了秋天会有百倍收获。至于“国马”，用干草做饲料就可以啦！……

太宗“国马论”，很接近孔夫子在马厩失火后的发问：“伤人乎？”不问马。赵炅赈灾从未有过犹豫。民生，在赵炅这里具有不容动摇的重要性。

祖宗之法

大宋帝国流行一个说法，就是“祖宗之法”，说的就是太祖、太宗为大宋帝国所立的“法”。宋人称太祖、太宗做皇帝的那一段时间为“祖宗时”。当说到“祖宗之法”或“祖宗时”这几个汉字时，往往含有“我大宋那时定的规矩”之含义，并以此来告诫、规劝、讽喻当朝皇帝“不要坏了规矩”。故“祖宗时”订立的“祖宗之法”，实有大宋最高法条的性质，可约略称为宋代三百年的“大宪章”。

赵匡胤病逝后第二天，赵炅颁布“五条意见”，就申明对太祖时已经定下的“纪律”也即制度，要严格遵奉执行。又过了两天，宰相薛居正等人来见太宗，要求太宗“听政”。太宗答应后，移居太祖过去办公的地方长春殿来处理政务，并对薛居正等人说：

“边防事大，万机至重，当悉依先帝旧规，无得改易。”

遵照太祖遗制处理国家大事，边防大事，也要全部依照太祖旧日的规定，不能随意改变。

太祖晚年曾经征伐北汉。太宗当然有理由“依先帝旧规”征伐北汉。“祖宗之法”中，包含了混一寰宇、河山一统的政治梦想。

但是太宗立国之初，各类灾害不断，各级官员也不老实。人性中的贪婪，借着五代以来的乱世风习，即使在“太平兴国”年间，也还是不断爆出腐败、邪僻等种种恶果。

太宗要恢复汉唐旧疆，更要推演“天下太平”。他需要在江山一统之后，实现“天下太平”。太宗之梦与太祖之梦一样：实现道义天下，恢复汉唐旧疆。

阻碍这个梦想实现的外部威胁是草原民族，内部威胁是藩镇割据。

比较起来，内部问题更为直接。

为了解决藩镇割据问题，中央集权是一个现实选择。

但在“价值应然”前提下，也即道义前提下实现中央集权，需要“平衡术”。如何既不灭裂天下道义，又能有效驾驭群雄，保持邦国秩序？太祖太宗一生就在这个场域中寻求政治弹性。

太祖已经部分解决了藩镇割据问题，但凭借对人性和政治的理解，太宗知道：只要时机成熟，“阴谋拥戴”就会死灰复燃，试图与朝廷对抗的新的藩镇就可能出现。

谁能知道，一个无德无能的藩将赵在礼，会在“被拥戴”中，成为后唐叛帅？

谁能知道，一个性情宽厚的藩将李嗣源，会在“被拥戴”中，灭了后唐开国之君，自立为帝？

谁能知道，一个远在西北的藩将李从珂，会在“被拥戴”中，夺了合法君主的位置称帝？

谁能知道，一个做着枢密使的藩将郭威，会在“被拥戴”中，推翻后汉，做了后周的皇上？

谁能知道，睡梦中的殿前都点检，哥哥赵匡胤，会在“被拥戴”中，返回京师，建立大宋帝国？

……

站在历史的后面，还可以补充一个近代故实：谁能知道，道德“天下可信”的大清新军第二十一混成协协统（相当于今天的上校旅长或团长）黎元洪先生，会在“被拥戴”中，反清，出任湖北都督，成为“驱逐鞑虏、恢复中华”的标志性人物？

“被拥戴”，是传统制度条件下，权力重新分配的一种可能性。

当可能性展开成为一种现实性时，变局就会出现。

随着“被拥戴”的变局出现，便是生民苦难。

正本清源与拔本塞源

太祖太宗的优异之处甚多，“拔本塞源”是其一。“拔本”，也即拔除树根；“塞源”，也即塞住水源。意思就是从根本上做到防患除害。

它与“正本清源”不同。“正本清源”指的是树木已经歪斜，需要从根矫正，源头已经浑浊，需要从头清理。这是对“已然”祸患的整顿。“拔本塞源”是在变局尚未萌蘖之际，即将“可能性”消弭于虚无之中。

消弭者洞烛先机，世界，将因此省略一出惨剧。

但是被省略的惨剧不曾上演，庸人便以为世界本应如此，本来就没有这样一出惨剧，所以，算不得英雄手段。

殊不知，"拔本塞源"与"正本清源"比较起来，尤见英雄气象；省略"被拥戴"之"拔本塞源"，更是大英雄气象。

与"拔本塞源"相近的汉语词语有防微杜渐、杜渐防萌、曲突徙薪、未雨绸缪等，用在遏制藩镇之乱这个政治现象时，都可以看成大英雄在军政戾气形聚之前，觑破人性之恶，收敛天地之杀机的极高智慧。

这个智慧可以名曰"见大"。

明代小说家冯梦龙曾感慨世间智愚不齐，作《智囊》一书，将智慧分类，第一等智慧就是"见大"。他解释"见大"说："一操一纵，度越意表。寻常所惊，豪杰所了。"每一次操纵大事，往往出乎旁人预料之外。庸人遇事，惊诧莫名、束手无策之际，政治英雄却以前瞻性智慧，将格局控制在平衡点上。

安抚番族

当初，有位比部郎中（刑部官员）张全操，史称"慷慨敢言外事"，慷慨激昂，敢于大胆言说边境攻防大事。太祖对他很信任，将西北要地灵州（今属宁夏吴忠）委托给他镇守。到了太宗朝，他循例要在西北番族中购置马匹，护送到京畿，以充禁军军用。但他依仗地方大员的权势，在交易中给番族的物资大多"粗恶"，都是劣等品，等于以次充好。番族为此而心生恚怒，拒绝交换。张全操动用武装力量，抓捕了十八个首领人物，将人家的兵仗、羊马全部没收。此事导致边境骚乱，史称“戎人大扰”，西北番族开始与灵州守备对抗，大有狼烟四起的态势。朝廷知道详情后，派出特命全权大使，带着金帛去安抚番族，申明朝廷制度，并与番族立盟，这才勉强安定了西北可能的大乱。

怎么处理张全操这个藩镇大员？

宋太宗赵炅没有手软，将他果断召回，下狱，审讯。最后的判决是:“决杖，流海岛。”按律杖刑，流放海岛。

张全操事件后，赵炅还了解到帝国的另一个隐患。

原来，从五代时期开始，藩镇们大多会派遣自己的亲信，借着公事出差，往边境或各州郡做生意，路过辖境关口，都实行免税政策。这样就积蓄了很多钱财。藩镇们有了钱，就开始胡作非为，史称“务为奢僭”，一定要挥霍，生活奢侈糜烂而又僭越礼制。有些藩镇自家府上养马多至千余匹，童仆也多达千余人。皇上也没到这个份上啊。大宋之初，有功臣数十人，还承袭了这种“奢僭”习气。太祖赵匡胤对此很是忧虑，但也不能彻底根绝。

太宗时代，功臣们虽然没有了相当于“领地”的藩镇，但在地方上还是遗留着呼风唤雨的能量。赵炅于是有针对性地下了一份诏书，规定：

内地或边塞臣僚，从今往后，不得借公事出差做生意。那种假公济私，挟带紧俏商品，牟取暴利的商务往来，都属于“与民争利”，从此禁绝。有不奉诏命者，州县长吏必须上奏报告朝廷。

诏书下达，地方大员经商牟利的行为有所收敛。

藩镇不得领支郡

当时有个掌管礼器制作的少府监，名高保寅，他是五代十国的南平国最后一代君王高继冲的叔父。南平国被赵匡胤收复后，高氏家族多在大宋做官。太宗任命这位高保寅知怀州（治所在今河南沁阳），当时隶属河阳（治所在今河南孟州），等于是河阳的一个支郡。而河阳节度使乃是当朝名相赵普所兼。但这位高保寅与赵普有过节，现在在赵普手下做事，不免感到别扭，有些事就像被赵普故意抑制，很不自在。史称高保寅“心不能平”，对受赵普节制不服气，寻思着这事得有个解决办法。高保寅对政治气候有判断，他看出当朝两代帝王都在千方百计削弱藩镇军政大权，于是有了釜底抽薪的谋划。

他给太宗赵炅上疏，主题就是：请求罢免节镇领支郡的旧制。

这一封奏疏正是太宗所需要的，于是当即同意，首先下诏，要高保寅执掌的怀州，不再隶属于赵普执掌的河阳，直接隶属京师，怀州的长吏有事可以直接上奏朝廷，不必再经由河阳中转。

与高保寅同时，还有一位虢州（治所在今河南灵宝）刺史许昌裔，上了一纸诉状，说他的上级，保平节度使杜审进的“阙失事”，也就是做得不够合格的政事。其中就包括杜审进作为一方节镇，所领地方支郡，多由亲吏执掌关市。保义军，避赵光义的“义”字讳，改为保平军，治所在陕州（今属河南三门峡）。

杜审进何许人？乃是已故昭宪太后的兄弟，太祖、太宗的亲舅伯。杜审进做官一向谨慎，镇守保平军二十余年，鼓励农业生产，奖励仁义根本，士庶安居乐业。他官做得大，但懂得节制，从无骄矜傲慢之色，士庶认为他有儒者之风，是一个醇厚长者。由亲吏执掌地方税收，也是沿袭五代习气而来，并非有心作恶。

许昌裔则名不见经传，但却敢于弹劾当朝皇上的舅伯，也是看准了当朝收敛藩镇军政大权的基本趋势。

所以，太宗赵炅得到这封奏疏，并没有不快，当即派出一位朝官李瀚到虢州、陕州去调研。李瀚位居右拾遗，乃是朝中言官，有责任对政事做出独立讽谏，纠弹朝中过失。李瀚到了地方后，发现了问题所在。他上言道：

“节镇领支郡，多俾亲吏掌其关市，颇不便于商贾，滞天下之货。望不令有所统摄，以分方面之权，尊奖王室，亦强干弱枝之术也。”

藩镇管辖下属州郡，大多派遣亲吏执掌关市税收。此事很不便利商贾，让天下的货物有所滞留，不能顺利流通。期望不要让藩镇统摄管辖地方州郡，以此来分流藩镇的军政大权，树立王室权威，这也是“强干弱枝”的方法啊。

所谓“强干弱枝”，就是太祖、赵普以来，试图解决藩镇过强的集权之梦。儒学论“强干弱枝”的说法就是“礼乐征伐自天子出”。重要的军政大权由朝廷、天子颁布，邦国就走向了秩序；反之，军政大权由地方、藩镇颁布，在邦国这个更大的组织系统内就会出现多头政令现象，朝廷奈何不得，于是就会产生地方割据。在没有联邦或邦联理念之前，地方割据，是国家灾难。世界史上，美利坚合众国之前，还没有联邦或邦联理念，更没有联邦或邦联实践（顺便说，“联邦”与“邦联”是两个不同的概念）。宋太宗的太平兴国初年，欧洲的神圣罗马帝国，各国间战争不断；拜占庭帝国各地也战火连绵；丹麦甚至在入侵英格兰……“欧盟”这个近似于“邦联”的设计，连梦想都还没有，何况“联邦”！政治文明是人类自我管理的政治智慧不断展开的过程。回到历史现场，就会发现一代人只能做一代人的事，是当然之理。当“集权”成为历史现场最优选择的时候，讨论大宋君臣为何没有实现“联邦制”，为何没有实现“宪政管理”，是言不及义的。因此，千年之前，“强干弱枝”就是一种可以期待的政治价值。

事实上，赵匡胤已经在做“强干弱枝”的工作，而且卓有成效。

从唐代以来，直到五代，各个藩镇都领有支郡。赵匡胤平定湖南马楚之后，就将原来的若干支郡从藩镇剥离出来，直接隶属京师。后来在比较大的州县屯兵，也多直属朝廷。

但到了太宗时期，藩镇领支郡还没有经由制度化改变。现在，李瀚将这个问题揭櫫出来，史称“上纳瀚言”，皇上接纳了李瀚的意见。并下诏，明确天下数十个支郡，不再隶属地方藩镇，而是直接隶属京师。史称“天下节镇无复领支郡者矣”。大宋帝国所有的藩镇，都不再有管辖下一级州郡的权力了。

亲吏不得补镇将

但赵炅还知道，太祖晚年已经开始禁绝藩镇提拔自己的“亲吏”做“镇将”，也即下一级地方军政长官，这正是“藩镇领支郡”的弊端，现在，明确支郡直属京师，太宗还是担心五代余风流衍，藩镇们会不会变格，继续提拔“亲吏”做“镇将”呢？倘如此，就与“祖宗之法”的“偃武修文”原则冲突太大了。藩镇自命下属为“镇将”，等于地方干部任免权不在中央。此类流风正是汉末以来节度使自成一独立王国的源头所在。

于是，赵炅再次重申太祖时的禁令：藩镇不得补亲吏为镇将。

太宗做足了“拔本塞源”的功夫。

不仅如此，太宗还对现任的节度使老将做了调动安排。

赵炅即位之初，安远（治所在今湖北安陆）节度使向拱、武胜（今属河南邓州）节度使张永德、横海（今属河北沧州）节度使张美、镇宁（今属河南濮阳）节度使刘廷让等人，都来朝会。这四大节度使，都是赵匡胤时代元帅级别的大将军，各领一方，辖境州郡星罗，纵横千里；元帅们又多有战功，威望甚高，权力极重。尽管赵匡胤时代已经安排了节度判官，收回了藩帅们的部分财权，也安排了县一级的官员由朝廷派遣，但他们凭借资历和能量，仍然是最有可能演绎为一方藩镇的大人物。二百年来，此类演绎屡见不鲜。赵炅预为筹谋，罢免了他们的节度一职，转为朝官：向拱、张永德并为左卫上将军；张美为左骁卫上将军；刘廷让为右骁卫上将军。

为调动老帅颁下的诏令制辞中有一句话：

“不敢以藩领之任重烦旧德也！”不敢用藩镇这样繁杂沉重的工作来麻烦老功臣们！

石守信移镇

还有一位资历更老的大将军石守信，也在太宗践祚后不久被罢免了节度使之职。这不是个简单事。

石守信，是赵匡胤在后周时期的“义社十兄弟”之一，是赵匡胤团结在身边的最早的一批武将之一。石守信在柴荣时代就曾立有赫赫战功。陈桥兵变，他也是最重要的拥戴者之一。当初赵普和赵光义谋划初定，即于夜半派遣心腹武官赶回京师，面告时任殿前都指挥使的石守信等人，要他们做好赵匡胤返回京师的接应工作。赵匡胤从陈桥回师，顺利进入汴梁，石守信功不可没。后来赵匡胤讨平潞州，石守信再立战功；讨平扬州，石守信为行营都部署亦即前线总司令。怎么看，石守信都是先帝留下的一位资深元老。太宗赵炅时，石守信的职务是天平节度使兼中书令。这个人物也动得吗？

天平军，驻山东东平郡，治所在郓州。五代以来，军事地位虽然不如河东大藩，但也是一个重要节镇。石敬瑭、范延光、杜重威、韩通等人都曾做过天平节度使。此地相当于帝国境内东部第一大军区。

公元977年，太平兴国二年十一月，太宗赵炅忽然下诏，罢免石守信天平军节度使，保留中书令也就是即政事堂文职，并出为西京也即洛阳留守。

石守信官职得到提升，但军权没有了。

同时，将天平军降格，其辖境仅在郓州一地。原来隶属天平军的“支郡”都直接隶属中央。后来的节度使，皆由文官出任，又多有安抚使、转运使、提刑使，以及通判等来“分权”。这样一来，朝廷、藩镇、支郡（州郡，包括县）三级垂直管理，变为朝廷和州县的二级垂直管理。虽然有些地方、有些时候，还有省级管理安排，但那也都属于临时性的差遣。大宋等于事实上弱化了省级机构，藩镇属州的权力得到有效侵削。西汉晁错没有完成的行政变革，在大宋赵炅这里得到一次“更化”。过去石敬瑭、范延光、杜重威之流，做大做强藩镇与中央对抗的可能性，在无形中消散。

太宗赵炅继承了乃兄赵匡胤的政治智慧，首先注重抑制藩镇，在行政区域的人事变更和区域性质的转型中推演秦汉以来的郡县结构，以此消除可能的割据力量，这样就为大宋帝国的长治久安做出了制度性的安排。

赵炅不凡。

叁

纳土归宋

平海军，这个远在漳州、泉州的僻远之地，继续保持割据状态吗？旁边那个吴越国国王钱俶，早已称臣纳贡，就差纳土归附了。这时，陈洪进的同乡幕僚刘昌言向主人上了一“计”：纳土归宋。

封桩库

解决北汉问题之前，宋太宗赵炅不失时机地解决了漳泉、吴越问题。

哥哥赵匡胤似乎有意留下这两块地方给兄弟，让他去收复，做成统一大业。从此，帝国版图扩张到东南沿海。这两块膏腴之地为大宋帝国提供了更为丰富的税赋，让大宋的财政状况有了根本性的好转，在后来的日子里，太宗甚至发现，哥哥费尽心机贮存财帛，用于收复燕云十六州的“封桩库”都已经多余了。

“封桩库”是太祖时备下的一座财富仓库。每年有盈余，就将盈余的财帛存入这个仓库。那时就想用这个仓库的所有，向契丹赎买幽云十六州；如果契丹不答应，就用这个仓库所有招募勇士，攻取之。太宗时最大的仓库是左藏库。南唐、南汉、荆湖、后蜀等国的仓库财货，大多积蓄于此。太宗有一次来库里巡查，一看这里堆积的金钱、布帛及各种财货多到不可计量，就对陪同的宰相说：

“此金帛如山，用何能尽！先帝每焦心劳虑，以经费为念，何其过也！”这里金帛像山一样这么多，怎么能用尽！先帝时总是以经费为念，每日操心焦劳，太过担心啦！

假如漳泉、吴越再来归附，大宋岂不更加富有？那时节，解决北汉问题、契丹问题，也就更无后顾之忧了……

清源军

漳泉，也即今日的漳州、泉州二地。五代、大宋时期，称清源军。

此地地缘先后有变化。

大唐帝国时代，公元 699 年，在现在福建莆田的西部设县，名清源，此地部分隶属于今日的泉州，这就是后来改为“清源军”的地理来源。

五代十国时期的“闽国”占据此地及周边地区。

公元 945 年，南唐发狠，与闽国开战，吴越国来援闽。最后结局是，闽国被灭，但闽地三分：南唐拿去汀州等地；吴越拿去福州等地；而泉州、漳州则两边不靠，为当地人留从效占据。

留从效势力坐大，自称“留后”，也即暂时留在此地，等待宗主国正式任命。他愿意接受南唐册封，南唐中主李璟也奈何他不得，就将留从效“留后”辖境升格为清源军，留从效则成为清源军第一任节度使，做了藩镇大员。这就是“清源军”的军政来源。

留从效，这位中国南方的藩帅，后来又先后被南唐和中原帝国封赏为泉南等州观察使，累授同平章事兼侍中，这是宰相级别的荣誉职务；更授中书令，也是宰相；又封鄂国公、晋江王，留从效政治生涯达到巅峰状态。

说起来，留从效也是乱世一枭雄。他就出生在泉州，年轻时在泉州当兵，闽国王氏当政时，他曾经做到散指挥使，这是一个实权不大的武官职务。

闽国频发国变，到了王延曦时，出了一个叛逆者朱文进，他杀了王延曦，自己做了闽国君主——但他不敢称帝，降一格，称王。闽王“首都”在长乐，即今天的福州，他派出了自己人黄绍颇到泉州做刺史。

这时候，泉州人留从效的机会来了。

他跟铁哥们董思安等几位商量好，在一个冬夜，各自带着军中亲信到自己家中吃酒。酒酣，留从效说：

“朱文进杀王氏，又派出亲信分头据守各地。咱们一直受到王氏恩遇，现在却事奉这个叛逆贼人。要是有一天富沙王攻克福州，咱们这班人可就死了都惭愧啦！”富沙，属今天的闽北建瓯县。建瓯，史称建州，王延曦的兄弟王延政被封在那里称王，故称“富沙王”。“王”是比“帝”低一格的君主。王延曦是闽帝，让兄弟王延政称王，有效法“封建”（封土地、建诸侯）制度，由宗亲拱卫京畿之意。但兄弟王延政自立为帝，成立了什么大殷国，与哥哥王延曦多年打仗，互不相让。

留从效看到这哥俩的矛盾，知道虽然朱文进杀王延曦，但王延政是不会容他称帝的。所以留从效预先纠集支援力量，准备向未来的君主王延政递投名状。

亲信们虽然认为留从效说得有理，但还是不免害怕。

留从效骗他们说："富沙王已从建瓯发兵，平定了福州，并给我密旨，令我讨伐泉州黄绍颇。再说，我观诸君状貌，都不是久处贫贱之辈。听我话，富贵可图；不然，祸且至矣！"

这一番话说得众人在恐惧中勇气倍增，决计起事，做一番功业。座中一个叫陈洪进的，尤其彪悍，当即率众踊跃而起，一时间找不到更多兵器，各人都顺手操起训练用的兵器白蜡杆，跳入府厅，擒住黄绍颇，根本就不容他说话，当即就寻了大砍刀，斩了他头颅，装入一个木匣之中。

随后，就像晚唐以来屡见不鲜的故实一样，留从效也搞起了"阴谋拥戴"。他在泉州找到王延政的一个侄子王继勋，请他出面主持泉州军政大事；留从效、董思安等人则自命为"平贼统军使"。

陈洪进受"平贼统军使"的命令，提着黄绍颇的首级到建瓯去见王延政，并表示愿意拥戴王延政为闽国大帝。

陈洪进走到半路，碰到朱文进的福州戍守兵士数千人，这些人挡住道路，也是在提防泉州、漳州的"叛逆"。陈洪进见势不妙，就骗这些士卒说：

"我起义的大军已经诛杀了朱文进。我正从小道去迎接真正的君王继承者。你们这帮傻子还守在这里干啥啊？"

说着，将黄绍颇的首级假作朱文进的首级，向士卒展示。士卒一见，血肉模糊的一个人头，哪里分辨得清，于是认为国家元首已经不在了，一哄而散。其中有几个将军还跟着陈洪进一块去见王延政。王延政大喜过望，当即封官许愿，以王继勋为侍中、泉州刺史；留从效等人则升为都指挥使，方面军总司令。

留从效一战成名

刚刚做了闽国王的朱文进听说泉州兵变，最亲信的黄绍颇被杀，很恐惧，重赏之下招募了两万兵马，派出几位将军前往征讨。两万人的队伍，从福州出发，前后分队而行，史称“钲鼓相闻五百里”，声势也颇浩大。

殷主王延政闻讯，唯恐泉州有失，也派遣大军两万来援。

福州兵先到。留从效不犹豫，直接打开城门，列阵与福州兵战，大破之，斩一将，擒一将。

王延政又派遣水军率战舰千艘攻打福州。

福州兵败泉州城，又来劲敌围城，朱文进万般无奈，派遣子弟作为人质到吴越国求救。

后面的事就是南唐与吴越在三闽大地争夺势力范围的故实了。我在《大宋帝国三百年》系列的前几册中有详叙。

且说朱文进被部下所杀，王延政投降南唐，泉州还在王继勋管辖之下。但“泉州保卫战”中，留从效一战成名，威望大增，取得实权，王继勋已被架空。

南唐将福建设威武军，泉州、漳州、福州等地皆在管辖范围之内。但这样一来，在试图有效管理泉漳之地时，遇到了困难。

王继勋本来想对南唐派出的威武节度使李弘义修好，但书信中却用了平行格式。李弘义认为泉州隶属威武军，王继勋来信，应用上行格式。被征服之地如此“抗礼”，李弘义咽不下这口气，就派他的兄弟李弘通率兵一万来讨伐泉州。

泉州都指挥使留从效的机会再一次来临。

他声言王继勋不能统御士卒，因为赏罚不公，所以无人愿意效命。然后直接找到王继勋对他说：“福州李弘通兵势甚盛，这事对我泉州生死攸关。士卒因为使君您赏罚不当，谁都不肯效力死战。如此，泉州危矣！使君应该避位，自省！”于是将王继勋废黜，勒命回到他的私人宅邸，留从效则开始代领军府事。

泉州兵因为留从效曾夜袭黄绍颇、遥尊王延政、击败朱文进，大事决断有魄力，故对这位“都指挥使”有畏服之心，于是与李弘通大战时，多肯卖命。一战，将李弘通击败。

但留从效并不想得罪南唐，随即向李璟上表报告泉州之变。李璟像五代时期所有的君王一样，对藩帅自署“留后”不敢兴师问罪，也采取了所谓“羁縻”政策，干脆承认其地方割据现实，将“留后”转正。李璟将王继勋召往金陵，正式任命留从效为泉州刺史，董思安为漳州刺史，另外派遣南唐将领来领任威武节度使。刺史，比节度使地位要低。到这个时候，泉州还没有真正独立。

随后，留从效还跟着南唐将领征讨过福州朱文进。但是平定朱文进之后，留从效带兵回到泉州，发现了南唐派遣来的戍守将军不是对手，于是，他的机会再一次来临。

留从效对南唐将军说：

“泉州与福州世为仇敌，此地南接岭南大海，是瘴气疠病蔓延之乡，地势险要，但土壤贫瘠。更由于连年战火不断，农业桑园大多废弃。每年的冬夏两季税赋，仅仅够养活自己。哪里还敢有劳大军长久在此地驻扎呢？”

说罢，更不做商议，即摆酒宴，为南唐将士送行。南唐将军看来看去，但见留从效的亲信们一个个按着刀剑把手虎视眈眈，知道这个地头蛇已经坐大，且早有准备，似乎也没有别的更好选择，只好率兵回国。

南唐主继续采取“羁縻”政策，同意留从效管辖此地，还加封他为检校太傅。

留从效并不满足。

几年之后，已经是后汉乾祐二年，公元949年，董思安被留从效的哥哥毒杀，这样，留从效就拥有了泉州、漳州二地。李璟见状，只好将泉州升格为清源军，任命他为“清源军节度使”。留从效从此名正言顺地做了藩镇大帅。

留从效的野心到此为止。追溯他一生的经历，可以知道，他从未有过逐鹿中原、争霸天下的野心。他很满足于做一方藩镇。

留从效“疽发背卒”

漳州、泉州，隔着南唐与中原相望。历史上来看，五代时期，无论周边诸国如何强盛，最强盛的还是中原帝国。后梁、后唐、后晋、后汉、后周，折腾下来，还是比南唐、后蜀、吴越几个割据邦国要强大。清源军靠近南唐，南唐比清源军个头大得多，但是与后周比，还是呈现弱相、疲相。中国一统，是中国历史上的政治文化传统，在华夏这块土地上，所有从事政治活动的人物，无人能摆脱这种理念惯性。从尧舜禹汤文武周公开始，中国就在缔造政治影响所及地区的文化共同体，没有人能长久地安于一隅。留从效骨血中也有此本能记忆。

他知道中原帝国必将一统华夏，清源军不过是华夏被割据的一块土地，迟早要归附中原，如果不能自家统一中原的话——而留从效知道，他无能统一中原；他连南唐也“统一”不来。

但中原有可能统一南唐，南唐有可能统一清源军。

这是清源军面对的天下大势。

在这种大势推动下，他从未有过“北伐”之念，甚至没有继续扩张地盘的念头。他安于清源军，也安于“节度使”这个职务。如果说有一点野心的话，他期待能像晚唐以来的节度使们做过的那样，也能让自己的后代们继承节度使的职务……

他做出的第一个战略决定是：就像南唐“羁縻”清源军一样，清源军也要“羁縻”南唐。

南唐，是隔离开中原的巨大存在。常识也告诉他：只要南唐国存在，清源军被中原收复的可能就很小。因此，他希望南唐长久存在，以此来庇护清源军不被收复。所以，当南唐与后周开战时，留从效多次给李璟上表，谈天下利害，谈用兵之道。周世宗柴荣御驾亲征，正在属于南唐的江淮之地强势横击之际，李璟倾全国之力，部署南唐兵十万，出师紫金山（今安徽寿县），力保淮上。按李璟战略：江淮乃是南唐北部屏障，犹如燕云十六州是中原北部屏障一样，战略地位极为重要，丢失江淮之间的要塞，南唐就只有长江一条横线，再也没有陆地缓冲。周师过江，即意味着南唐转入内线作战，凶多吉少。故江淮志在必守。但李璟不明白的是：江淮，柴荣则志在必得。各自有志，这个时刻，志向已 经不重要，重要的是实力、运气。李璟的实力无法与柴荣比，运气也差得多。但他似乎看不到这一点，留从效却看到了。

紫金山一役，他给李璟连续上表，提出忠告。根据种种蛛丝马迹分析，留从效的上表很可能包括如下要点：不可与周师开战；如开战，不可如此排兵布阵；万一机动不利，甚至宁可让出江淮，保存实力，退守长江。留从效的上表认为，南唐大军在紫金山一线“顿兵老师，形势非便”，大军困守此地，士气已经衰惫，战略形势非常不利于我方。李璟没有接纳他的意见，史称“既而果败，江北之地尽入于中朝”。不久果然大败，江北之地全都被中原后周侵占。

留从效眼见自己如此卓绝的战略意见不被南唐采纳，于是开始秘密讨好后周。

他派出自己的亲信牙将，换穿了商人的服装，避开南唐的关卡，渡过长江的风涛，从偏僻小道，千辛万苦地跑到汴梁，来见周世宗柴荣。然后，这位牙将从皮带中挖出了一幅隐藏的绢表，那就是留从效向后周称臣的文书。

随后，留从效又派遣使团，向后周进贡，并请求在京师开办一所“清源军进奏院”，略相当于后世的驻京办事处，以此将清源军直接隶属中朝。

但柴荣征讨江淮、攻克全境之后，完成了第一阶段的战略规划，开始第二阶段战略规划的实施：挥师北上，拟收复燕云十六州。柴荣因此特别需要一个可靠的大后方，因此与南唐正在睦邻修好中。依柴荣的英雄性格，不大可能首鼠两端，一面与南唐修好，一面又挖南唐的墙脚。于是，柴荣婉言拒绝了留从效的建议，并给他写了一封言辞恳切的信件，信中说：

“江南近服，方务绥怀，卿久奉金陵，未可改图。若置邸上都，与彼抗衡，受而有之，罪在于朕。卿远修职贡，足表忠勤，勉事旧君，且宜如故。如此，则于卿笃始终之义，于朕尽柔远之宜，惟乃通方，谅达予意。”

江南新近已经归服中原，我大周正在设法绥靖安抚。爱卿你过去一直长久地侍奉金陵南唐，现在不可改变主意。假如像你说的那样，在京师设置进奏院官邸，那你岂不等于同金陵抗衡？朕如果接受你而拥有了你的清源军，那么，与南唐断交的罪过就在朕身上啦。爱卿远道来我大周进奉贡品，已经足以表示忠诚勤勉，可以继续努力事奉你旧日的君主，一切如故。这样的话，对爱卿来说可加深有始有终的君臣情义，对朕来说可尽到安抚四方的义务。深望爱卿通情达理，体谅明白朕之本意。

柴荣一番话，讲述了政治纷争不得影响伦理道义的价值观。这是种价值诉求，而不是利益诉求，对五代乱世间的天下意识，有拨乱反正之功能。一番话等于一次棒喝。在留从效的生命背景中，大约从无这种价值考量。柴荣的道义，对他，是全然陌生的。

但留从效应该从此知道，中原大朝自有格局，不是藩邦小国所可想象。也是出于对清源军前途的考虑，从此以后，结好中原成为他的既定政策。

太祖赵匡胤践祚后，留从效立即上表称藩，表示清源军乃是大宋一个藩镇，不敢独立于大国之外。并对大宋贡奉不绝。这时也正赶上南唐中主李璟害怕大宋，要从金陵（今南京）迁都到洪州（今南昌）。洪州与清源军属地相连，留从效怀疑李璟是准备南征，试图出兵清源军，非常害怕。留从效没有儿子，就派遣他的侄子留绍镃带着厚重礼品向李璟进献；同时又派出使节借道吴越，向大宋进贡。这个时期，留从效极为忧惧。赵匡胤也知道这位清源军节度使的难处，就派出特命全权大使给他“厚赐”，并发诏安慰他。这位大使还在半路上，留从效就在忧惧中生病了，病重时，部下乘机发动叛乱，劫持了他，另立新主。留从效忧虑、恐惧，又加上愤怒，最后结局是“疽发背卒”。

像“扼吭而死”一样，“疽发背卒”也是史书记录中常见的死亡方式。“扼吭”就是用绳索勒住咽喉，自缢；“疽发背”就是背痈，西医说法是背部皮下蜂窝组织急性弥漫性化脓感染。

留从效已矣。

他出自寒微，与其他藩镇比较，算是少数知晓人间疾苦的地方长官。史上说他“在郡专以勤俭养民为务”，在清源诸州，生活节俭，注意养民。他不嗜奢华，平常穿的衣服都是素布，没有花里胡哨的装饰。公服比较讲究，但他却将它放在府厅中门的侧面，出门办公时才穿上。他常说的话是：“我素贫贱，不可忘本。”我一直很贫穷，出身卑微，不可忘本。

他在漳泉地区实行开科取士制度，名曰“秋堂”，每年都有“进士、明经”得到提拔。这是在乱世中施行文官制度的尝试，很了不起。

留从效对泉州地区的经济文化展开，也是有功之人。

他曾对泉州城重新修缮、增广增高。据记录中的说法，泉州城高近六米，周长二十里，比闽国前身威武军，当时的第一任节度使王潮建设的泉州城扩大了七倍。城内面积增大，于是可以“开通衢，构云屋”，还蠲免了多项遗留的苛捐杂税，清源军的士庶可以自由贸易，以此招徕外国商人。他还在环城种植刺桐，史称“刺桐城”。后来，大宋时期，泉州成为中国对外经济往来的第一大港，史称“刺桐港”，这个中国南方大港，其规模和繁华程度，那时几乎可以与埃及亚历山大港有一拼。多年经营的留从效确是桑梓功臣。

他还有一个德政，很少被人提及。闽国君王有两个女儿嫁给他管辖地区的人为妻，留从效很恭敬地对待她们，常常会给她们丰厚的赠予。虽然王氏闽国不是他颠覆的，但作为臣子，在闽国被南唐消灭之后，他仍然向南唐称臣，就是不忠。他用厚待王氏后人这种方式抚慰自己内心的不安。可以看出此人心灵的隐秘处仍然存有一点柔软的东西，乱世中，心灵的柔软是一剂能够略略化解邪僻酷毒、凶妄戾气、冷漠无情的解毒剂。留从效愧怍中不忘故主的人伦道义，一如赵匡胤厚待柴氏后人一般，是人类政治行为中的伦理之善，值得表彰。

乱世中，留从效实际管理漳泉诸州十七年，州郡之内，很得百姓爱戴，史称“部内安治”，辖境之内，平安有序。

地震

留从效没有儿子，就将哥哥留从愿的两个孩子留绍鎮、留绍鎡过继过来。他病重时，留从愿在守漳州，留绍鎮在金陵，而留绍鎡尚幼。这时，清源军的实力人物张汉思、陈洪进二人发动兵变，张汉思自称“留后”，以陈洪进为节度副使。也有一种说法是：留从效死后，留绍鎡主持“留后”军府事，一个多月后，陈洪进污蔑留绍鎡，说他想召唤吴越人反叛南唐。于是，将留绍鎡抓起来，送到南唐，并且推举当时的节度副使张汉思为留后，自己做节度副使。

陈洪进，乃是留从效老乡，也是泉州人士。史称此人“幼有壮节”，少年时期很有壮士风范，也曾读书，修习兵法。年轻时，人们都认为这是个人才，有勇略。在闽国时曾参与过几次战役，有功，升为泉州副兵马使。

他跟着留从效杀黄绍颇时，众人议论要将黄绍颇首级送建州王延政，以此请他出兵为援。但是由谁去送这个首级，当初却颇费了一番周折。原来，没有人敢出这趟差，因为道路险阻，福州朱文进到处设卡，此行恐怕凶多吉少。只有陈洪进担心事情久了再生变故，那样，这一场“泉州兵变”就不知道会有什么结局。于是，“独请往”，独自请求去做这个事。他成功了。

现在，留从效没有了，兵强马壮的陈洪进就动了“彼可取而代之”的念头。他也确实找到了机会。

就资历言，他不如张汉思；就实力言，他远超张汉思。但他并没有贸然行动，甚至还在推举张汉思，做出“节制”而又“当位”的姿态。

张汉思则属于比较谨慎的人物，年纪又大了，治理军府事，往往力不从心。于是，清源军大小事务都由陈洪进来决定。久而久之，陈洪进有了专断的倾向。这事让张汉思做着牙将的儿子们看了不爽，胆子大一点的，就有了图谋陈洪进的念头。张汉思也越来越觉得不对劲，感到了陈洪进这个人物确有不同于凡俗的地方，对他有了戒心。

延宕着到了夏天四月，张汉思做出了一个决定：除掉这位可能的祸患。

他找了个名头，搞了一场超级酒席，大宴将吏。泉州的方方面面都请到了，府厅大院都是人物。隐秘处埋伏下了刀斧手，只等一声令下，就会擒了陈洪进，然后给个罪名，当众一宣布，这事就算搞成了。但真是应了那句老话：人算不如天算。酒过了几巡，眼瞅着就要令下，看上去，陈洪进一条性命已经没有别的机会了。张汉思做事谨小慎微，几步棋算计得相当老辣，没有任何遗漏。谁知道就在这个紧急当口，意外发生了。

地震。忽然地震了。

一切都在，按部就班地运行时，忽然出现转捩点。就在这个“偶然性”的地震事件中，历史出现了另外的可能性。犹如罗马教皇亚历山大六世，一生在为私生子恺撒·博尔吉亚执掌最高权柄做各种铺垫，眼看就要成就大事之际，父子俩都没有料到的是：教皇忽然中毒而死。于是，所有的权谋铺垫都变成了没有结局的故实，悬想中的“可能性”像一炷香燃后的烟缕，在空气中消失了，不见了，没有了，踪影皆无。“偶然性”在众缘和合的“耦合”力量中，显现了近于决定性的影响力。

这一场地震，让清源节度使张汉思的府厅栋宇摇晃、梁柱作响，大厦将倾，所有的坐立者都无法控制自己的动作。

惊慌中，张汉思的同谋认为这可能是老天有意惩戒谋杀者——陈洪进很可能是膺有天命的大人物。于是，同谋者在那一个瞬间转换为背叛者，他将节度使的阴谋告诉了节度副使。陈洪进闻言，迅即离去。众人惊悸而散。

从此以后，张汉思更加担心陈洪进，经常配备戒备森严的警卫保护自己，史称“严兵为备”。

一把锁头换来节度使大印

陈洪进两个儿子都是泉州指挥使，多次要带领部下直接攻击张汉思，陈洪进没有允许。他知道，张汉思也有儿子，那样一来，拼的就是血肉，胜负难料，且不雅，传扬出去，就是武夫火拼，诸侯们会轻看了自己。

一直到有一天，他经由长考，觉得已有胜算，就在袖子里携了一把大锁头，带着两个儿子、几个随从，穿了平常的休闲装，很安详的样子，踱步到节度使府中。当时有值班的卫兵几百人，散在各处，陈洪进就以节度副使的名义给他们下了命令，要他们散去。

陈洪进随即走入内宅小院，将房门在外面锁上。然后又让随从叩门，张汉思来见，一看，已经走不出大门。

疑惑间，他听见随从对他说：

“郡中军吏都拥戴陈将军做咱们清源军‘留守’。众情不可违啊。请大人将节度使大印拿来。”

张汉思再不明白，也知道五代乱世的“规矩”。他知道事情到了这一步，已经没有退路，惊慌恐惧中，从门间将大印送出。受电视剧影响，一般人以为这个官印会很大，至少像半个鞋盒子那么大；事实上，节度使印玺不大，一般只有六七厘米的边长。门从外锁、向里开，两门缝隙间距不小，足可容得节度使大印递出。

陈洪进用一把锁头换来了节度使大印，迅速召集将校官吏，告诉他们说：

“汉思昏庸、老糊涂，不能治理军府大事，现在已经主动将节度使大印授予我，从此以后，请我来管理清源军事。”

诸将吏平素也知道陈洪进的彪悍和胆略，事已如此，顺水推舟，史称“将吏皆贺”。

当天，就把张汉思转移到别的住所，又加严兵看护。

随后，陈洪进草拟了表章，给南唐朝廷——这时，南唐中主李璟已经病逝，后主李煜继任。李煜按照历史惯性，继续执行“羁縻”政策，任命“留后”陈洪进为清源军节度使，并郑重地授给他节度使的权杖“节钺”。

两头下注

这个期间，太祖赵匡胤已经平泽、潞（均在山西），下扬州，取荆湖，兵锋指处，所向披靡。后蜀、南唐都在风雨飘摇中，陈洪进极为恐惧。他一面维系与南唐的附庸国关系，一面又极力讨好新兴的大宋帝国。他派遣亲信牙将魏仁济走小路到达汴梁，送上归附的表章，自称“清源军节度副使、权知泉南等州军府事”，表章中说到了张汉思“老耄不能御众”，太老了不能统御清源军士庶，现在我陈洪进暂时领任州郡军政事，“恭听朝旨”发落。表章中，他不敢自称“节度使”，只说自己原来的正式职务“节度副使”，等于向大宋讨好，不承认南唐给他“节钺”的合法性，期待着大宋对他重新任命。

赵匡胤派遣朝官给陈洪进颁下诏书，安慰了陈洪进。此时，南唐也在极力讨好大宋，两国划江而治，正在“友好和睦”中。所以赵匡胤同时又给李煜颁诏解释清源军事，诏书说：

“泉州陈洪进遣使奉表言，为众所推，因而总领州事，以诚控告，听命于朝。观其倾输，尤足嘉尚。但闻泉州昔尝附丽，尤荷抚绥。然变诈多端，屡移主帅，恐其地里辽远，制御有所未遑。朕以书轨大同，恩威远被，嘉其款附，已降诏书。盖矜其远俗便安，不必以彼此为意，想惟明哲，当体朕怀。”

泉州的陈洪进派遣使者奏上表章说，他被众人拥戴，所以总揽州郡军府事，现诚心实意来告知，愿意听命大朝发落。看他的奏章，应该是倾心输诚，很值得嘉赏。但听说泉州过去一直附属于南唐，更得到你们的安抚。不过清源军变诈常有，多次换主帅，朕担心他那里地理遥远，管理起来可能有不能尽意之处。朕因为正在做着统一大业，恩威已经到达遥远的地方，所以表扬了他的归附诚意，已经给他降下诏书。朕这样做，主要是考虑到边远地方随俗而安，谁来任命他为节度使这事，你不必挂在心上。想来你也是个明白人，可以理解朕的本意。

这一番话是说继续维系大宋与南唐的友好关系，但又棱角四见，大有敲山震虎的意思。

李煜看到陈洪进两头下注，大为不满，但如何回复大宋，也是难题。李煜朝中也有人，就起草了回复表章说：

“洪进多诈，首鼠两端，诚不足听。”

陈洪进这人多诈术，做事首鼠两端，实在不值得相信他。

这个表章向赵匡胤表达了南唐的不满，又从道义上打击了陈洪进，暗示了如果有一天讨伐清源军，也是事出有因。更深一层意思就是提醒赵匡胤不希望大宋与清源军走得太近。

陈洪进给大宋上表章在乾德元年，公元 963 年，这个时候，赵匡胤正在计划攻取南汉。南汉在今天广东一带，清源在今天福建一带，南唐在今天江西、安徽、湖北一带。如果南汉被攻取，往东一拐就是清源军。现在，南唐西面的荆湖之地已经被大宋收复，东面的吴越早已跟大宋保持政治一致；如果南汉、清源再被大宋收复，南唐就要四面受敌。这是南唐非常恐惧的地缘政治变异。李煜给赵匡胤的回复，事实上透露了这种担心，他正在以微弱之国的最后一点政治勇气向大宋帝国表达国家独立的意愿。南唐实在不希望清源军与大宋走得过近。

赵匡胤理解南唐的忧惧，但帝国一统志在必得，所以又给李煜下诏，重申前议，告知他不必担心。李煜于是接受了这个事实：听凭清源军周旋于两国之间，不做应对。

陈洪进从此开始公开向大宋朝贡。三年后，建隆四年，清源军向大宋进贡白金万两、乳香茶药万斤。

李煜得到消息后，感到来自南北方向的威胁，借着与大宋睦邻友好的政治时机，再次向赵匡胤上言，请求取消对陈洪进的节度使任命。

赵匡胤再次回复李煜，表达了三层意思：一、对清源军的任命不能取消；二、南唐不必担心，大宋目前没有攻取南唐的意图；三、南唐应该理解帝国一统的趋势。李煜收到来自帝国的消息，知道无法变更这一趋势，不免更加忧惧。

又过了几年，太祖赵匡胤改清源军为平海军，更授陈洪进节度使节钺，并任命他为泉州、漳州观察使、检校太傅，还赐给他一个荣誉称号：“推诚顺化功臣”，为此特意铸印给他。陈洪进的两个儿子也分别被封赏为平海军节度副使和漳州刺史。陈洪进对大宋帝国更为恭顺，更多的进贡物品源源而来。

程德玄机谋善断

陈洪进在大宋与南唐之间周旋了十几年。

但他每年给这两个宗主国进贡，这就需要厚敛于民。他为了更多地榨取民间财赋，开始卖官，而且是强卖。他规定，凡是家财在百万以上者，必须按照规定阶梯性缴纳财帛，藩府则给一个荣誉职务，一个清闲的府官，可以免除劳役。他治理下的州郡与留从效比，幸福指数下降。

等到江南平定，李煜归降，远在浙江的吴越王也开始向大宋表示愿意效忠，开始频繁地往帝国朝觐。这时候除了山西的北汉，尚未纳入大宋版图的割据势力只剩下吴越国和平海军（即原来的清源军）。

这让陈洪进更不自安。他想，他得比吴越国表现得更忠诚、更恭顺一些，就派出了自己的儿子陈文颢前来朝见宋太祖赵匡胤，并带来名贵乳香万斤、象牙三千斤、龙脑香五斤。

太祖很愉快，下诏，召他“入觐”。这是进一步确定陈洪进“归顺”的仪式。陈洪进可能有过犹豫，但他最后选择了听话，开始收拾行囊，准备贡品，前往东京汴梁。但他刚翻过武夷山，走到南剑州（今福建三明）时，得到了太祖驾崩的消息。他当即决定，返回藩镇，举办丧礼。

太宗即位后，给陈洪进加官检校太师。

第二年四月，陈洪进继续太祖朝故事，亲自到东京汴梁来朝见太宗。太宗也很愉快，派出特使、翰林程德玄，南下六百里，到安徽宿州去迎接这位南部藩镇大员。程德玄，是大宋历史上的神秘人物之一。赵炅未称帝时，他就在王府做干事。当初太祖逝世，太宗入宫，他就有襄赞之功。这次迎接陈洪进，准备乘船渡过淮河时，遇到暴风，淮河上浪涛骤起。众人皆惊恐失色，请求暂停南下。程德玄说：“我带着君王之命，须按期到达宿州，岂能逃避风险延误日期！”于是做了一场祝酒仪式，据说风浪很快就停息了。此人机谋善断，这次太宗派出他来迎迓陈洪进，六百里返程路途，俩人当有机会游说。程德玄可能是影响陈洪进最终纳土归宋的人物之一。

来到汴梁之后，太宗给了他丰厚的奖赏，赐钱千万、白金万两、绢万匹，又增加他的“食邑”，也即扩大他所享有的封地、增加他所享有的赋税。还封赏了他的两个儿子做官，一个做了团练使，一个做了刺史。

陈洪进纳土归宋

太宗对他的礼遇规格如此之高，陈洪进在想：下一步怎么走？平海军，这个远在漳州、泉州的僻远之地，继续保持割据状态吗？

旁边那个吴越国国王钱俶，早已称臣纳贡，就差纳土归附了。

这时，陈洪进的同乡幕僚刘昌言向主人上了一“计”：纳土归宋。将漳州、泉州等平海军所辖之境，归入大宋版图，终止藩镇世袭制度，接受大宋帝国管理。

陈洪进应该感觉到了宋太宗的强大气场，更感觉到了中国一统的大趋势。在宿州与程德玄一见后，北行途中，二人应该讨论过这个问题。如果不纳土、不归宋，是否有前途？大宋统一战争如果有一天轮到平海军，依目前实力态势，平海军能坚持多久？陈洪进认识到刘昌言的意见，事实上为平海军设计了一个免于杀戮流血的最优前景。这是一个艰难的选择，但也是一个唯一正确的选择。陈洪进接受了刘昌言的谋划。

随后，他上了一封言辞恳切、文字优美的表章，向太宗表示了“纳土”的愿望。表章中有言：

> ……臣所领两郡，僻在一隅，自浙右未归，金陵偏霸，臣以崎岖千里之地，疲散万余之兵，望云就日以虽勤，畏首畏尾之不暇。遂从间道，远贡赤诚，愿倾事大之心，庶齿附庸之末。……臣不胜大愿，愿以所管漳、泉两郡献于有司，使区区负海之邦，遂为内地；蚩蚩生齿之类，得见太平。伏望圣慈，授臣近地别镇。……

……臣，陈洪进所管辖的两个州郡，在中国偏僻之一隅。那时浙江吴越国还没有归顺，江南南唐还在割据，臣在距离天朝千里之外，路途崎岖，无法归顺；还有万余疲惫散漫的将士，虽然一心想着天朝，像大旱之望云霓，像众星期待捧日，但实在是畏首畏尾，因为路途遥远，没有做到。但那时，臣已经从小道联系天朝，多次真诚地进贡朝觐。一直有倾心事奉大国之心，或许可以忝居附庸之小国的末列……现在，臣有一个很大的心愿：愿意以臣所管辖的漳州、泉州两郡献给天朝有关部门，使这个小小的临海之邦，成为大宋辖境之地。愿漳泉未曾开化的所有人，从此得见天下太平。恳切期望圣君慈爱，择近授给我别的藩镇管辖……

这一番话，“授臣近地别镇”是关键词。此语一出，意味着陈洪进愿意接受大宋“移镇”调遣，从此由“熟地”改任“生地”。这正是太祖赵匡胤“抑制藩镇”的基本政策。结束五代乱世，省部大员，必须由朝廷任命，不可自称“留后”再由朝廷补任。这是大宋帝国不可动摇的国策，319 年，从未有过动摇。

宋太宗很愉快，当即下诏“嘉纳”，嘉奖采纳陈洪进的意见，改授陈洪进为武宁军（今属徐州）节度使，又加同平章事，这是宰相正职，留京师奉朝请，留在京师做朝官，不到徐州赴任。陈洪进诸子，也都给予了州郡，赐白金万两，令陈氏家人在京师购置院宅府邸。

减赋

陈洪进在泉州，因为需要进贡大宋和南唐，不得不搜刮民间财帛，除此之外，还有军政府各类开支，漳泉地小人少，士庶承担了很大的赋税义务。宋太宗曾经阅览福建户口册，对宰相说：“陈洪进仅仅以漳州泉州两个地方十几万户的人口，却要养几万将士官员。各种无名的赋税，此地人们已经很难忍受。等到朝廷全部蠲免、消除这些赋税，民皆感恩，朕亦不觉自喜。”

借着陈洪进赋敛过重事，太宗又对谋臣赵普说：“前代乱多治少，皆系帝王所为。朕抚御万方，固不能家至户到，但持其纲领，行其正道，以齐一之。乡者偏霸掊克凡数百种，朕悉令除去矣。更俟五七年，当尽减民租税。卿记朕此言，非虚发也。”前几代国家治理，一直乱多治少，究其原因，都属于帝王责任。朕现在管理天下，固然不能细致到每一家每一户，但总持仁政纲领，施行仁政大道，以此来达到仁民之效。过去地方藩镇盘剥压榨士庶，为各类赋税巧立名目达几百种，朕已经全部除去。再过五年、七年，当全部减免士庶租税。爱卿你记住朕这番话，这可不是凭空发出的虚言。

这一番话，说得赵普也激动起来，他回应道：“陛下爱民之意，发于天心，惟始终力行之，天下幸甚。”陛下您爱民之心意，这是从天心而来啊。但愿能有始有终地身体力行，如此，则天下就太幸运啦！

除了赋税过重之外，陈洪进并无更多邪恶。而且就五代十国整体考察，漳泉二州的赋税远不是最重的，盘剥也不是最酷的。与后晋、马楚、南汉、吴越比较，他的赋税总还算有名目。就军政政策考察，他也比南唐、南汉、后蜀诸国更优异，他没有为了捍卫权势私欲，为了长久割据漳泉二州，而与大宋一战。他放弃了独立王国性质的地方政权，也放弃了种种虚假令名，主动选择了免于干戈的和平方式，解决权力重新分配问题。在宋太宗赵炅和大宋帝国朝廷看来，这就是天大的功勋，所以在后来的日子里，大宋帝国对陈洪进一家一直很优厚。

陈洪进似也颇有善根，据说，在纳土归宋之前，有一天，他在府厅闲坐，忽然苍鹤数只飞翔而至，一直到他内斋之前，冲着他引吭高叫。陈洪进认真一看，其中一只鹤张着嘴，有一条鱼横梗在喉间。于是就用手将这条鱼取了出来，鱼还活着。苍鹤得救，在斋中来来往往好几天，而后飞走不见。

陈洪进纳土后，太宗赵炅任命他的儿子陈文显“知泉州”。宋代以来，结束藩镇自我任命和世袭任命的恶习，有了“权知”这个制度性规定。所谓“权知”，就是“权且代理主持”的意思，“权知”某某州郡，又可简称为“知”某某州郡。这是自从秦代施行郡县制以来的主要程序。井田、封建、列国、诸侯，那个名副其实的“封建时代”已经过去了，郡县制下，各地方官员由中央任免，这就是权力分配的法制秩序。破毁这个秩序，就有不利于生民的流血事件发生。汉代藩镇、魏晋藩镇、唐末藩镇、五代藩镇，都已经规律性地呈现了破毁这个秩序的灾难性后果。太宗将陈洪进改封徐州，又任命陈文显权知泉州，这就是在恢复郡县制，恢复郡县制的程序，恢复郡县制下的权力分配秩序。

太宗做到了。

乔维岳平“草寇”

漳泉一带时时传来动荡的消息。当地民众对大宋似有不满情绪。于是，太宗又请群臣推荐“能臣”到漳泉地区去辅助陈文显执掌军政事。当时有一位殿中丞，负责朝廷日常事务的五品官员，名叫乔维岳，他在后周时期就中了进士，做过县令，也做过通判，还做过转运使，资历不浅，阅历丰富。朝官们认为他出任福建新辟之地，管理潜伏着危机的漳泉二州，比较合适。

当时乔维岳正居父丧，太宗特意下诏令他结束守墓，出任泉州通判。

通判也是对地方官的一种分权设计，相当于地方政府的第二、第三把手。有节度副使，通判就是三把手；没有节度副使，通判就是二把手。州郡大事，出文件，需要签署，仅仅节度使签字是不可行的，必须有通判副署。

乔维岳刚刚到泉州，就有周边几个州郡的“草寇”，乘着“后陈洪进”时期的威权统治不再，开始谋划绿林故事。史称“啸聚十余万”。这批未经训练的起事者，浩浩荡荡地向泉州开来。

这也许是太宗朝的第一起“民变”。

占据泉州，号令三闽，东征西讨，挺进中原，夺了皇位，称霸天下，也许是“草寇”们的宏大战略——当初，陈胜、吴广就是这么干的，张梁、张角就是这么干的，黄巢就是这么干的……

城中兵只有三千不到。形势一下子变得极为危急。与陈文显一起赴任的监军何承矩、王文宝，认为三千对十万，毫无胜算。于是，打算乘人心慌乱之际“屠城”，焚烧府库，然后，逃跑，给“草寇”们留一座空城。

乔维岳抗议这个做法。他在府厅紧急会议上慷慨陈词，说：

“朝廷任命我们这班官员到这个偏远地方来，主要目的就是要安抚边民。现在，对漳泉边民还没有星点恩惠，一见盗贼，就要杀人放火，还逃跑，这哪里是皇上诏令的本意？”

何承矩也是一代名将，他老爸何继筠曾在太祖麾下屡立战功，父子俩都有战胜契丹的辉煌战绩，要说面对“草寇”，何承矩不该如此胆怯，灭自家威风。现在被乔维岳一番话说得羞愧莫名，更被乔维岳的凛然正气所慑服，最终改变主意，决定坚守泉州。

当时有两浙西南路转运使杨克让恰好在福州，他闻讯后，当即率领福州的地方兵前来救援。“草寇”闻听有外援到来，士气大为沮丧，趁夜晚开始逃遁。泉州城里见原来密密匝匝的围敌开始退兵，当即就派出监军军器库副使王继升，率精兵两百骑，星夜追击。王继升乃是太宗在做晋王时的旧人，史称此人“性纯质谨愿”，性情纯朴真挚谨慎，但他在敌我实力悬殊时，毫无畏惧，且有胆有识。他居然在十万大军中，将所有的“魁首”擒住，戴上刑具送到东京汴梁。

此役，史称“草寇悉平”，平定了所有起事民众。乔维岳、王继升有功。

太平兴国三年，公元978年，夏四月，陈洪进归附，大宋帝国兵不血刃，得到漳、泉二州，计十四个县，十五万余户，士卒一万八千余人。

王亦大梁一布衣耳

太平兴国二年（977）九月，陈洪进纳土归宋之前半年，宋太宗兴土木，建崇圣殿。国有大事，吴越王钱俶决计到京师汴梁朝觐。他先派出自己的儿子，当时正任镇海、镇东（辖境在今江苏南、浙江北）节度使的钱惟濬来朝贡，并告知到达汴梁的日期。太宗当即根据钱俶行程，派出户部郎中南下八百里到江苏泗州去迎接。到了转年三月，太宗因为钱俶就要到达，又派出四方馆使到淮西去“迎劳”，迎接、犒劳。

太宗派“四方馆使”迎劳，也有讲究。这个职位类似于“外交部副部长”，大宋时属于鸿胪寺，主要功能是接见异族和外国使者朝觐，掌管外事礼仪等工作。如此对待钱俶，是一种“贵客”礼遇，意思是不拿吴越国国王当作大宋属下行政单位对待。太宗赵炅给足了钱俶面子。

几天后，又派钱惟濬到宋州（今河南商丘）去“迎省”，迎接、问候。

钱俶到达汴梁之前，先遣吴越国平江（今属苏州）节度使孙承祐入奏，讨论钱俶到达后的程序，太宗也给了他很高的礼遇。钱俶到达时，太宗即命孙承祐监护朝廷各个部门供给保障物资，然后到近郊去迎劳。接到钱俶后，太宗又命自己兄弟、齐王赵廷美在汴梁城外的迎春苑设宴招待。

钱俶进入京城之后，太宗在大殿接见了他，给了他丰厚的赏赐。当天就在长春殿设宴，钱俶的僚佐崔仁冀、黄夷简等人都是座上宾。

钱俶入朝时，将吴越国库中的珍宝几乎全部装车，同期运送到汴梁。他这样做的目的就是尽可能让大宋满意，取悦太宗，争取能在朝觐之后，让太宗放他回到吴越钱塘。他不想失去这个割据近百年的邦国，祖宗基业，他不想丢。在钱塘做独立王国的首脑，那种日子，他也不想丢。

但是很快，他就听说了福建大藩陈洪进纳土归宋的消息。

这事给了他不小的刺激。现在，还没有纳入大宋版图的中原地区，除了河东北汉，就是他的两浙吴越了。

但他还是抱有一点希望，希望能在恭顺地事奉大朝时，太宗能对他网开一面。他能回忆起，从太祖朝时起，他就以近乎谄媚的恭顺与忠诚讨好大宋，而太祖也确实待他不薄。

那时，太祖攻取金陵，约请吴越国从东面策应大宋，钱俶一口答应。随后，吴越国趁大宋南下时，派出精锐包围了南唐东面的要地常州，俘获南唐兵马数百。更在常州之北，击破南唐大军万余人，有力地支援了大宋金陵之役。

李煜知道，这个恶邻吴越国与大宋国同时对南唐用兵，在这个一北一东梦魇般的钳形攻势下，南唐邦国覆亡只是时间问题。但李煜在朝臣的怂恿下，还想继续坚持一下，于是给钱俶写信，讲述了“唇亡齿寒”的道理，内中有言：

“今日无我，明日岂有君！明天子一旦易地酬勋，王亦大梁一布衣耳。”

今天如果没有了我南唐，明日岂有你吴越！当今天子赵匡胤有一天换个地方答谢你的功劳，你也不过就是东京汴梁的一个庶民而已。

钱俶在派遣使者向太祖朝贡时，还特意将李煜来信原封转上。太祖很高兴，通过吴越国的进奏使，也即联络官，向钱俶表示了召他入觐的意见，但话语说得相当委婉：“元帅克毗陵有大功，俟平江南，可暂来与朕相见，以慰延想之意，即当复还，不久留也。朕三执圭币以见上帝，岂食言乎！”天下兵马大元帅，您攻克常州有大功。等我平定江南，您可抽时间来京师与我相见，以此来抚慰我想念大元帅的情谊。您来了之后，我肯定会让您回钱塘，绝不久留。朕曾经多次手持礼器以诚信祷告于天帝，岂能是食言之人！您放心！

这一番话说出来，让钱俶也有犹豫，但他的谋臣崔仁冀对他说：“主上很明智英武，统一天下，所向无敌。现在天下大势已经很容易知道了，我们保全宗族和庶民，应该是最佳选择。”

钱俶也懂，知道必须朝觐。于是选择了长春节，来到大宋首都汴梁。

大宋皇上的生日就是节日，太祖赵匡胤出生于二月十六日，这一天就被设为“长春节”。

赵匡胤很高兴钱俶的到来，下诏，命吴越王可以“剑履上殿，诏书不名”，经太祖特许，钱俶可以带着剑、穿着鞋上朝；朝廷下诏称谓钱俶时，不称“俶”这个名，而称“文德”这个字。这是帝王待臣下的最高礼遇了。

太祖还多次召钱俶和他的儿子在苑囿中宴射。当时在座的有赵匡胤的兄弟晋王赵光义、京兆尹赵廷美。钱俶一见，就要下拜，被赵匡胤命令内侍夹着他胳膊扶起来，不准拜。不仅如此，还要赵光义、赵廷美跟钱俶“叙兄弟之礼”，论年龄大小，彼此做结拜兄弟。钱俶不敢这么干，一个劲儿叩头，坚决推辞，这才终止了与帝王称兄道弟的礼仪。

钱俶的夫人孙氏又被太祖封为吴越国王妃。当时就有宰相认为异姓诸侯王的妻子，向来没有封妃之典，太祖说：“行自我朝，表异恩也。”从我大宋朝开这个例，以表示特殊的恩典。

太祖赵匡胤要到西京洛阳去巡视，钱俶要求“扈从”，也就是跟着一起去。赵匡胤不允许，命令留下他的儿子钱惟浚跟着参加祭祀活动，要钱俶归国，回到钱塘去。在给钱俶送行的酒宴上，赵匡胤说：“南北风土不一样，马上天气就要热了，爱卿可以早一点回去。”钱俶感动到流泪，表示愿意三年来朝觐一次。赵匡胤也不同意，说：“钱塘、汴梁路途遥远，还是等这边有要求，诏下再来吧，不必定三年一次。”

钱俶临行，赵匡胤还特意给他一个封裹严实的黄包袱，对他说：“路上没事时可以看看。”等到钱俶在路上打开看时，都是群臣给太祖的上表，内容无一例外，都是要求留下钱俶不放，以此取吴越之地。

此事让钱俶大为吃惊，史称“俶益感惧”，钱俶更加感动、害怕。所以等他回到钱塘之后，每当与诸臣论事（相当于吴越国的“上朝”），都要坐到偏东位置上去，而不是坐北朝南。人问何故，钱俶说：“西北，那是‘神京’帝都所在，天威在那个方向，我钱俶岂敢居此！”

从此以后，钱俶增大了向天朝贡献的力度，每次进贡之前，必将贡品列在王府大厅之中，焚香祷告，而后派人押纲送走。他所进贡的“乘舆服玩”，各种车驾、华服、古玩，皆为吴越珍品，制作极为精巧。

史上有一个故实，说太祖看到这些贡品之后，对来使说：“此吾帑中物，无用献为！”这些早晚都是我天朝国库中的东西，不用贡献。

这个说法不确。

魏王李继岌

当时太祖对待钱俶是真诚友好的，按太祖智商、品格、智慧，一定不会说这种话，所以，已经有史家为这一段言论考证，认为这是张冠李戴，应该出于“魏王继岌破蜀时”，被传闻者错误截取，记录往事时，安错了地方。

“魏王继岌”即李继岌，乃是后唐庄宗之子，封为魏王。曾为西南行营都统，与大将都招讨使郭崇韬扫灭前蜀。前蜀的叛臣王宗弼，曾让他的儿子带着前蜀国国主王衍的宫中珍宝和美女姬妾贿赂李继岌、郭崇韬。李继岌不屑一顾，说道：“此皆我家物，奚以献为！”这都是我们（后唐）老李家的东西，哪里用得到你来“献”。他将东西留下，把人送走了。

太祖赵匡胤待钱俶一向信任。当初要他派吴越兵策应宋师，很早就将大宋出兵江南的日期告诉他，并不疑心。后来朝廷派出内客省使丁德裕监吴越兵，参与平江南战争，丁德裕仗恃着自己来自赵匡胤身边，又是“监军”，所以做事很有仗势欺人的霸道作风，对待士卒手段也辣，毫无体恤之心。更重要的是，他有贪渎行为。钱俶很犹豫，但最后还是将他的事汇报给了赵匡胤。相信监军，还是相信钱俶？老赵选择了后者，将丁德裕降职为房州（今湖北房县）刺史。

到了太宗朝，赵炅待钱俶一如既往优厚。

这样，就让钱俶多少生出一点幻觉：也许大宋未必一定要我投诚献地！如此，似乎可以保住祖宗基业……

但是这一次，他遇到了一个不解的难题。

陈洪进纳土后，钱俶在恐惧中试图表现得更恭顺，于是上表，将吴越国全国的甲兵配置图册上交，并要求解除他的“天下兵马大元帅”之职，停止过去“书诏不名”之制，最后的要求是：放我钱俶回钱塘。他已经把吴越诸州郡的武装力量的布局交给大宋了，难道还不能赢得赵炅的信任，放他回国吗？没有想到的是：不能。太宗的答复是：不许。——不许回国。史称“俶不知所为”，钱俶不知道下一步该怎么办。

跟随钱俶一起来朝的谋臣崔仁冀早就看出了天下大势，此际，更看明白了大宋一统的意图。在吴越国中，他很早就是一个“统一派”。当初宋太祖赵匡胤攻取金陵，要吴越国出兵策应，吴越国丞相沈虎子反对说："李煜的江南，乃是我吴越国的藩蔽屏障，现在大王亲自撤掉这个屏蔽，那还怎么捍卫吴越社稷？"崔仁冀意见则与沈虎子相反。钱俶于是罢免了沈虎子的职务，命通儒院学士崔仁冀做了宰相，总揽吴越军政大事。

太祖朝时，钱俶在恐惧中，崔仁冀主张听从太祖召唤，到东京去朝觐。现在，钱俶再一次感到恐惧时，崔仁冀进言道：

"朝廷意可知矣。大王不速纳土，祸且至！"朝廷的意思很清楚了，大王如果不尽快像陈洪进那样，纳土归宋，祸事就要来了！

钱俶左右闻言，不想就这样投降，争着辩论说吴越社稷不可轻易让人，云云。崔仁冀厉声道："今在人掌握中，去国千里，惟有羽翼乃能飞去耳！"现在大王和我等，都在人家的手掌一伸一握之中，此地离开国土千里之遥，怎么回去？除非有一对翅膀才能飞走！

钱俶闻言，当即决策：纳土归宋。

钱氏家训

吴越国，从第一任国王钱镠开始，就奉行"善事中国""保境安民"两大国策。传为钱镠制定的《钱氏家训》十条，前三条是：

第一，要尔等心存忠孝，爱兵恤民。

第二，凡中国之君，虽易异姓，宜善事之。

第三，要度德量力而识时务，如遇真主，宜速归附。圣人云：

顺天者存。又云：民为贵，社稷次之。免动干戈，即所以爱民也。如违吾语，立见消亡。依我训言，世代可受光荣。

假如这个《家训》是真实的，则钱俶归宋，事实上就是忠实执行了钱镠的遗嘱，崔仁冀所推动的，也不过就是落实这个遗嘱。

于是上表，献出吴越国辖境十三州、一军。手续交接完毕，跟随钱俶来的更多官员才知道：从此以后，世上已无吴越国。很多人恸哭起来，一边哭一边说："我家大王回不去啦！"

大宋帝国在太宗赵炅一朝，兵不血刃，又得到吴越国属地，总86个县，550608户，兵115036人。

钱俶被封为淮海国王。他的儿子钱惟浚原为镇海、镇东节度使，改为淮南节度使。原浙江西道盐铁副使崔仁冀改为淮南节度副使。其余亲旧也都有封赏。与此同时，太宗又派出多位朝官，到钱塘去"权知"，一次性地将吴越国的地方藩镇性质，变革为中央郡县行政性质，主持地方事务的官员不再世袭，改为派出。这之中，成就最突出的是负责吏部官员业绩考核工作的考功郎中范旻，太宗派他前往钱塘，权知两浙诸州事。

"阴谋拥戴"的君主

钱俶，说起来，也是五代乱世中被"阴谋拥戴"的君主。

吴越国总三代人五个国君。第一代第一任钱镠，第二代第二任是钱镠之子钱元瓘，第三代三个君主，全是钱元瓘的儿子，第三任是六子钱佐，第四任是七子钱倧，第五任就是钱俶，钱元瓘的第九子。

钱倧是在乱局中出任吴越国君的。他与兄弟钱俶很友爱，践祚之后，就把钱俶从台州刺史的位置上召回，同参相府事。这时是中原后汉时代。

有一位内牙统军使，吴越国的王宫办公室主任兼武装力量总指挥，老臣胡进思。此人此时已经九十多岁，过去在钱镠时就立有大功，算是三朝元老。但在钱倧时代，开始有了跋扈倾向，钱倧不喜欢他，想让他去管理一个州，离朝廷远一点。但胡进思不愿意。钱倧就开始折辱他。

有一次，庶民有人违背政令，杀牛。官吏查访，拿来他人买的牛肉近千斤。钱倧问胡进思："个头比较大的耕牛，宰了，能出多少肉？"胡进思答："不过三百斤而已。"钱倧说："那么这事就未必属实啦，一个人杀牛哪有那么多肉？"说罢，还顺便问一句："您老怎么知道得这样详细？"胡进思只好答道："臣过去，年轻时，从军前，也干这事……"胡进思乃是湖州人氏，屠户出身。他现在已经俨然吴越贵族，国君翻出往年贱业说事，在他看来，有侮辱的意味。于是回到寓所，设了前任国君的牌位痛哭，但从此对这位国君有了怨怒。

又一次，钱倧举行阅兵式。在西湖碧波亭前搬出库藏，重赏将士。胡进思认为赐赏过丰，上前规劝。钱倧正在批奏赏赐诏令，闻言大怒，将朱笔掷于地下，呵斥道："我愿意将财帛赐赏将士，又非私占，有何不可！我有什么错！"胡进思看到大王发怒，一时惊惧而退。

这事过去不久，有画工进献给钱倧一张《钟馗击鬼图》。图画主题本来也没有什么重大寓意，无非是民俗中的祈福、惩恶，保佑平安意思，但钱倧在上面题诗一首，说了一番要像钟馗除鬼那样除掉吴越之鬼的话。图画挂在内廷，胡进思偶然看到，大吃一惊。从此知道国君已经与自己水火不容。

有个过去闽国投降过来的将军李达，此人改了七八个名字，今日投南唐，明日投吴越，后日又独立，独立后再投降、再叛逆、再归顺，比吕布还吕布，堪称翻云覆雨史上第一人。他这次又投降吴越，并到吴越来上朝，但不久又担心被害，用了金笋二十株，以及各类宝货贿赂胡进思，要他帮忙，放他回福州。胡进思于是到钱倧那里说情。钱倧答应了。没有想到的是，李达回到福州，忽然密谋杀掉吴越国在福州的监军鲍修让，准备再次投降南唐。但鲍修让不是等闲之辈，对这个折腾惯犯早有提防。发觉后，轻松擒住李达，割了首级送到钱塘杭州。钱倧责备胡进思：你看看你保举的这个人，干了什么好事！

老头子胡进思更为忧惧。像大多数心怀恐惧的野心人物一样，老头子胡进思也有了动作。与此同时，吴越国内，也有人看到了苗头。

内衙指挥使何承训也是一个投机人物，他看到了吴越危机，就率先向钱倧建议：诛杀胡进思。钱倧，史称“刚毅”，但在诛杀老臣这个问题上，有了犹豫。就政治谋略（而不是政治义理）而言，越是机密事，越是需要独断。钱倧开始与内都监使，也是一位老臣水丘昭券商议，想“驱逐”胡进思。水丘，乃是复姓。水丘家族是吴越大户，与钱镠有亲家关系。但水丘昭券认为胡进思“党盛难制，不如容之”，他说胡进思党羽众多，很难制服，不如优容对待，有问题以后再说。这就让钱倧更加犹豫不决。何承训看到事情没有向着自己推演的方向展开，也有了恐惧。他怕事情泄露后，“党盛难制”的胡进思会将自己列入反扑的对象。于是，他转过身来投入胡党，向胡进思告密，说大王如何如何、水丘如何如何。这就彻底逼反了胡进思。

残冬的一天晚上，钱倧正在宴客，胡进思迅速组织起内衙士兵一百多人，闯进宴客大厅。钱倧看到老家伙一身戎装，就问他有何事。胡进思说：“老臣并没有什么罪，大王何故要加害于我？”钱倧还端着君王的威权呵斥他退下，但他不退。钱倧想想似乎无话可说，自己跑到旁边的院子里，关了院门。胡进思干脆在外面将院门锁了，杀死水丘昭券，随后宣布大王“突患风疾”，忽然得了中风的疾病。又假托钱倧的命令说：

“大王下旨，传位于王弟钱俶。”

然后，派出人去迎钱俶入宫，再将钱倧迁往东府软禁。

事出突然，钱俶毫无准备，在被拥戴的过程中推辞再三。胡进思坚决要求他出任国君。推辞不掉，钱俶要求必须要有太妃马氏懿旨。但事情太仓促，一时也弄不到太妃懿旨。僚属们开始极力劝进。钱俶不得已，说道：

“能全吾兄，乃敢承命。不然，当避贤路。”能保全我哥哥钱倧的性命，我才可以受命。不然，我会避开君位，给其他人让路。

胡进思等人急切中同意了他的意见。钱俶这才莅临“天下兵马大元帅”府办公。升堂时，老丞相元德昭到达，担心吴越国祚转移权臣，站立在帘外暂不拜，声称：“等待谒见新君。”胡进思闻讯，急忙出去掀开门帘，元德昭看到堂上坐的是钱俶，这才下拜。元德昭此举很像后来的大宋名相吕端。吕端也是要看帘子后面的人是不是真的宋真宗。

钱俶就这样被“拥戴”为王。

兄弟友爱

但钱俶宅心仁厚。正月时，胡进思要钱倧迁居到越州（今属浙江绍兴）。

钱倧临别，钱俶亲自为哥哥置酒饯行，资给甚为丰厚。

胡进思认为钱倧留下，早晚是个祸患，密请钱俶将前任君王除掉。钱俶坚决不允。胡进思不断请求，钱俶不禁涕泣道：

“如果一定要杀我哥哥，将来我有何面目见先君于地下？你如果一定要做这件事，我就一定退位避开贤路！”

胡进思一时也感到羞惭，退下。

钱俶却担心胡进思害兄之心不死，于是派出吴越国的亲军都头、勇武过人的心腹将校薛温，前往越州护卫钱倧。行前对他说：“是行也，委尔保全废王；若有非常处分，皆非吾意，当以死捍之。”这次要你去的主要任务，是委托你保全废王。如果接到他人的非常指令意见，注意，都不是我的意思，你当用生命来捍卫我哥哥。

果然，胡进思就派出使者，假传钱俶命令，要薛温加害钱倧。

薛温拒绝说：“仆受命之日，不闻此言，决不敢妄发也。”我接受大王命令之时，没有听说这样的指令，现在绝不敢做这件事。

胡进思就再派他的党羽二人做刺客，夜闯钱倧府邸。二人跳入院中后，钱倧听到响动，急忙进入堂屋关门呼救，薛温当即率众进入，杀掉刺客，救出钱倧。薛温告知朝廷，钱俶尽管有准备，还是大吃一惊。事后推究整个事情的蛛丝马迹，知道刺客乃是胡进思所派出，但一时也奈何不得这位四朝元老。胡进思毕竟年纪大了，知道事情已经败露，也有担心，就在忧惧中“疽发于背”，不久死去。

从此薛温得到重用，累官至镇国都指挥使、睦州刺史等。太祖赵匡胤时代，他还在做官。此人信奉佛教，乾德元年（963），曾将自家住宅捐出，建报国罗汉院，后来又舍地建设佛寺。

胡进思死后，还有人建议钱俶“诛”废王钱倧，以绝后患。钱俶坚决不肯。钱倧于是得到保全，居住越州二十多年，宋太祖开宝年间病逝，善终。史上废王与新王在世互不加害，有始有终者，似乎仅见于钱倧、钱俶兄弟俩。

范旻德政

权知两浙诸州事的范旻乃是前朝名臣范质的儿子。

他属于天才人物，十岁时能写出像样的文章，因为父亲的身份，很早就做了官。他在太祖时出任淮南诸州转运公事时，每年能够运送米粮百余万石到京师。这个数字远远超过了唐代太宗年间。太祖驾崩后，范旻在淮南任上回到朝廷，太宗称赏他道："江、淮之间，陆路、水路运输粮草，充实我朝仓廪，爱卿之功劳啊！"范旻也颇得意，对宋太宗说："唐代贞元年间，淮南每年漕运输送米粮到汴梁，不过十万石。现在每年运到汴梁的是那时的多少倍！"太宗一笑，对他说："知道你的功绩啊！"

君臣二人的对话就有留任范旻在京师做朝官的意思。但这时大臣卢多逊认为：吴越初平，朝中派出官吏管理地方，非范旻不可！

太宗想想也是，兴利除弊，范旻是一把好手。

当初，太宗在做开封市市长时，范旻知开封县，俩人在一个系统，市长多次找县长谈话，听他讨论天下军政大事，常有见解，很是器重他。

太祖平定岭南时，范旻迁知邕州兼水陆转运使。邕州民俗祭祀泛滥，民间有病，轻视医药，反去求神拜鬼，庶民很多人往往因此染病不治而亡。范旻下令禁止这类淫祀。但当地民众贫困者多，买不起药，范旻就将自己的俸禄拿出来买药给有病的人，史称"愈者千计"，治愈了上千人。他还将常用的药方验方刻石，放在府厅、墙壁之上，让人取方抓药。范旻等于做了移风易俗的工作。邕州民众渐渐被感化，开始相信医药。

在邕州时，范旻还赶上了一次战役。

原南汉国的旧官员邓存忠反宋，劫掠当地土人两万多，试图攻取邕州。在无外援的情况下，范旻坚守州城七十余日，并多次亲自列兵出城战斗。有一次，胸部中了很多箭，他还在激励将士与敌人作殊死搏斗，直到敌人稍稍后退，范旻整军入城。病创很严重，但他仍然组织有效的坚壁固守，并派出十五组小分队到两广各地求援。广州救兵到，围解。太祖赐玺书奖励他。箭创甚重，太祖下诏，令有司以“肩舆”，也即轿子，将他载归京师。

如今，吴越之地，由范旻“权知”，合适。

于是，太宗就对范旻说：

“爱卿且为朕辛苦一趟，就去杭州，不久，朕当召回你。”

名相卢多逊推荐的范旻确实称职，他到任后，很快发现了钱俶治理吴越的弊端，与陈洪进一样，此地徭赋繁重而又苛杂。

官方推演“国教”

钱氏据有两浙以来，国库支出，除了日常行政管理费用、王宫日常用度、战争经费之外，另外还有两笔费用也很浩大。

与陈洪进一样，吴越也需要对外“贡献”。陈洪进要向南唐、中原两大政权“贡献”，钱氏只需要向中原“贡献”，但只此一家的“贡献”额度却远远超过陈洪进。这从钱俶历年贡献给大宋的目录中就可以看出。

另一笔费用是崇佛支出。他喜欢佛法，甚至奉养法师为国师，自己也受菩萨戒，还有个法号名“慈化定慧禅师”。早年间，他很仰慕阿育王造塔故实，就建造八万四千小宝塔，塔面涂金，塔内放置宝箧，箧中放置雕版印刷的《宝箧印陀罗尼经》，史称“钱俶塔”，又称“金涂塔”“宝箧印塔”。塔不大，每一座小塔高六寸三分，重三十六两，四面，每面刻佛经故事。其中五百座小塔，遣使颁送给日本。这种小型塔可在佛殿供桌或香案上陈列，大一点的也可在地上建造，成为佛寺一景。制作材料也多样，土木砖玉金银铜铁五色水晶都有。

高僧德韶

钱俶在台州时，经常延请天台高僧德韶到官府说禅。

德韶乃是五代末年、大宋初年，出入于禅宗和天台宗的大宗师，他有名言：“天不能盖，地不能载。”意思是人若具备佛性，则可以达致无边无际、无外无内之境，以至于弥漫于天地之外。也有偈子示众：“通玄峰顶，不是人间；心外无法，满目青山。”意思就是如果参禅能够达到巅峰状态，那里境界自然与凡间不同；由于心外无法，所以看青山只是青山。

钱倧践祚后，请台州刺史钱俶到王府参加相府工作，钱俶还有犹豫，德韶似乎能掐会算，对钱俶说：“此地非君为治之所，当速归，不然不利。”台州这个地方不是您治理的所在，应该尽速回到钱塘，不然不利于您。钱俶听他话，九月中离开台州，十月到京城。十二月底，就有了胡进思之变，钱俶践祚成为吴越国末代君王。

钱俶即位后，马上向当时的中原帝国后汉汇报，被后汉授予东南面兵马都元帅、镇海镇东军节度使、开府仪同三司、检校太师兼中书令、杭越等州大都督、吴越国王等一串职务，赐给了他金印、玉册。所以他非常相信“佛法无边”，迎立德韶为国师，对他行弟子礼。

德韶在弘法时，总是祈愿“天下太平，大王长寿，国土丰乐，无诸患难”。他认为四句话是“佛语”，古今不易。

德韶对活跃于南北朝陈国和隋朝时的天台宗开山宗师智顗很是钦佩。史上有一个“会昌法难”，就是唐武宗会昌年间的灭佛事件，这一事件之后，天台宗的佛学典籍，包括智顗的疏论，都已经被毁。德韶就请求钱俶派使者到高丽去誊抄这些经籍，而后带回国内。后来天台宗的再次兴起，就与德韶的这个文化恢复工作有关，钱俶也是功不可没。

据说杭州有一次火灾，府邸都被烧为灰烬。大火旺时，似乎就要绵延到国家粮库，钱俶在这紧急当口，开始举酒祷告说：“食为民天，若尽焚之，民命安仰！”粮食为万民仰靠，如果全部焚毁，万民靠什么为生？据说，祷告过后，大火就渐渐熄灭。此事连远在汴梁的周世宗也知道了，派来使者慰问。

神异的事情多了，钱俶对佛教更是笃信不疑。

他于是更加努力地弘扬佛法，杭州灵隐寺、西湖雷峰塔都是钱俶建设的，流传至今有名的国宝建筑。他还多次延请高僧大德讲法，多次派遣使者到日本、高丽求取佛经。一时间，吴越国成为中国佛教非常兴盛的地区。

钱俶几乎将佛教扶持为国教。但由官方扶持“国教”，那种宏大排场和精美制作都需要更多赋税支出。虽然具体数字难以统计，但五代后周时期基于民生考虑，多次抑制佛教超大规模的发展，可以作为一个佐证：佛教的展开的确占用了数量可观的民生资源。

佛教“出世间法”信仰，其正信、智信，有其规模闳敞的心灵教化之功、自我养成之效，对人间和气也有推演展开之利。钱俶受佛教影响甚深。

他算意外中被人拥戴为君，但他坚决不做“斩草除根”的恶行，保护废王哥哥钱倧，使其一辈子没有被人加害。即位后，也有励精图治的一面，他将国内庶民历年欠税一笔勾销，还鼓励农民耕垦荒地，“不加赋”。境内大旱时，民间有卖儿女的，钱俶就下令由官府支出粟帛，将百姓卖出的儿女赎回，归还父母，同时开仓放粮，救济灾民。有意味的是，他还组织起“营田卒”，也即“军垦兵团”，几千人，在海边江畔开垦无主野田。史称“境内无弃田，粮食丰稔”。

钱俶“做好事”，有向佛祖祈福的意念。

唱簿鞭背

根据史料记录，也看到了钱俶时代吴越国的赋敛之重。

史称钱氏“外厚贡献，内事奢僭，地狭民众，赋敛苛暴”，对外要向中原帝国尽可能进献丰厚的贡品，对内因为笃信佛教，故礼佛多有奢靡，私人生活也有僭越。土地少、民众多，赋敛时很苛杂，手段狠毒。

升斗小民卖个鸡、卖个蛋、卖个鱼、卖个菜，很小很小的一次贩卖，都要收取管理费用。百姓如果欠了一升一斗的租税，就要“鞭背”。每次鞭打时，都要由不同的小吏拿着有记录的不同的征税簿籍，排列在受刑处，根据逃税人的数量来决定鞭笞的数量。一个小贩有可能同时欠了卖鸡、卖蛋、卖鱼、卖菜的管理费，就按顺序鞭笞。掌管鸡税的唱簿完了，掌管蛋税的接着唱。史称“次吏复唱而笞之，尽诸簿乃止”，下一个小吏接着唱名唱数额，直到把所有的账簿都唱完为止。这种“唱簿鞭背”，少的可能要挨数十鞭，多的就要达到五百多鞭。这种苛政，直到吴越国最后一年为止，都在进行中，史称“民苦其政”，百姓对经历这种苛政感到很是痛苦。

范旻来到后，将这些事一条条地上奏给太宗赵炅，请求蠲免，史称“诏从其请”，下诏同意范旻的请求。

钱俶本人日常生活不算奢靡，《钱俶墓志铭》说到他的生活，有言：“靡尚豫游，颇遵俭素”，不崇尚冶游放荡之乐，很遵奉节俭素朴之道。更多的史料，也确看不到钱俶“内事奢僭”的记录。关于吴越国，有道无道，存在着两种完全不同的说法，此事，略通历史、略通传播规律即可知晓其中规律。

一种说法就是：吴越大地，经由范旻治理，出现了祥和富庶之相。

一种说法就是：吴越大地，在钱镠以来的钱氏治理下，本来就很祥和富庶。

吴越大地，是中国经历战乱最少的地区之一。钱氏纳土归宋之后，太宗赵炅又降“德音”，诏书善言：“赦两浙管内诸州，给复一年。”赦免原吴越境内诸州士庶，免除赋税一年。

这样，吴越，这一块膏腴之地，在钱氏或范旻治理下，在大宋的优惠政策下，成为中国政治稳定、经济发达的鱼米之乡。它为百年后的南宋在此建立临时首都，预先做了丰盈的准备和铺垫。历史的“有机性”在此得到神秘呈现。这是后话，略过不提。

肆

讨平北汉

太平兴国四年正月，太宗在长春殿宴请北伐将帅，亲自向潘美等人授以战争方略，命令潘美等先行出发，御驾将随后亲征。宴后，潘美率久经演练的宋师，在初春的寒气中，浩浩荡荡开出东京汴梁，北上，兵马雄壮。大宋伐北汉的统一战争开始了。

杨村军演

漳泉、吴越之后，大宋开始盘算攻取北汉。

太宗赵炅即位之初，就对四弟齐王赵廷美说：

“太原，我必取之！”

赵炅将很大精力集中在军事方向上。经常在早朝之后，就到便殿或后苑去检阅禁兵，从中挑选健壮的充任亲军，疲软老迈体弱的，都罢去充任外州地方部队。他的这一做法，延续了赵匡胤以来的禁军制度，也即正规野战部队集中于京师，禁军即相当于野战军。采用这个办法之后，史称“自是藩卫之士益以精强”，从此京师禁军的士兵更加精壮强大。

赵炅还在东京城西的杨村筑起一个讲武台，有时，就带着文武大臣到这个台上去观看大宋野战部队的军事演习。

最初，演习部队由殿前都指挥使、野战军司令杨信调度、指挥。

杨信将大宋野战军在训练场上训练为一支服从号令听指挥的部队。演习的规则大部由他制定。

杨信在太祖时是一员低级军官，有功，不断晋升。太祖亲郊，也即到城外举办祭祀仪式时，杨信出任仪仗都部署、仪仗队总领队。开宝年间曾奉旨捉拿谋反武将，部署缜密，一举擒获，有功，做到了殿前都指挥使，领建武军（今广西南宁）节度使。领，是遥领，虚衔，不赴任。太祖曾经在宫禁外的后池训练水军，大兵乘军舰往来，不免击鼓呐喊，声震半个东京城。当时杨信在玄武门外居住，此地乃是汴梁内城的北门，距离后池不远。杨信不知道是在演练，听到声音疑心有外敌入侵，来不及换衣服，穿了一身家居皂绨袍，匆匆闯入后池来“护驾”。太祖对他说：“我正在教习禁军水战，并没有非常之事。”

杨信退出。太祖目送他离去，对左右说：“这人真是一个忠臣！”

太宗践祚，强化军事演习，继续由杨信部署。

杨信患有哑疾，发音困难。但就是这样，仍然可以指挥士卒。他调教出的将士，纪律严明，如臂使指。他帐下常有一个童仆名叫田玉，这个少年特别能揣度他的意思。所以杨信在皇上面前奏事、与宾客谈论，乃至于指挥部下，常常将田玉带在身边，想说话时，就回顾田玉，偶尔在手掌上写几个字，田玉马上就能领会他的意思，代替他说出来，几乎不会错会他的本意。

杨村军事演习，田玉也是他必不可少的小跟班。

有一天，杨信生病，忽然能说话了！太宗闻言大吃一惊，知道

“回光返照”的故事，马上到杨府来看望这位将军。杨信自言受到两朝恩宠，很是感慨，一时涕泗横流。太宗安慰他一番后，赏赐丰厚。第二天，杨信病逝。

杨信病重时，杨村演习照常举行，太宗命令天武左厢都指挥使崔翰代替杨信指挥。崔瀚部署演习，加进了一些表演的内容。历史记录中的说法是：“分布士伍，南北绵亘二十里，建五色旗以号令，将卒望其所举为进退之节，每按旗指踪，则千乘万骑，周旋如一，甲兵之盛，近代无比。”崔翰分布演习将士，南北绵连近二十里。指挥官手持五色旗作为号令，将士们都要看着不同颜色的旗帜，根据旗帜的偃仰前后方向，作为进退的节奏。常常是按照旗帜的指向，千乘万骑，进退周旋犹如一个整体。甲兵的强盛，近代以来无人可比。

太宗看着这样号令严整的战斗部队，非常高兴。他派出近臣秘密地送给崔翰一条金带，传他的话说：“这条带子，是朕在藩邸时用过的。”藩邸，就是赵炅践祚之前的晋王府邸。将一条旧物赠送将士，有体己、亲切的意味。太宗对崔翰的才干非常赏识，对左右说：“像崔翰这样的武将，一定是不会在晋朝出仕的！”意思是：崔翰这么有才干，但后晋时军政如此昏乱，用人不得法，有出息的人是不会为它卖力的。

赵炅也知道当初周世宗、宋太祖多次对北汉用兵，契丹往往来援。于是开始制定中国军事史上最重要的一次“围城打援”战役：包围太原城，阻击契丹兵。为了实现这一目标，先在太原周遭布局，并尽力在太原附近州郡解决攻城器械和战备粮草问题——这些笨重物资全部由东京汴梁或其他州郡转运，成本过高。于是下令，晋（今山西临汾）、潞（今山西长治）、邢（今河北邢台）、洺（今河北永年）、镇（今河北正定）、冀（今河北衡水冀州区）等距离太原较近的州郡，都要按规定备好制造兵器和攻城战具，没有，就要制造，需要的时候，随时听候调遣。此外，这些州郡，必须储备未来大军北上的足够粮草。攻城、打援，几十万人，大部分物资要从这些州郡调运。当然，不足部分也开始从外部漕运辇送，一时间，河北、山西两道，车船不断。

这类战略准备工作从太宗践祚之初就开始了。

冬狩之礼

北汉也不是颟顸之辈，很快就知悉了来自南国的动作。按照北汉君臣的理解，在如此近距离地区准备大战物资，只能是针对北汉的。史称“北汉主甚恐”，于是在转年开春，北汉主刘继元将自己的儿子作为人质押在契丹，又送去“重币”，也即厚重的礼物，向草原民族求援。但是契丹首领景宗耶律贤认为，从宋太祖以来，两国一直在友好睦邻，不应该有战事，因此没有特别上心。

到了太平兴国三年（978）的冬天，大宋已经准备了一年多的时间，这个时候，契丹国的一位使者耶律呼图从大宋返回，见到耶律贤说：“宋必取河东，当先为之备。”耶律贤此时只有三十岁，身体状况不佳，一直由皇后萧绰执掌朝纲。耶律贤和萧绰闻言，来问大臣韩匡嗣。韩匡嗣问耶律呼图:“你怎么知道宋国要北上?”呼图说:“这事不难知道啊。你想想，大宋四方僭越之国，一个个都被吞并了，现在只有河东还没有被他们收复。宋朝皇上又总是讲武习战，这是干吗?必定是针对河东嘛!”韩匡嗣听后根本不信，认为呼图所言无非瞎猜，没有任何根据，对他说:“宁有是邪!”会有这事吗?嘁!萧绰虽然在后来的日子里成为大宋帝国最难对付的女人，但此时还是相信了韩匡嗣，“卒不设备”，最后没有对大宋可能的北上做任何准备。

韩匡嗣，乃是一个精通医术的汉人，他父亲被契丹掳往草原，最后居然成为契丹第一代君主耶律阿保机的佐命功臣，所以他也得到契丹的信任。据说阿保机的太太对待他就像对待自己的儿子一样。耶律贤没有践祚之前，与他也是好友;践祚后，即提拔他做了大官，此时的韩匡嗣，乃是契丹国的南京(今北京)留守，封燕王，也是萧绰和耶律贤非常信任的人物。

后来韩匡嗣做了枢密使，南京留守就由他的儿子韩德让代领。父子二人都做契丹南部大都的留守，很为时人羡慕。

北汉多山，太宗开始组建自带机弩重兵器的山地部队，史称“飞山军”。他在讲武台就多次观看“飞山军”发机石射连弩。史称“上将伐北汉，先习武事也”，皇上要伐北汉，先训练军伍之事。

赵炅甚至还在太平兴国三年(978)腊月做过一次“冬狩之礼”，冬天打猎的君王之礼。过去，按礼法，古代帝王有“春蒐、夏苗、秋狝、冬狩”的礼制，四季出城到郊外打猎，是“示武于天下”。但随着文明的推演，这类田猎活动毕竟劳民伤财，渐渐被有些君王废弃。这一次，有关部门向太宗汇报，认为应该有“冬狩”活动，太宗没有拒绝。他对左右说：“《老子》有言，田猎让人心发狂；《尚书》有言，田猎让国政荒废，不是什么好事，所以为人君者不得不戒。历观前代往事，很多君王迷惑于田猎的快乐，往往导致国家败亡。这是事实。但朕今天所以狩猎，是因为要‘顺时搜狩，为民除害’，不是要自己杀生取乐啊！”显然，“顺时搜狩，为民除害”八字所指，就是要顺天应人，剪灭北汉，以此造福大宋士庶的意思。太宗一直在准备打仗。

就在这年冬天，按例诸州贡举人应该集会于京师，但太宗正在准备亲征河东，下诏暂停贡举。从此以后，这个贡举活动改为间隔一年或两年才正式举办。

也在这年冬天，契丹派遣使者提前来到京师，准备等到来年正月初一庆贺正旦。契丹没有料到大宋会北伐。

决意北伐

兵机贵密，不可先传。故兵书有言：兵以静胜。宋太宗隐忍三年，除了跟自家兄弟赵廷美说过要征讨河东的话头之外，几乎不提北伐之事。他注意到军事信息要保密、要安全，就不可过于声张，以至于瞒过了契丹主管军事的枢密使韩匡嗣。除此之外，宋师三年静默，除了演习之外，几乎不对外用兵，赵炅也是在等待合适的时机，一鼓作气，收复河东。

现在，藩镇惯性基本得到遏制；南部两个大藩，漳泉与吴越，也纳入大宋版图；剪除贪腐官员，国家秩序有了改善；大宋二十年的积蓄已经足以支撑一场大战；赵炅“三年不鸣”，似乎可以“一鸣惊人”了。

太平兴国四年（979），正月开春，赵炅召来大宋第一名将曹彬，问他：

“周世宗及我太祖，皆亲征太原而不能克，岂城壁坚完，不可近乎？”周世宗柴荣、我大宋太祖，都多次亲征太原，没有攻克。难道是他们的城墙太坚固太完善，拿不下来吗？

曹彬似乎胸有成算，他回答道：

“周世宗攻取太原时，主要因为大将史彦超在石岭关一役兵败被杀，周师人情震恐，不得已，还师。太祖时，因为阴雨连绵，大兵困在甘草地，军人染上腹疾，因此只好退师。现在看，都不是因为太原城垒坚固啊！”

史彦超乃是攻取太原时的先锋都指挥使，柴荣麾下一员猛将，当时带着二十骑为前锋，探路时，遇到契丹大军，激战中，大将李筠又带兵来援，杀契丹两千人。史彦超有了轻敌之意，史称“恃勇轻进”，独自带着几个骑士追击败寇，渐渐离开大军更远，最后在契丹的回身反击中，寡不敌众，为契丹所杀。

石岭关，则是晋北一处要隘，位于阳曲县北，东、西有山，谷底开阔，地势险峻，是太原往北，通往代县、大同等地的交通要冲。北汉与契丹联系，必走此地。周世宗、宋太祖，要收复河东，一定要在此地隔断太原与契丹的联系。史彦超在此战败，导致战局一变。

太祖时曾派出大将何继筠为石岭关都部署，成功地阻击了契丹援军。

太宗心里有数，又问曹彬："我今举兵，卿以为何如？"

曹彬回答："我大宋邦国兵甲精锐，人心都拥戴皇朝，如果此时施行吊民伐罪之举，如摧枯拉朽耳！"

曹彬的意见很重要，对赵炅有一种"定心丸"的功能。君臣一番对话后，史称"帝意遂决"，皇上赵炅北伐的决心最终定了下来。

但宰相薛居正反对。他对皇上说：

"过去周世宗举兵北伐，太原倚靠契丹的军援，坚壁不战，结果导致周师疲惫，退兵。到太祖时，在雁门关南之地，击破契丹，将河东人民迁徙到黄河、洛水之间。现在，河东巢穴虽然还在，但危困已甚。我们大宋得到它，开辟这点贫穷之地，都算不上开疆辟土。舍之不足以为患。请陛下深思熟虑。"

薛居正乃是一代名相，但这番话说得实在欠水平，逻辑都不通。北汉，作为多年敌国，"危困已甚"，正是大宋用兵良机。且燕云十六州乃是尧之都、舜之壤、禹之封，治理华夏，必在完我金瓯。北汉与契丹沆瀣一气，直接影响到中原失地之收复，如何说"舍之不足以为患"？

但薛相意见可取之处在于：此时，平北汉，时机、程序或有问题。

在周世宗、王朴时代，在"先南后北"的战略规划中，北汉应该是最后平定的割据势力。按照后周战略，必先取幽燕，而后北汉失去外援，那就是囊中之物，几乎可以传檄而定，仗都不必打。北汉必当取，但必当乘兵锋之锐，直取幽燕，而后取北汉。太宗等人先取北汉，后取幽燕，违背当年柴荣、王朴的成熟画策，所以最后有“高梁河之战”的失利。太宗此际决计平北汉失误在此。这是一番大议论，其中自有直达兵机隐微之道的远猷宏谟，容后慢表。

且说太宗赵炅听了薛相“歪论”，也不爽，反驳他说：

“今者事同而势异，且先帝破契丹，徙其人而空其地者，正为今日事也，朕计决矣！”现在北伐，虽然与世宗、太祖的北伐事情一样，但形势已经大有不同。况且，先帝当初破契丹后，迁徙北汉人民到内地，虚空那一片土地，正是为了今天的北伐。朕北伐之意已经定了，不可变更。

随后，赵炅派出了大臣出使高丽，告诉东北边部这个邦国大宋北伐。按太宗的意思，是期待高丽能够牵制一下契丹。但后来的事实证明，高丽没有动。五代以来，高丽始终依违于中原帝国和草原民族之间，就像后来的西夏始终依违于契丹和大宋之间一样。小国要生存，在两大国夹缝中闪展腾挪，可以理解。春秋时郑国就在晋、楚两大国的压力下，不断变换身姿，两头下注。正常。

兵马未动，粮草先行。赵炅又派出朝廷官员到各个州郡去督运军储物资，限期赶赴太原城下。

一切安排妥当，开始组建北伐指挥机关。

藩镇旧习

宣徽南院使潘美为北路都招讨制置使，北伐总司令。宣徽院，掌管并总领宫禁之内诸司及殿直工作，举凡官员核定、祭祀大典、日常朝会、宴享仪式、内外供奉等，都在其管辖范围内，略似组织部副部长、办公厅副主任、礼宾司司长职务之和，但职责范围似乎还要更广。古代职官分工不如今日之细，往往一个官员“岗位”相当于今日多个官员。潘美，乃是北宋仅次于曹彬的名将，曾经在江南、南汉用兵时，功勋卓著。

太原，城广高大，易守难攻，需四面战取。于是分派崔彦进、李汉琼、曹翰、刘遇四员大将分头攻取太原城四门。

但在分派这个任务时，遇到了一点麻烦。

太原城内，西面，是北汉主的宫苑，按照军事常识，这是最难攻取的地方，因为城内必定要在此地布设最强城防力量。刘遇，当时的官职是节度使；曹翰，是观察使，较刘遇级别略低。按照职官轻重排列，刘遇应攻取太原城西，曹翰攻取城东。但刘遇知道城西凶险，不易立功，有忧虑，就提出与曹翰换地方。曹翰说：“我是观察使，班次在您之下，应当在东北。”刘遇坚决要与他调换，俩人争执几天，也没有决定下来。

太宗赵炅担心将帅不和，就对曹翰说道：“卿智勇无双，城西面非卿不能当也。”曹翰这才决定奉诏。

关于刘遇与曹翰交换阵地之事，《续资治通鉴》和《续资治通鉴长编》有不同说法，前者记录说“（刘）遇欲与（曹）翰易地”，后者记录说“(曹)翰欲与(刘)遇易地”。按行文逻辑,《续资治通鉴》为当。但无论哪一种记录，都记录了二将不想攻击太原城的西面。

总之，这是个事件。这个事件说大不大，说小不小，于此可以看到北宋将帅沿袭五代以来藩镇习气有多么严重。怕吃苦、怕流血，固然是人之常情，但战争以“士气”为重，丢了“士气”，军人质量是有问题的。一代雄主赵炅对此也只能优容，足见汉唐“尚武”精神，经由五代乱世，斫丧之深。这是后来的大宋君臣，除了少数例外，一直未能有效解决的内部问题。军令之严，五代以来，仅见于周世宗柴荣一人而已。史上“弱宋”之论，主要是指军人之“弱”，而军人之“弱”，又往往与领袖对将帅的这类优容有关。

北伐，攻取太原，四面城要有联络部署，要有人巡视四面城壕，随时通达信息，也要有人观察攻城器械损失状况，以便随时补充。赵炅也做了安排。

粮草准备，早已通知地方，并已经安排督运，现在，又派出河北转运使与陕西北路转运使分掌东、西两路转运使事。山西，居于河北、陕西之间，这样部署，考虑到运输线路最短，可以快捷调运。太宗对粮草有足够重视。他在后来御驾亲征时，在河北邢州（今河北邢台），任命唐州（今河南唐河）团练使曹光实到陕西去转运当地粮草。曹光实想到疆场效命，对太宗说：“臣愿提一旅之众，奋锐先登太原城。”太宗说：“军用资粮事大，足够你展示自己本事了！”

更重要的是，太原与草原之间，石岭关一带，必须派出得力干将，阻断可能的契丹来援。赵炅将这个任务交给了云州（今山西大同）观察使郭进。

太宗赵炅从公元976年执政，到997年病逝，二十一年间，总共与契丹发生战事数十场，互相间各有杀伤，按战例统计，宋师赢得多，输得少，但“高梁河之战”和“岐沟关之战”两场战役宋师吃亏较大，让大宋君臣意识到问题的严峻。这数十场战役，是中国史上意义重大的“澶渊之盟”实现之前必要的前奏。之所以有“澶渊之盟”，最主要的原因就是，双方都深入骨髓且不无悲哀地认识到，谁也无法吃掉谁。在这个基本“共识”面前，双方有了向着“和平”趋近的主动性。各自都有了“求和”的真诚意愿。宋太宗与契丹多年征战，等于在为后来签署“澶渊之盟”的宋真宗“打工”。

但在“共识”来临之前，战争无法避免。

“惟有战耳”

就要到来的“石岭关之战”，是太宗朝与契丹之间的第一场战争。

这是大宋平北汉战争的组成部分。

太平兴国四年（979）正月，大宋名将郭进大败契丹。

郭进是北宋名将，参与多次战役，几乎无败绩。他是少数御下严厉，而又懂得节制、有名士风范的将军。当初，他镇守边防，赵匡胤给他派遣士卒时，对士卒训话就说：“你们到了郭帅那里，可要恭谨守法啊！我这里，可以原谅你们，到了郭帅那里，犯了法可就没命了！”五代以来，郭进是少数最富荣誉感、责任心，并带兵有方的优秀军人。

话说契丹，闻听大宋在部署北伐，耶律贤不禁长叹道：

“耶律呼图真能料事！朕与韩匡嗣虑不及此啊！”

在耶律贤看来，伐北汉，即等于伐契丹，也就等于撕毁了契丹与大宋多年以来心照不宣的“和约”。于是，他派出了使者到东京汴梁，来质问太宗：

“何名而伐汉也？”你们以什么名义讨伐北汉啊？

太宗赵炅这时不失时机地说出了那句鼓舞人心的铿锵名言：

> 河东逆命，所当问罪。若北朝不援，和约如故；不然，惟有战耳！

河东悖逆天命，理当问罪。如果你们北朝契丹不来援助河东，我大宋与你们契丹的和约一如往日；如果你们援助北汉，没有办法，那就只有一战！

太宗说这话时，应该有后悔的日子。就在两个月后，太宗统率全军北取幽燕的高梁河之战中，大败，屁股上中箭，甚至无法骑马，只得乘坐一辆驴车南逃，连续多日才回到汴梁。驴车上的日子，虽然短暂，但已经足够太宗思考大宋与契丹的战略构想问题……

战争中的虚骄，就像人生中的虚骄，都是取败之道。太宗这句话，与当初后晋景延广“十万横磨剑”论一样，都因虚骄而彻底激怒了对方。从此，终太宗一朝，没有与契丹恢复和约；乃至于到了太宗晚年，感到不仅战胜契丹无望，收复燕云十六州也无望，开始主动向契丹求和时，契丹也没有答应。契丹与大宋的“睦邻友好”，要一直到宋真宗时代，“澶渊之盟”才开始。

与景延广不同的是，景延广是一时大言，事实上并无底气自信；太宗伐北汉，甚至“取幽燕”，则准备了三年时间，有非同寻常的自信。

公元979年，太平兴国四年正月，太宗在长春殿宴请北伐将帅，亲自向潘美等人授以战争方略，命令潘美等先行出发，御驾将随后亲征。当时，太祖时擒住的南汉国末帝刘鋹、太宗时归顺的漳泉藩帅陈洪进、吴越国王钱俶，都在座。刘鋹嘻嘻哈哈地说：“朝廷威灵波及远方。四方僭窃的割据之主，今天都在座中；等到早晚平定了太原，刘继元也到了。臣刘鋹乃是座中最早来朝的人物，到了那一天，愿意拿着木棍作为‘权杖’，充当各位‘降王’之长。”一番话说得太宗赵炅大笑起来，给了他不少赏赐。

此时的太宗赵炅，很快乐，同时又信心满满。

这一年是公元979年，太宗刚刚四十岁。四十岁前后，几乎是世界史上所有英雄、枭雄、奸雄们野心勃勃，至为渴望建功立业的时期。太宗也不例外。太宗宴后，潘美率久经演练的宋师，在初春的寒气中，浩浩荡荡开出东京汴梁，北上，兵马雄壮。

大宋伐北汉的统一战争开始了。

赵廷美不做“留守”

宋师正月北伐，二月，北汉又到契丹请援。此时，契丹已经得到太宗“惟有战耳”的刺激，也正在做着援汉的准备。

契丹国内一直施行“一国两制”制度，南部由南院也称南府管理，多施行中原汉人制度；北部由北院也称北府管理，多施行草原契丹制度。接到北汉请援报告后，耶律贤即组建了以南府宰相耶律沙为都统，也即总司令的援军队伍。同时，又派出南院大王耶律斜轸带领所部，为后续部队。契丹的队伍声势不小。

太宗赵炅在潘美之后，率部亲征。

皇上出行打仗，首都要有太子或最亲信的人物“留守”也即“监国”。当时按照“金匮之盟”的逻辑，太宗之后，应该是太宗的兄弟赵廷美做国君，于是，太宗就指定赵廷美执掌京师“留务”。赵廷美当时的职务是开封府尹，东京市市长，封秦王，已经获得了“监国”的资格。

这件事，事实上也坐实了“金匮之盟”的真实性——如果太宗不想传位赵廷美，大概率不会要赵廷美“监国”。

但赵廷美府中有一位判官名叫吕端，闻听消息后，对自己的顶头上司赵廷美说：“主上栉风沐雨，吊民伐罪；秦王您处于亲族贤人之位，应当做出表率：扈从主上亲征。如果留下来掌管监国之任，不符合大义。”赵廷美认为吕端说得对，就主动上表请求跟随大军北行。

赵炅答应了兄弟赵廷美的请求，改派宰相沈伦为东京留守兼判开封府事，宣徽北院使王仁赡为大内都部署。

吕端这一建议得到了赵炅的赏识，在后来的日子里，吕端成为太宗一朝的名相。提升他的时候，有人认为“吕端糊涂”，太宗说出了那句名言：

“吕端小事糊涂，大事不糊涂。”

考吕端生平，他确实做了几件“大事”，对安邦定国发挥了了不起的作用——其中，就包括了鼓励赵廷美从征。而此事太宗居然爽快答应下来，也必是考虑了更多隐秘的心事。吕端此举，从“阴谋论”角度寻索，很有可能暗示太宗对未来承继大统人物的重新考量。

我一般不愿意如此考量历史人物。对历史人物的行事，我注重的是：人物心灵演绎与事件过程演绎的合逻辑性。但后来赵廷美之死，中断了“金匮之盟”的逻辑事实，而此一大事的远缘，不能不令人怀疑就在取消赵廷美“监国”的这一动议。一言兴邦，也可以一言丧邦，一句话的力量，在很多历史时刻，就是一个莫测高深的转捩点。说吕端结束了以“兄终弟及”为关键词的“金匮之盟”，虽不中当也不远。这一句话，拨动了赵炅微妙的感觉。这一个时刻，赵匡胤的直系后人，以及四弟赵廷美，已经开始在帝王的竞逐中出局，而太宗之子赵恒（也即宋真宗）开始隐隐地入局。所以，吕端这个提议，其实就是北宋时期帝王序列进入太宗血脉的逻辑起点。

吕端知道什么是帝国的“大事”，这方面，他从不“糊涂”。

太原外围攻防战

且说太宗车驾离开汴梁，五天后，到达黄河口岸的澶州（今河南濮阳）。

此地，有个地方小县城的文书小官在道路旁向太宗献书。太宗见他署名“宋捷”，不禁心头一喜，感觉讨了个吉利彩头：宋捷、宋捷，宋师大捷嘛！于是提拔他做了将作监丞，这是朝廷负责建筑和各类宫廷艺术品用度的官员。宋捷先生很有可能借自家姓名来撞运气，史称“以姓名盗爵禄者也”，用姓名来盗取官爵俸禄的人啊。大战在即，“宋捷”算是好兆头，太宗喜欢。

到了三月初，潘美大军在部署包围太原城时，太宗大驾到达了河北地界。潘美施行了“蛙跳”战术，越过北汉南部若干据点于不顾，直接进驻太原城下。太宗则替潘美做扫清太原周边的工作，组织了一场场小型战役。

在河北镇州（今河北正定）驻跸时，太宗派出大将去攻取隆州（今属山西祁县）。此地在太原南一百五十里，地势险峻，是北汉抗拒大宋的南大门。隆州破，太原南部无险可守。北汉仗恃着隆州要塞，试图遏制南师北进。但潘美大军径直绕过此地，直扑太原时，此地守军未敢出城拦阻。太宗到达河北后，即传令大将将此地包围，等于在太原之外，另辟战场。这一支围军的主要任务就是看住城中北汉兵，免除潘美后顾之忧。

但隆州南一百六十里还有一个沁州（今属山西沁县），也是北汉安插在河东的一处战略要塞。此地虽然不大，但一旦动起来，也有摇撼大宋围军的可能。太宗也没有给北汉这个机会，同时派出将军远远地将沁州围了，不得令其出城。

不久，又派出河北大将分兵进攻盂县（今属山西阳泉）。此地在太原东偏北约一百五十里，是北汉重要的东大门。

太宗从汴梁北上，在河北镇州，与太原东西相望，遥控全局，战略部署非常完美。围攻隆州，等于给了太原一个直击态势；围攻盂县，则等于给了太原一个右手勾拳的态势；围攻沁州，则相当于补充力量，连环直击，让北汉这些零星的防地成为待剔的死子。整体上，太宗摆出的是一个钳形攻势，逼迫太原龟缩城内，不敢略动——无论实动、佯动，太原都没有机会了。

但石岭关那边出现了状况。

原来，太宗担心郭进独立支撑打援任务，有凶险成分，就再责成时任汾州防御使的田钦祚支援郭进，也屯兵于石岭关附近做郭进的护军。但是此人与郭帅不睦，当敌人来时，他竟闭关自守；敌人撤退时，他又不追；还积蓄军用物资，大有谋利的倾向。郭进几乎无法与他配合。田钦祚的部下向太宗打了小报告。太宗下诏组成前线军事法庭审查此事。田钦祚承认了自己的罪行。但太宗还是采用了优容政策，没有动用杀罚手段，只将他斥责一顿，改领睦州（今属浙江淳安）防御使，尤为失策的是，居然要他继续护军，与郭进同守石岭关。

石岭关大捷

幸亏郭进有江海气象，更有战神风采，静如林立，动如山倒，敌兵不接触，几乎感觉不到他的存在，一旦接触，郭进出手极快。在通往石岭关的路上，一个叫西龙门寨的地方，郭帅重创了北汉守军，擒获千余人，并将这些俘虏送到太宗所在的行营镇州。

这时候，契丹加大了支援力度。耶律贤一面派出北院大王等人增兵戍守南京（今北京），一面动员了山西北部，也即当年石敬瑭出让的大同一线武装力量，增援北汉。而先头部队，由南府宰相耶律沙为都统的契丹劲旅，已经到达石岭关附近，在一个叫白马岭的地方，遇到了一条山涧。

郭进大兵也已经到达此地。

涧水不深，耶律沙与郭进隔涧相望，互相看得见各自的旗帜。虽然各自都有心理准备，知道此地将有战事，但两彪军马蓦然撞见，还是有了大战前的紧张。耶律沙乃是契丹总领南院事的大臣，做事稳重，他见郭进旗帜严整，兵马雄壮，而且漫山遍野，随着草原骑兵的两侧展开，郭进骑兵也在两侧迅即展开。耶律沙担心不能迅即取胜，想与后面即将到来的耶律斜轸会合后再战。但跟从他一起来的枢密副使穆济、冀王塔尔等人，求功心切，认为“急击之”比较好。耶律沙犹豫，又没有理由否定他们的意见，于是同意。

塔尔等人于是率领先锋部队开始渡涧。

骑兵在涧前空地迤逦伸展，而后响起了呜呜的号令，牛角声壮。骑兵开始冲锋，马蹄溅起的水花在初春的空气中飞舞。弯刀在半空中挥动。骑兵后面是呐喊着的步兵，长枪大戟，金属相撞，石岭关山鸣谷应。

令耶律沙惊异的是，郭进大军如数万尊石雕，冷冷的，一动不动。他稍稍勒住马缰，滞后观察。

这时候，契丹数万铁骑已经冲锋到了涧水之半。郭进发出了迎击的命令。只见大宋这边石雕般的兵马忽然发出震天撼地的吼声，迎着半渡的草原兵，山一般碾压过来。郭进率先刺入敌阵。

后面的事就简单了。契丹猝不及防，所见到的宋师瞬间爆发出来的士气，不可阻遏，于是在稍稍出现的一点犹疑惊恐中，士气顿衰。当草原兵返身逃跑时，宋师有了切瓜削菜般的快意恩仇。

契丹兵一时大败。冀王塔尔战殁，大将图敏战殁，将军唐古战殁，塔尔之子华格战殁，耶律沙之子德琳战殁……

耶律沙急忙组织督阵，但郭进大兵已经推进到涧边，甚至几次将耶律沙围住。紧急时刻，契丹南院大王耶律斜轸后续部队到达，迅即组织弓箭向胶着中的宋师射击。郭进一面组织反射，一面指挥部队撤离，退回到涧水之南。回顾涧水，已被血液染成红色，到处是契丹兵尸体。史称耶律沙、穆济等“仅以身免”，勉强活着逃出了战场。

这时巡逻兵来报，捉了北汉派出的细作。郭进将搜出蜡丸打开看时，原来是北汉送给契丹，告知“守城待援”的紧急请求。

郭进一面向太宗赵炅汇报石岭关捷报，一面将北汉细作派人押赴潘美围城部队。在城下，宋师向城头呼喊，在北汉守军的眼皮底下，将细作斩首示众。史称“城中气始夺矣”，太原城中见援军迟迟不到，派出去的细作也被擒杀，“誓死守卫”首都的士气因此开始衰落了。

与此同时，太原周遭也不断有州郡被宋师攻克，没有攻克的，也被看住，无法出城“勤王”。

太原大城被潘美十几万大兵围得密密匝匝，契丹援军被郭进布防得法的骁勇阻遏得寸步难行，诸州郡被太宗派出的宋师看守得水泄不通，眼瞅着北汉已经岌岌可危。这时北汉主刘继元的驸马都尉卢俊，在三百里外的晋北代州，获悉太原城危，于是主动派人驰往契丹告急。但史称“辽人败衄之馀，不能再发兵救”，契丹石岭关及诸州不断遭遇败绩，暂时没有能力再派兵救援。

太宗在河北镇州，了解到战役形势后，开始向太原这座困守中的孤城进发。

镇州到太原，要翻越太行，近五百里山路，从四月壬戌日到庚午日，太宗一行走了八天。一路上，不断有捷报传来。

北汉有“鹰扬军”，被宋师击破。

骁将解晖

一向与中原来往不多的夏州（今属陕西靖边）节度使，党项人首领李继筠，派遣两位刺史，带领蕃、汉大兵，列阵渡黄河，攻略河东辖境，以此策应大宋讨伐北汉，史称“以张宋朝军势”，以此来扩大宋朝讨伐军的势力。

太原西北四百里的军事要塞，北汉固守多年的岢岚军（今属山西忻州），被折御卿攻克，擒获守军大员。随后又南下，攻克太原西北二百多里的岚州（今属山西吕梁），在此地擒杀北汉一位刺史，活捉一位节度使。

折御卿乃是府州（今陕西府谷）观察使、永安军（治所在府州）节度使。折家世族，为后周时晋北大户。折、佘音近，后世小说家言称为佘氏，为佘太君家族原型。折家在太祖时归附大宋，镇守北疆，多次击溃契丹，乃是宋初名将。

包围多日的隆州，也被攻克。

破隆州的宋师司令是骁将解晖。

征北汉之前，太宗令他在太原南部泽潞地区筑城，作为看守北汉的军事要塞，城成，取名“威胜军”，就以解晖为威胜军节度使。史称此人“鸷猛木强”，像鹰隼一般猛烈，像木石一般刚强。每次受诏征伐，解晖都战斗在最前列。一般人看着害怕、忧虑的战局，在他看来很简单、很容易。他浑身都是创伤，从太祖时起就屡立战功。

解晖的父亲就是军人，后唐时西征蜀国阵亡，当时解晖年纪尚幼，但那时即立志：成年后要做军人，为父报仇。后晋时，解晖投军，跟着石敬瑭攻击叛臣安重荣，曾领精兵百余人，夜袭屯驻数万大兵的敌军营栅，在敌军看来，夜色中来袭的这一伙骑兵，犹如从天而降。解晖在敌营中左冲右突，居然斩获甚重，凯旋。那一仗让他成名，天下皆知有解晖者“鸷猛”如此。后周时，北汉刘崇与契丹联军入侵晋南，解晖与枢密使王峻前往迎击。夜半，他再一次发挥“鸷猛”性格，率三千人奔袭契丹军营，契丹兵大乱，如沸腾四溢的粥锅一般，四散而逃。后来又跟随周世宗南征淮南，生擒南唐一位刺史。

进入大宋，为太祖麾下一位步军司令。太祖在北征泽潞李筠时，解晖也立战功，一次战斗中，眼睛被箭矢射中，但仍然如夏侯惇般力战不已。太祖派将南征荆楚，解晖所部水军生擒岳州守军头领以及高级将领十四人，俘虏斩杀数千人。太祖征太原时，在北汉辖境击破敌军，斩首千余人。因功改为均州（今湖北丹江口）刺史。

这一次太宗北征，派他带领所部围攻隆州要塞，他的部下西头供奉官、负责武装制度的朝廷内部官员袁继忠，武骑军校、军中骑兵队长许均，二人率先登上城楼。

许均身上有八处受伤，但仍在汗血淋漓中，咻咻气喘中，勇战不退，带领部下从城楼杀到城内，擒杀守军三百余人，活捉北汉派遣到隆州前线来的招讨使，也即司令官李珣等六人。

太原已是困兽

袁继忠在解晖麾下，也是一人物。

他在后周时就是一个有战功的将军。入宋，太祖时，参加了多次讨伐战役，所在有功。这一次征讨北汉，他进入敌区，连破三座要塞，擒得敌军将校多人，更俘获敌兵、牛马、铠甲、器械数以万计。但有意思的是，他的同列多人在敌区搜掠，却没有更多收获。

这些人担心，对比之下，你那么多战功，我们咋办？于是，就很实在地跟袁继忠说了这个忧虑，史称“乃以诚告”。袁继忠不认为这帮人没出息，也不认为这帮人在挤对自己，就很慷慨地将自己的俘获分给众人，让他们“列表”，算作他们的战功，上报。此举很像东汉名将大树将军冯异，从来不居功。后来的日子，他在代州，击破入侵的契丹兵，在长城口，又一次击破契丹兵，与主帅一道，杀获数万敌众。但很多战功与主帅和战将捆绑在一起，有些就不好算在袁继忠头上，有人看到他功勋卓著，就劝他上表自论其功，史称“继忠不答”，袁继忠根本就不回应这个问题。

强将手下无弱兵。解晖的部下，就有这样的将士。

此一役，太宗知人有道，用人得法。

太宗一路收获着好消息，这一天，来到太原城下。

望着周世宗、宋太祖两代人没有攻克的大城，太宗赵炅有了一点隐隐的期待。他开始暗暗地谋划北汉之后的地缘战略。他应该有远迈前人的武功。他认为他能做得到。恢复汉唐旧疆，可能不是梦。

正在这时，来了一个坏消息——镇守石岭关的大将郭进，薨。

跟郭进在一起的田钦祚，多次放纵做奸利不法事，郭进曾多次向太宗汇报。田钦祚知道郭进是个没有什么心机的人物，而且性情木讷刚烈，就在二人接触时，多次以语言凌侮郭帅。郭帅也拿他没有办法，打不得骂不得，抗争不得，辩解不得，一怒之下，气昏了头，自缢而死。但田钦祚向太宗汇报时，却说郭帅是“中风眩”。太宗悼惜很久，缓不过神来。

史称“钦祚性阴狡”，田钦祚性情狡诈。他的劣迹不少，奇怪的是，历经太祖、太宗两朝，他居然没有被赵家兄弟看透，也没有受到朝官弹劾。想来他的“阴险、狡诈”骗不过史家，却骗了时人，奸人自有奸道，可能是局中人无法勘透的。不过他的战功不低，最煊赫的是，太祖开宝年间，他曾以三千人的宋师与六万人的契丹兵周旋，剪灭不少敌兵。最后退守小城，在敌人包围中，还能整军而开门，突围而去，居然三千士兵“不亡一矢”，连一根箭矢都没有丢失。此事近似于神话，据说在草原那边都在传扬“三千打六万”的故实。也许正因为此人还有骁勇的一面，所以太祖、太宗对他有了睁一眼闭一眼的姿态。

太宗赵炅在行营揣摩良久，最后派出了冀州刺史牛思进替代郭进为石岭关都部署。石岭关必须由猛将据守。牛思进也是奇人。据说他有一对铁耳朵，将强劲的弓弦挂在耳朵上，一只手扯弓背，居然可以将弓扯满！还有本事，可以背靠墙站住，随你找两个力气大的将卒，拽着他的胸部，想从墙下拉动他，门儿也没有。他就好像长在了墙上，巍然不动。史称“军中咸异之”，军中将士对他这个本事都很惊异。围城打援，在打援部署中，牛思进与郭进都很称职。俩人先后钉在石岭关，终河东之役，契丹没有越过关口一步。

太原周边，北汉所有的军事要塞都被拔掉了。太原犹斗，但早已是困兽。

剑舞吓人

宋军围城也很出色。

太宗赵炅来到城下，宋师士气大增。

御驾驻跸在汾水之东。汾水在太原之西，太宗就在汾水与太原城之间，城墙里面，就是北汉宫城，守军在此部署了最重要的城防力量。太宗来看望大将曹翰的攻城队伍，巡视了宋师大营，了解了部分营垒攻具，如俗话所说，亲切慰问了前线将士。然后，他在行营中亲手写了一份劝降诏书，派人送达城下，要守卫城门楼子的河东兵将诏书转给北汉主刘继元。但守卫城楼的“指战员”们不敢接，太宗劝降的意见到达不了北汉最高层。

郭进俘虏的北汉细作在城下被斩，已经让城中人丧气；太宗更发明一种游戏，吓唬太原守军。

此前，太宗曾在诸军选择身手灵便敏捷的士兵，专门要他们练习剑舞。这种剑舞很像现在的杂技演出，几百人列阵，手持利剑，要巴一阵后，会将利剑掷入空中，而后士卒们跳跃起来，或左或右，或前或后，摆出各种稀奇古怪的姿势，或如“野猪进林”，或如“钟离挥扇”，或如“张飞片马”，或如“举火烧天”，或如“结跏趺坐”，或如“凤凰展翅”，或如“苍龙摆尾”……闪转腾挪间，士卒们纷纷接住空中掉落的利剑。剑光闪处，惊险万分。城上守军看呆了，看到的人都感到很恐惧。

在汴梁时，有契丹使者来访，太宗曾要这批训练有素的士卒在大殿汇舞。契丹使者看到数百人光着膀子，鼓噪而进，挥剑而舞，跳起来、掷起来，不免摄心动魄，史称“（契丹）使者不敢正视”。等到这次巡视攻城，太宗再令这支传奇队伍做环城表演，作为御驾前导。据说“城上人望之破胆”。

荆嗣生猛

转天夜半，太宗看看刘汉没有降意，开始在城西大营观看宋师攻城。

攻城将士见皇上在身边，勇气大增。

这时，一位校官来到太宗面前，要求自己带领一支敢死队先攻。太宗一看，原来是太祖时名将荆罕儒的从孙荆嗣。当初荆罕儒曾经打得北汉屁滚尿流，但在他未加提防时，不幸被北汉名将郝贵超杀害。现在荆嗣来请战，也有为祖上“雪耻”的意思在。太宗理会他的意思，就让他攻取城西的一个门楼。荆嗣领命，带着百十个身手不凡的健卒，开始借助于云梯登城。主帅赶紧又安排其他门楼的登城勇士同时行动，以分解荆嗣这边的压力。

荆嗣不负太宗厚望，率先登上城楼，太原西城矮墙之内有了殊死搏斗。

只见校官荆嗣满口流血，呼喊时，嘴里喷出血雾，那是他的牙齿被敌人的刀剑刺落；他挥舞起来的胳膊，一只手已经血肉模糊，那是炮石击碎了它；他飞起来的一只脚，带着两支雕翎箭，那是被守军飞羽所伤。月光之下，城楼之上，本来应该是非常富有诗意的地方，唐人就有诗歌咏叹此类良辰美景道："片月低城堞，稀星转角楼"，在高城墙垛之上看月亮都显得那么低矮，城门角楼看到的星星都在缓缓移动。但在此刻，夜半，大山、汾水、孤城之上，骨肉生灵，却在血拼。太宗看得很感动，见荆嗣受伤不轻，赶紧派人召他回来，当即给了他慰勉和赏赐。荆嗣回营养伤。

月光之下，第一轮攻击暂停。远山有烽烟，城楼有悲笳。四野的炊火，照亮了堆放在营帐内外的羽箭，军营内像燕尾一样两角叉开的军旗，在星月之下有一种浮缓着的悲怆意味。在唐代，这类旗帜可以称为"蝥弧"。几处营帐，将校们兴致不低，在星垂平野的汾水之滨，夜宴吃酒，互相讲述攻城时出生入死的瞬间，有几个将军甚至不卸掉沉重的盔甲，就在篝火之旁举着酒器——或酒坛，或陶碗，或锡壶，或觚，或盅，或盏——跳起舞来，军士们助兴，有人会擂起喜庆的鼓声。夜色深时，司务挥舞起一面旗帜，一波一波，渐次传递到绵延几十里的大营，此起彼伏地传来一声声呼喊，这是夜寝的口令。这一幕，令人遥想起唐人《塞下曲》的意境："野幕敞琼筵，羌戎贺劳旋。醉和金甲舞，雷鼓动山川。""鹫翎金仆姑，燕尾绣蝥弧。独立扬新令，千营共一呼。"

宋箭宋得

太宗每次观战，都要穿上甲胄，距离城墙很近，守军的箭矢、滚木、擂石、灰土等，往往都要落在他身边。左右有人劝谏太宗离战场远一点。太宗说："将士争效命于锋镝之下，朕岂忍坐观！"我大宋将士们都争着在敌人箭雨之下效命，朕岂忍心作壁上观！太宗这句话，很快就传遍全军。诸营将士闻言，史称"人百其勇"，人人都比此前勇敢百倍。人人都愿意"冒死先登"。

大宋攻城，有掩护部队，就是弓弩手，史称"控弦之士"。登城部队在前，掩护部队在后，射出的箭雨密集程度为有史以来罕见。有史料称太宗赵炅攻取太原，这样的掩护部队有"数十万人"。我不信这个数据。整个攻取太原的部队，没有详细资料记录，但是根据各方力量之估计，包括辎重转运、战事民工、其他州郡的遥远策应（如折御卿在西北攻击北汉辖境等），宋师应在三十万人以内。直接攻取太原城的部队不会超过二十万。此时，太原城内武装力量大约两万人（北汉军人总计三万人）。但宋师"控弦之士"为历来最多，可能是一事实。箭手们在太宗乘舆之前列阵，一排排，成行成列，进退有法，交替前行，专门瞄准城楼、城垛间露出的人影。但城堞一般都有半人多高，且有可观的厚度，这样，城下箭镞射往城上时，就有了一个仰角，一般就会飞上城楼斗拱之间，或落入城内，成为流矢。还有些强弓，包括威力强大的床子弩，箭杆较短，但弓力强大，可以直接射入城墙之内，这样，就像外梯一样，利于攻城士兵攀爬。当敌楼发现险情，试图布置檑木滚石时，城下"控弦之士"又开始新一轮掩护，更密集的箭雨射向墙头。就在这样的争夺博弈中，宋师射出的羽箭是传说中"草船借箭"的数倍。整个太原城，城楼上、城墙上、马道上、府衙间，到处落满羽箭，如刺猬一般。以至于大宋捉到的"生口"，活着的北汉兵民，向宋师坦白道：北汉主城内储藏羽箭有限，因此动员市民搜集落到城内的羽箭，一支箭可以换十文钱，这样购买，“凡得百馀万”，得到了百多万支，都被北汉主聚集起来，储存到兵器库里了。太宗闻听，大笑道：“此箭为我蓄也！”北汉主这么干，这是在为我大宋储存武器啊。等到后来太原城被平定，楚弓楚得，宋箭宋得。

宋师有掩护部队，北汉也有忠于汉朝的弓弩手。城久不下，北汉有人。城上也不断地有箭雨俯射。北汉组织起反攻来，往往也很奏效。

洞屋

太宗从西城巡视到南城，大宋名将，彰德军（今属河南安阳）节度使李汉琼，在此地担任攻城都部署，也即南城攻城司令官。他率领将士，安排好城下掩护部队，开始亲自登城。他以司令官的身份带头行动，感动了部下，于是跟着他冒矢而上。李汉琼借助机器传送的移动云梯率先登上了城垛，但守军箭矢射中了他，其中有箭射中头部，一根手指也被守军大刀砍断。血染红了他的全身。太宗在城下看到，急忙命人死力营救。控弦之士的箭雨更密集地向城上射出，有士兵千难万难中救出了主帅，从云梯放下。

太宗赵炅亲自检查了他的伤势，为他敷药。然后表示，要到前线去，离将士们更近一些。甚至，他还要到“洞屋”去，亲自参与指挥攻城。

“洞屋”，又称“洞子”，是古来重要的攻城器械。形状很像一间长筒状小屋，可大可小，用木柱撑持，外包牛皮或铁皮，有的还要包上泥瓦，用来防止城上的箭雨、擂石、开水、石灰等。“洞屋”一般安装有车轮若干，可以由里面的士卒推着前行。一般攻城，都会事先填平城壕，或在城壕上搭建活动桥梁，供士兵靠近城根。故“洞屋”，可以直接推到城下。“洞屋”战时主要任务除了攀爬登城之外，还挖墙脚，穿洞。城内反“洞屋”，除了从城堞之上往下俯攻之外，有时还要在城内挖壕，注水或置放尖锐战具，阻遏穿洞者顺利入城，而后守军可以以逸待劳，洞口狭窄，不可能“一拥而入”，只能次第“鱼贯而入”。这样，洞中人入城，进来一个就会被杀掉一个。所以“洞屋”穿城而入的战例很是罕见。“洞屋”的功能，除了贴近城墙攀爬之外，更多的是一种心理战。

还有一种“洞屋”，与云梯结合，轮子安在云梯下面，“洞屋”在云梯上面，略呈Z字形，状如鹅，故又称“鹅车”。这样的“洞屋”可以直达城堞之上，如果顺利抵达，“洞屋”里的将士可以直接跳入城垛之内。但守军也有办法，就是抛出钩锁，在“洞屋”还没有到达城垛之际，将其拽翻，然后泼出火油、火把，将整个“鹅车”烧毁。这类攻防除了技术上的熟练高妙之外，很大程度上，还有运气的成分。一般来说，被动的防守者反而更显主动，主动的攻击者反而略显被动。

《宋史》中说李汉琼也是一个“木强”之人，与前面说的那个解晖一样，也是一个木石一般刚强鸷猛的骁将。此人好“使酒”，也即借酒劲耍性子，但对大宋的统一战争确是战功赫赫的人物，而且忠诚。当他听说皇上要到那么凶险的前线去督战时，不禁心下一惊，马上对太宗说："守军在洞屋那里，矢石如雨！陛下奈何以万乘之尊要到那么险恶的地方去啊！不要去啊！如果您不听臣下劝谏，是臣子失职，臣请先死！"太宗想想，接受了他的意见。

李汉琼此语有大义。三军攻城，帝王亲临，如有闪失，必酿大祸。因此，臣下如工蜂护卫蜂王，是自然法之正价值所在。忠诚，在任何时代，都具有独立方向的肯定价值。李汉琼一番话，按照现代交往理论评判，可谓"真诚宣称"，在这个语境之下，至为"妥当"。

李汉琼因此不惟得到庙堂肯认，也同时得到江湖肯认。名气虽然不如杨老令公、呼延赞等人，但也有声有色。后世流传杨家将故事（不是故实）有《李汉琼智胜番将，杨令公大破辽兵》的段子。说大辽将军韩匡嗣与宋师李汉琼部遭遇，惊慌害怕，在逃跑中被李汉琼追及。危急之中，大辽猛将刘雄挺身来斗。李汉琼更不搭话，与刘雄战不几合，一刀将其劈落马下。

小尉迟呼延赞

名动天下的呼延赞也参与了这一次平定北汉的战争。他当时任铁骑军指挥使，马军铁骑部的司令官，跟随太宗来太原。他见攻城久久不下，于是也像李汉琼一样，率部亲自登城。当云梯把他送入城堞上时，他竟连续四次站立不稳，跌落下来。史上没有说他跌落到哪里，是跌落到城墙里面，还是外面。如果是前者，那就已经进城了，况且城堞到城内城道只有半人多高，摔不坏，足可翻身起来与守军格斗。但如果是跌落到城外，那城墙高达十来米，三四层楼高，四次摔下，不可思议。根据推断，他应该是摔落城外。太宗见状，亲自赏赐了他。

呼延赞后周时入伍，入宋后曾在先锋队伍中，跟随王全斌讨伐后蜀，有功。这次征伐北汉之后，他又跟随崔翰戍守定州，作战勇敢。后来也曾向太宗献阵图，以及打仗时的要领、建构军营的方法等意见书，想以此求取边关将帅之职。太宗让他显示自己的武艺，呼延赞就打扮起来，全副武装，带着四个儿子，在宫苑中骑马盘旋好几圈，手中的铁鞭挥舞起来，很有声势；还能使枣木长槊，也颇虎虎生威。太宗很高兴，给了他们父子五人几百两白金。不久，太宗任命他为保州刺史，治所在今天的保定。那时候，这里已经是大宋边疆。但史称此人“无统御才”，没有驾驭部下的才能，太宗给他换了个地方，出任辽州刺史，治所在今天的山西左权县。史称“又不能治民”，又不能治理当地政事，没有办法，只好继续做职业军人，当了个“都军头”，某军某部的军事长官。但是因为有资历，还是给他“遥领”了一个刺史，但不管具体军政事务，也无须赴任。

史称呼延赞“有胆勇，鸷悍轻率”，有胆量有勇气，鹰隼一般猛悍，常置生死于度外。坐骑乌骓马，战时像日本人那样在额头上来一道红色巾帛，史称“绯抹额”或“绛帕首”。这东西额头一亮，军中望去煞是鲜艳。故《宋史》说他“服饰诡异”。不仅如此，他的兵器也很“诡异”。他制作多种古怪兵器，其中有“破阵刀”“降魔杵”等，还有一种类似于三尖两刃刀之类的东西，每一种都重达十数斤。他一生仰慕大唐太宗时名将尉迟恭，自称“小尉迟”。

他常对人说，愿意效死沙场。又说“受国恩深，誓不与契丹同生”，于是开始遍体刺字，自己全身刺满了“赤心杀贼”四个字，全都用墨将字染黑，嘴唇里面也刺字，也弄黑。又给几个儿子在耳朵后面刺字“出门忘家为国，临阵忘死为主”。他所使用的马鞍子以及兵器战具，也都刻了字。最后又召来会刺字的兵卒，让他给自己的妻子也刺这几个字，理由是“受重禄无补”，接受国家这么重的俸禄，却没有办法报答国家，所以应该脸上刺字“以表感恩之意”，如果不听话，不刺字，当场就要斩首。此举一出，全家号啕。因为女人家脸上刺字，从古不见这类“感恩”法子，以后还怎么见人？所以全家哀求他说“妇人黥面非宜，愿刺臂”，妇女人家脸上刺字不合适，愿意刺臂来代替。呼延赞想了想，同意了刺臂。于是妻妾仆人都被胳膊上刺了四个字：“赤心杀贼”。

史称呼延赞其人“性复鄙诞不近理”，性格鄙陋荒诞，有时不近情理。譬如，他会在盛冬季节，用冷水给孩子来个兜头一盆，希望能借此法，让孩子长大后不怕寒冷，身体健壮。他有个小儿子，才刚过“百天”，还在襁褓中呢，被他提到城楼，扔到城楼之下，孩子居然不死，人问他何以这么干，他回答说：“用这个办法来试试孩子的命大不大。”也许呼延家确有异禀，他自己就在太原城上摔下四次，毫发未伤。但他也很疼爱儿子，有个儿子生病，他居然相信江湖术士意见，割了自己腿上的肉做羹汤给孩子治病。

呼延将军不识字，有时在宫中值班，内侍宦官们喜欢他，就往往围着他侃大山。呼延赞有时心血来潮，就召来跟着值班的仆从研磨，然后取出佩刀，刺自己的胸部，出血，流到砚台里，跟墨汁混了，写奏章。主题就是：希望能调自己到边疆“捍边杀虏”，捍卫边疆、痛杀契丹。宦官们恶作剧，开玩笑说：“您这可是够忠心的，但要是把心脏掏出来，割了，流血，写奏章，那就更能明白您的忠心了！”呼延赞说：“我不是爱生不爱死，但契丹未灭，现在死了，白白丢一个躯壳而已。”

但此人不争功。真宗时，他跟着皇上到河北巡幸。真宗皇帝在此地与诸将聊天，要将帅们各自说说自己的功劳。于是将帅们来了情绪，都在争着叙说自己如何出生入死，如何斩获敌方将帅，如何攻取战略要地，等等。争到最后，已经喧哗一片。只有呼延赞不争。真宗问他，他说：

“臣月奉百千，所用不及半，忝幸多矣。自念无以报国，不敢更求迁擢，将恐福过灾生。”臣每月有俸禄十万钱，连一半都用不完，已经感到给我的太多了。自己想来没有什么可以报答国家的，更不敢请求升迁。也主要是害怕福气太大了要生灾害。

说罢，再拜而退。

众人听他一席话，感到他“知分”，知道自己的位置和本分，他这种不争的姿态，得到了众人的赞誉。

他的忠诚也有特殊的方式。

大宋建隆年间，也即太祖时代，曾经在郑州为大唐名将李靖建庙。真宗时也对李靖多次褒奖，以至于北宋大中祥符四年，公元1011年，真宗在郑州为大唐名将李靖立了一块御制碑，史称“灵显王庙之赞”。碑文称赞了李靖，认为他“功存于国，惠浃于民”，功勋永存于国家，恩惠长利于人民。（顺便说，事实上此地原有庙，是纪念另一李姓历史名人北魏大臣李冲的。此碑今尚在，就在郑州市内一条街道边上，已经开始风化剥落。）

呼延赞虽然没有赶上真宗立碑故实，但他知道两代君王都对李靖敬慕有加。正好他的母亲也姓李，于是他就专程跑到郑州设有李靖泥塑像的殿里去拜，称李靖为“舅舅”，自己是李靖的“外甥”。

呼延赞，是一个有点心机的莽撞人。

劝降北汉主

且说太宗督阵攻取太原城。

说话间到了五月，又是一个夜晚，太宗再一次动员诸将发起急攻。天麻麻亮时，已经攻陷了太原的羊马城。羊马城乃是史上若干著名大城的城外城，相当于主城垣的第一道近身防线。它位于四面壕沟之内，离开主城有十步之遥，大约十五米到二十米之间。羊马城破，主城就没有了最后的屏障。

北汉开始出现恐慌情绪。

这一天，北汉大臣宣徽使范超认为大势已去，于是乘羊马城陷，混乱之际，出城，准备投降。但宋师一见，以为不早不晚，这个时候出城，说是“归降”，谁信啊？于是认定他是“突围”，就将其生擒，而后不容分说，拉到大旗之下，斩了。而北汉那边，因为他未经许可就出城，认定他是“投降”，于是，也不容分说，将他的妻子儿女也绑了，割下首级，扔到城外。宋师这才知道：原来这小子是真投降啊！

战乱中，个人的悲剧各式各样。范超究竟是“归降”还是“突围”，现在已经不好判断。

北汉代州刺史刘继文，以及北汉主的女婿卢俊，远在几百里外，就放弃了守城，投奔了契丹。

北汉马步军都指挥使，也即骑兵、步兵总司令郭万超，做出妥当姿态，卸掉盔甲，归降了大宋。

太宗心情振奋，来到城南，对诸将说：

“明天中午，咱们应当到城里去吃饭。”

说罢，又起草了一份诏书给北汉主刘继元。

这一天夜里，城上现异象，据说有苍云很像人状，在月光下看得很清楚。

攻城队伍轮流上阵，昼夜不息。宋师战士在太宗督促下，人皆准备奋力一搏。史称“士奋怒，争乘城，不可遏”，这是振奋而激怒，争着登城，几乎无法控制、遏阻。但是太宗赵炅看到将士如此奋勇，反而生出恐惧之心。他知道刚刚处理的北汉宣徽使范超，就是一个战例。这位北汉正部级大员，已经在战士的捆绑中不断告知是来“归附”大宋的，但战士根本不听，还是将他杀了。这样愤懑的情绪带到破城之际，一旦失去约束，岂不就要屠城？

大宋“祖宗之际”，也即太祖、太宗时代，最动人的责任伦理开始发挥作用。这二位读圣贤书的政治领袖，即使在政治条件最为险恶的时刻，也不忘记圣贤教诲，或者说，往日的圣贤教诲，如“杀一不辜而得天下，不为也”，已经内化为他们的政治性格和道德自律。颠沛造次之际，唯有“公道、仁德”不可丢弃。这类简单但博大深邃的儒学原理，让这两个帝王，成为圣君、贤君。纳入世界范围来看，太祖太宗与那位谦和、宽容的罗马皇帝奥勒留比较，并不逊色。

赵匡胤当初征服南唐时，要统帅曹彬不得枉杀一人，甚至在将帅们表示不杀人无法攻城略地时，赵匡胤斩钉截铁地回应道：

“朕宁不得江南，不可辄杀人也！”

现在，太宗面临了同样的局面。

这些将士乘勇下城，可能就在弹指间，但就在这弹指间，他似乎预见了屠城的可能，于是，史称“帝恐屠其城，因麾众少退”。太宗担心将士屠城，因此指挥将士稍稍退却。他要将士们冷静下来，听从朝廷节制。

宋人杨仲良撰《皇宋通鉴纪事本末长编》记录这段故实的文字是：“帝复诏谕继元速降，当保终始富贵。诏虽入城，而诸将锐攻不可遏。帝犹虑城陷害良民，麾兵少却。”太宗再次下诏给北汉主刘继元，让他马上投降，可以保全他的富贵终身。但是诏书虽然进入城内了，这边宋师诸将急切猛攻的阵势几乎不可遏制。太宗还是担心城破之际节制不住会伤害良民，于是指挥将士们稍稍退却。

由这段记录可以得知，太宗之所以劝降北汉主，实在是担心“城陷害良民”。

刘继元投降

城中人还想固守太原。这时，北汉老臣，退休在家的宰相、左仆射马峰，带着病躯，要人抬着他来到宫中见北汉主。他流着眼泪，向刘继元陈述了天下兴亡的大义，更讲述了大宋天命所归的大义。刘继元天性中的一点理性开始发挥作用，北汉士民蒙福不浅——他听懂了马峰的一番道理，并接纳了马峰的意见：归降大宋。就在这天的夜里，天快亮时，刘继元准备好了降表，派遣大臣李勋带着降表来到太宗赵炅的行营。

太宗大喜，当即命负责礼仪的通事舍人薛文宝带着诏书，跟李勋入城，抚谕太原军民。

当时，“夜漏未尽”，也即凌晨时刻，太宗来到城北，就在城台上宴请从臣，同时接受北汉末代君主刘继元的投降仪式。之所以来到城北，是要完成一个“坐北朝南”的礼制规定。刘继元率领他的大臣都褪去王袍官服，穿了素服纱帽，在台下待罪。太宗下诏，免去他们的“罪恶”，然后将他们召到台上，慰劳了他们。刘继元见到这位御驾亲征的帝王，匍匐下来，叩头道：

“臣自闻车驾亲临，即欲束身归命，盖亡命者惧死，劫臣不得降耳。”臣子自从听说大驾来临，当时就要捆绑了自己归附天朝。但是有好几个从天朝投降到我这里来的亡命之徒，他们害怕回到天朝，于是多次劫了臣子，让我没有办法投降啊！

赵炅想想也是，过去有多少投奔北汉和契丹的宋人，可恶至极。于是让刘继元交出这部分人的名单，派出卫士，将这批逆臣拿了，全部正法。

就在这个太原城北的台子上，赵炅瞥见了纳土归宋的吴越国王钱俶。原来他一直在扈从太宗北征。想起钱俶的大功，对比北汉的逆命，赵炅有了感慨，于是很真诚地对钱俶说：

“卿能保一方以归于我，不致血刃，深可嘉也。”爱卿你能保留一方土地归于我大宋，以至于没有血刃相加，真是太值得嘉赏啦！

随后封赏刘继元为大宋右卫上将军，封彭城郡公。又以其臣李恽为殿中监，马峰为少府监，郭万超为磁州团练使，李勍为右卫将军。

太宗派出性格纯谨的转运使刘保勋知并州。河东，史称并州，太原是其治所。刘保勋待人和气，但又精于吏事，军政事务很繁杂，但他处理起来往往有条有理。此人也廉洁，曾对人说：“吾受君命未尝辞避，接同僚未尝失意，居家积赀未尝至千钱。”我接受君王的差遣任命从未有过推辞逃避，结交同僚与之来往从未有过争执不和，居家过日子储蓄金钱从未超过一千钱。

刘继元是一个性情残忍的人。在太原，只要臣下有人稍稍违逆他的意愿，他就会动用“灭族”的手段。但太宗还是在他投降后，保全了他。

他曾对他人说：“晋司马昭回应刘禅‘此地乐，不思蜀’，调戏他说：‘你这话说得很像法正之言啊。’这件事，很是不仁。亡国之君都是因为昏妄不明、懦弱不正所致。如果他们有远识，哪里会亡国呢！这都是很可怜悯的人，干吗还要戏弄侮辱他啊？刘继元是朕的俘虏，但我待他如宾客，还担心不能安慰他，实在不忍再去像司马昭那样，戏弄侮辱他。”

名将杨老令公

北汉有个刘继业。

此人就是传说中的杨老令公杨业。

宋师攻取太原城时，刘继业也即杨业在守城。

他现在在哪里？

史上记录于此出现了歧异。

《宋史》的说法是：太宗征太原前，很早就听说过刘继业也即杨业的大名，曾经花重金招降他，没有达到目的。太原快要被攻破时，刘继业也即杨业曾经劝谏北汉主投降，以此保护士庶免遭屠戮。北汉主于是投降，太宗乃使人去召刘继业，一见之下大喜，封他为右领军卫大将军。北伐军回到京师后，又授给他郑州刺史。更因为他“老于边事”，洞悉北边军政大事，再升迁他兼任代州兼三交（地名，在晋北）驻泊兵马都部署，成为山西北部边帅。

按这个说法，是刘继业也即杨业劝谏北汉主归降了大宋。

《续资治通鉴》的说法是：北汉将刘继业，向来骁勇，等到北汉主投降了，刘继业也即杨业还在“据城苦战”，盘踞在所守卫的城楼上，与宋师苦战不已。但是太宗想活捉这人，不想在战斗中伤害到他，于是就让北汉主去劝降刘继业也即杨业。等到刘继业也即杨业得到北汉主的劝降书，就冲着北面再拜，大恸，涕泣一场，脱下盔甲来见太宗。太宗大喜，抚慰后，赏赐很多，又令他恢复原来姓氏，并授领军卫大将军。不久任命他为郑州防御使。

按这个说法，不是刘继业劝降北汉主，乃是北汉主劝降刘继业。

《续资治通鉴长编》的说法与《续资治通鉴》相同，文字略异。但在行文中，又引用五代史资料《九国志》等，推断说：流泪劝谏北汉主投降的人是马峰，因为如果是杨业劝降，那么应该跟着北汉主一道来见宋太宗，哪里还用得着再派人去召他？不过《续资治通鉴长编》对这一番推断也不自信，甚至还留下了太宗封赏杨业的一篇“制词”，略云：“百战尽力，一心无渝，疾风靡摇，迅雷罔变。知金汤之不保，虑玉石以俱焚，定策乞降，委质请命，忠于所事，善自为谋。”意思是：杨业将军身经百战，每次大战都能尽力向前，一心一意，从未有过不忠，即使是动荡变乱之际，也不动摇，惊险危急之时，也不变节。但将军知道河东城池难于自保，忧虑战火中玉石俱焚，于是制定战略，请求归附，谦恭卑辞向大宋请命。可谓忠诚于事奉的君国，善于规划自身。

按这个说法，刘继业有劝降北汉主的可能。

歧说俱在，这事今天已经很难“真实复原”。

但不要紧，要紧的是：如果刘继业也即杨业劝谏北汉主归附大宋，是个人污点吗？如果君主已降，臣子不降，是个人荣誉吗？现在看，都不是。我想把这个问题用最简洁的话语说清楚，当我说完这个问题的时候，我相信，我能“重行推断”出史上这个记录之所以“歧说”并存的原因何在，逻辑在哪里。

先说第一个问题：刘继业也即杨业为何劝降北汉主？

北汉，是五代十国的“十国”之一，最后一个被收复的割据政权。它必须被收复。理由之一就是“大一统”。

“大一统”，是三千年中国之规律性存在。“大”在这里是动词，有“尊崇”“重视”之意。中国幅员辽阔，需要一种足够规模的国家疆域以完成有效治理。历来圣贤所以尊崇河山一统，不仅是民心所向，也是族群生存的政治哲学所在。按照东周以来的经验事实可知，那种割裂华夏的地方政权，是从负面影响共同体生存质量和生命质量的权力形态。“民生”凋敝，在割据政权下是至为常见的共同体生态。所以孙文先生认为真正的政治核心是民生。

按照“亚细亚生产方式”的讲述，之所以有“大一统”国家理论，是因为农耕时代灌溉系统的需要。中国之黄河、长江、淮河，不能想象如多瑙河一般，可以由割据政权分段管理。于是，统一，成为规律性的政治诉求大义。

就这个意义上说，大宋是当之无愧的统一力量，因此也是健康力量。北汉在天命所归之际，犹自顽梗，就是逆天而动，所以，大宋称其为“逆命”自有道理。当此之际，杨业劝降，就是“知命”。他所挽救的是更多士庶生命，使之不再继续无谓地流血。北汉抗命，不是正义事业。就像当年轴心国士子多投奔盟国一样，杨业拟投奔大宋，也是正义选择。

杨业劝谏君主投降，符合邦国演绎趋势，政治正确；符合士庶民生要求，伦理正确。

但太原城已下，杨业犹自苦斗，这第二道理怎么算？

说起来，两个方向可以解释清楚。

第一，刘继业乃是军人，军人就有军人之职业道德。守城，敌我力量悬殊之际，更是彰显军人荣誉之时；敌军破城之际，尤其是军人本色呈现之时。老将军到了这个时刻，已经不再是为北汉而战，是在为自己而战。这是五代十国那些“跳槽”“换单位”般的武夫难以望其项背的道义精神。当着大宋雄师鼓噪入城，城内烽火四起，故国大势已去的凶险局面终于来临时，将军背靠老城，据守街巷，利用地形地物，镇静地等待最后时刻，冷静地指挥亲信辗转于刀头剑锋时，那一时，天地为之低昂，风云为之变色。那是末路尊崇的高大群雕。老将军完成的是历史性悲剧，一种由人间生发，但气冲斗牛的艺术。他在自我形塑，成为五代十国迥然不同于杜重威、杨光远、符彦卿等“名将”的“异类”。他在刀光血影中扼守孤独。

第二，他不知道北汉主投降的信息。将军期待更多沙场立功机会，更明了天下大势，因此，他向往大宋。期待在大宋王朝更有作为，所谓“策功茂实，勒碑刻铭”，跟着宋太宗与契丹征战，“宣威沙漠，驰誉丹青”，如此戎马一生就太完美了。所以他要向北汉主劝降。但现在，他在没有得到北汉主投降的命令之前，他就是军人，是将军。他没有资格决定自己投降。很可能，宋师已经告诉他北汉主已经归附啦，但他没有得到北汉主的“诏令”时，还是不能轻易相信宋师的通知，兵不厌诈，这个将军懂。

现在可以做一个“复原历史现场”的推断了——

刘继业也即杨业，确实曾经向北汉主劝降；当时北汉主没有降；城破之后，乱阵中，老将军没有得到北汉主已经投降的消息，所以，他要“据城苦斗”。宋太宗于是让北汉主亲自去劝降老将军，因为他知道，任何人都不可能说动这个职业军人。作为军人，死亡威胁不能让他匍匐，但是君主命令必须遵守。

史上有一种记录也常见，说太宗于太平兴国四年（979）五月平北汉，八月才招降刘继业，我唯独不信这个记录。逻辑不合。

赢得起，也输得起。尊崇荣誉，不怕死；服从命令，不求名。这就是军魂。这才是军人。

杨业，就是太原人氏。他的父亲曾经做过刺史。少时，杨业就有“倜傥任侠”、风流仗义的性情。他善于骑射，经常去打猎。跟着他人一起打猎时，他的收获总是多于他人数倍。为此，将军也很得意，他对从者说:“有一天，我要是能够带兵打仗，也就像现在这样，用鹰犬追逐禽鸟野兔一般。”

年轻时，他投奔到北汉第一任君主刘崇麾下，作战骁勇，有战功，一些战役中，都是胜仗。国人给他外号“杨无敌”。但杨业本名杨崇贵，为了避讳北汉主刘崇的名字，改名为重贵；后来刘崇又将其收留为“义孙”也即刘钧的“义子”，改名刘继业。与北汉最后一个君主刘继元是“义兄义弟”。所以他必须忠于刘氏北汉。

杨业降。北汉平。

大宋得到十个州，一个军，四十一个县，三万五千二百二十户人家，士卒三万。这个数据可以概见北汉支撑国力的艰难，几乎是每户要出一个士兵。不算女子、儿童、老人，北汉几乎就是“全民皆兵”。但它能支撑到五代十国最后一个亡国，也算是奇迹了。

从此，西北、西南的“羁縻之地”不算，大宋帝国已经得到了唐代末年中原王朝所拥有的基本版图，除了燕云十六州——但太宗赵炅，在行营大帐中，在北汉宫禁中，暇时浏览天下形势图时，眼光已经瞄向了这一片绵亘数百里的“汉唐旧疆”。

伍

高梁河

当太宗发动“取燕蓟”战争时，契丹尽管处于守势，尽管也有人曾提出放弃燕蓟，但最后的决策还是，不仅要“山后”，也要“山前”。战争打到后来，契丹胃口更大，连周世宗攻克的关南之地也想要，耶律休哥甚至想要黄河以北。宋辽之争因此成为一场纯粹实力的比拼。

太原城遭毁

平定太原后，太宗赵炅开始暗自谋划攻取“燕云十六州”。

在太宗的心事里，十六州之中，主要是契丹的南京，也即幽州，今日之北京。其他州郡有的被周世宗夺回，已经固守在关南；另外一些州郡在晋北，距离中原较远。幽州则志在必得。而且攻克幽州，相信其他州郡可以指麾而定。

这事像往年试图攻取北汉一样，他将谋划藏在肚子里，暂时不透露口风。谁也不知道他会连着发动第二场战事，将士们本来还以为可以得胜还朝，马上就要得到封赏了呢！封赏大事，赵炅连想都没有想。

在大军兵锋东指之前，太宗做了五件事：

第一，派人告慰宗庙。

他命令随军而来的著作佐郎、直史馆文臣石熙古返回京师，将平定三晋之地的大喜事，告知宗庙，要列祖列宗高兴。当时的将帅们估计也有纳罕：告慰宗庙，班师回朝再行大礼也不晚啊，怎么就差那么几天，还要派人回去干这个活儿？他们不知道太宗的心事……

第二，给原北汉地政策性优惠。

赦免河东境内各类罪犯，“常赦所不原者并释之”，往常大赦有规定，某类罪恶深重的罪犯遇赦不赦，这一次也赦免了；人户两税（夏税与秋税），两年之内蠲免；士庶有多年拖欠官方的租税也都免除了债务。更规定：正常的赋税之外，如果原来地方还有“无名配率”，也即巧立名目的榨取盘剥，诸州都要一条条列出来，报告给朝廷，意思就是能免就免。

第三，祭奠战死将士。

这是春秋之义。祭祀国殇，仪式隆重。烈士的后人子孙，都要受到朝廷恩惠，可给予一个官职，享有国家俸禄。

第四，毁掉太原城。

太原乃是河东治所所在，历史上多少藩镇盘踞在此，让中原王朝头痛不已！远的不说，李存勖占据河东时，后梁奈何不得他；石敬瑭占据河东时，后唐奈何不得他；刘知远占据河东时，后晋奈何不得他；刘崇占据河东时，后周奈何不得他；刘承钧占据河东时，大宋奈何不得他！现在，此地被平定，谁知道以后会由谁来盘踞此地？太宗跟他的大臣们想了想，议了议，决计铲除它。于是，做出一个部署：将太原城拆毁，此地改为平晋县；另以附近的榆次县为并州治所。太原附近的僧人、道士，以及富有的大户人家，都迁往洛阳居住。一年以后，甚至还下诏壅塞汾河的晋祠之水，而后灌太原，将老城堕毁淹塌。这就从行政降级、文化南迁和经济削弱三大政策上，狠狠降低了太原的历史地位，让后世据守河东称藩称王，没有了可能性。大宋三百年，没有再出现“河东藩镇”，应该与此有关，当然，更与邦国抑制藩镇的一贯性政策有关。

但这件事成了大宋太宗赵炅的一个政治污点。

所以这样说，理由有二：

（一）伤人甚众。

毁掉太原，另立新城，需要迁徙市民。诸史都记录了这个事件。这是太原历史上不幸的时刻。《宋史·太宗本纪》中记录的说法是：“尽徙余民于新城，遣使督之，既出，即命纵火。”将太原城中所有还没有搬离的“余民”都迁徙到新城榆次去，为此还专门派遣使者督促。等到人都离开房舍了，当即命令纵火焚城。但《续资治通鉴》和《续资治通鉴长编》等文字略异，大略说：“遣使分部徙居民于新并州，尽焚其庐舍，民老幼趋城门不及，死者甚众。”派遣使者分头安排居民到新的并州治所居住，然后将太原城内所有房舍焚烧。当时居民中的老人孩子有来不及到城门的，死了很多人。

《宋史》中没有“死者甚众”这四个字，而且还有“既出”才纵火的说法，好像已经安排了太原市民的妥当去处，没有遭遇反抗。但考虑到人性，考虑到人性中对私有财产必有捍卫之心的倾向，《续资治通鉴》和《续资治通鉴长编》的记录应该是可信的。当时必有抗命者，遇到暴力强拆，定会以死抗争，不然如何会死人？此事不容回护。赵炅毁太原，自有政治家的责任担当，是抑制藩镇的战略总规划之一部分。但站在时光的后面来看，此举实是侵害私有财产权、剥夺庶民生命权的一大罪恶。

乾隆皇帝曾有《御批纲鉴》一书传世。书中对历史故实的评点良莠不齐，对大宋君臣也多有嘲弄，但他在论“毁太原”一节中所论，我同意。他说：

“仁者之师，应该救民于水火之中。现在宋师却纵火害民，这是什么居心？这事跟太宗行事也太矛盾啦，当初围城没有攻陷时，还能顾虑城破之际屠城会杀伤很多人，因此颁下大义谕旨，劝降河东主。现在这些‘趋门不及者’，难道独独不是当初所不忍心加害的良民吗？”

“仁者之师”的说法出自孟子。乾隆一生劣迹斑斑，但此处他以亚圣的意见批评赵炅，立意甚高，值得嘉许。

（二）因噎废食。

太原被毁，确实抑制了藩镇的生长可能性，但同时减弱了中原北部一座规模闳敞的军事要塞的守卫功能。后来的太原城市规模与老太原已经不可比。所以一百四十六年后，金兵来侵，志在太原，太原守将王禀守卫二百五十多日后，还是被金兵攻占。王禀的故实气壮山河，极为精彩，我将在后面的书中说到。现在可作一遐想：假如北汉都城老太原，原来规模不变，势必将大大增加金兵攻占的难度。故今日太宗这一决策，堪称史上政治败笔之一。就政治荣辱而言，是太宗之耻，一个抹不去的政治污点。

事实上，可以不必毁城。太祖时代已经实现文官权知（临时代理）制度，太宗事实上也在推行这个制度。如此推演的结果已经足可消弭藩镇大帅们的割据之念，并从制度保障上杜绝了割据之可能。太宗这种出于政治恐惧，而不惜支付过高成本的预防之举，像所有政治家的此类荒谬一样，套用马克斯·韦伯的话说，都是一种“政治不成熟”。帝王时代的非理性结构，不适合做现代性诊断，但也不妨说，即使就普遍性之“政治智慧”而言，赵炅此举，乃是“安全冗余”政策，“过”了，而“过犹不及”。这与他一生在政治平衡中奉行中庸大智慧的故实比较，显得很刺目。

第五，安排文职官员。

刘保勋知并州外，太宗还安排其他文人出任原北汉州郡各级地方官。

太宗坚持乃兄太祖的职官政策：文官权知，武职带兵，一律由朝廷任免。文官执掌政务，安排判官副署；如果带兵在外，就安排监军副署。看上去如此简单的制度性设计，如果了解唐末以来，五代乱世的藩镇世袭，权反在下的军政故实，就知道，这类安排几乎是革命性的。神奇的是，大宋在实现这类革命性转型时，几乎没有遭遇流血。

所谓“副署”，就是主管一把手签署文件，要有二把手或三把手同签才有效。知州签署，通判副署；主帅签署，监军副署，这样，就等于给主管做了分权处理，也是克制专断的必要手段。

但在太原这次人事安排之后不久，出了状况。

有八个朝廷官员分赴诸州，其中，右赞善大夫臧丙知辽州（今属山西左权），秘书丞马汝士知石州（今属山西吕梁）。因为这些地方都在边境，属于军事要塞，因此给他们各自都配备了军队，并派出了监军。

不料马汝士与监军不和，一天晚上，腹部被一柄利刃穿入，流血而死。地方报上的审验结果是：自杀。

但远在四百多里地外的臧丙知道此事后，迅即上疏，认为马汝士绝非“自杀”，愿意来调查此事。

这时，太宗已经与契丹在幽燕之下完成了一次较量，失败而归（故实容当后表），闻言大惊！才派出去的知州能被人所杀？于是当即派出使者去弄清事情原委。然后，又将臧丙召到京师问询他为何关心这件事。

臧丙说：“马汝士在石州担任牧守之责，没有听说他有什么大的罪过，何至于自杀？故臣判断此事必有冤情。如果冤死不明，警卫者又不被处分，那么从此之后，书生权知地方，谁还敢来？谁还能踏实地治理边郡？”

太宗闻听此言很愉快。事件与监军有关，得到公正处理。

“乘胜取燕蓟”

平定太原一个月之后，在三军将士焦急地等待赏赐的日子里，太宗按照出发时的路线回到了河北镇州。将士们也有点纳罕：如果回京师，可以直接走晋中、晋南，过黄河，进入汴梁啊，干吗绕远五百里走镇州啊？

车驾到镇州后，太宗召集诸将说了自己思考“成熟”的想法：

“乘胜取燕蓟”，趁热打铁，乘着扫灭北汉的余威，收复幽州、蓟州（今属北京、天津）。

消息出来，三军失望。他们不想再打仗，只想得赏。

中唐、五代以来，战必有赏，而且一把一结，当场兑现，甚至期盼预先颁赐的余风不是那么容易改变的。但是战后颁赏，不独是五代惯性，也是历史惯性。主战者吝于赏赐，经战者人心不平，是平情经验。太宗并非吝啬，而是企图两场战争之后一并颁赐。可是将士们无此“觉悟”，更不这样思考。这就误解了事件的逻辑。有意味的是，经由太祖时期的慢慢改造，将士们对恢复汉唐旧疆的价值诉求也有了感觉。所以在反对东征时，诸将不大好意思说“不赏不战”，他们给出的理由是“师疲饷匮”，军队已经疲惫，粮饷已经不足。史上的说法就是：尽管“人人有希赏意”，人人都有期盼赏赐的意思，“然无敢言者”，但是没有敢说求赏的人。太宗看出诸将“皆不愿行”，但他想想石岭关一役，郭进将军剪灭契丹万余人，就觉得战胜契丹不是太难的事。况且“惟有战耳”一句话，让现在两家已经闹翻，听说契丹正在异动。与其等待来而战之，何如往而战之！更重要的，太宗人格特质中，有好大喜功之倾向，这一倾向，直到“驴车案”后，才有所收敛。此时的太宗，似乎只有向前、向前、向前一条思路。

他的目光在巡视诸将时，应该有过期待。他需要他们懂他。

但是懂他的人，寥寥。

时任铁骑军指挥使的呼延赞也不赞成到燕蓟之地去打契丹，但他满脸密密麻麻刺了“赤心杀贼”的黑字，看不出他的表情。

随军的参知政事、文人赵昌言觉得大宋与契丹早晚应该有一战，晚打不如早打，于是率先站在了太宗一边，回应道：

“自此取幽州，犹热鏊翻饼耳！”从镇州这里收复幽州，就像在热鏊子上烙大饼翻个似的，容易得很！

呼延赞对这位轻敌的宰相嗤之以鼻，他嘲笑道：

“书生之言不足尽信，此饼难翻。”皇上您别信这个书生说的话啊，书生之言，不可以全信——契丹这个大饼不好翻！

这故实为北宋仁宗、神宗时代学者王得臣《麈史》所记录。书中说是王得臣同时代大臣富弼亲口讲述。富弼还说，最后太宗兵败而归，证明了呼延赞的预见性，于是对王得臣再三喟叹说：“武臣中盖亦有人矣！”大宋武臣之中也有明白人啊！但据考证，赵昌言参政在后来，时当太平兴国年间，他还没有出任国务总理。总之王得臣记录可能有误，但《续资治通鉴长编》作者李焘引用《麈史》这一故实，评论说：“或呼延赞实有此言，亦不可知。”也许呼延赞真的有这样一番话，也说不定。

上百将帅，支持太宗意见的没有几个人。殿前都虞候，大将崔翰，就是当年在东京西郊讲武台训练数十万禁军的演习总教官，他对指挥禁军有心得，认为破北汉易，破契丹也不难。于是在建功立业的军人荣誉和个人雄心的加持下，也站在太宗一边，提出了鼓舞人心的意见：

“此一事不容再举，乘此破竹之势，取之甚易，时不可失也！”讨伐契丹这件事，不能再次举兵！举兵一次要费多少周折！我们大宋精锐已经悉数在此，又当破河东的余威，正好乘此破竹之势，取燕蓟，很容易。古语云：时不可失也！

“时不可失”，四字深深地契合太宗之意。史称“上悦”，皇上很高兴。于是“喜而兴师”之意已决，如此，历史预定轨道已经铺设完毕，格局已定，不可变更。

太宗不明白的是，这一个时刻，他已经开始违背军事规律，他正在犯兵家之大忌。《孙子》有言：“夫战胜攻取而不修其功者凶……主不可以怒而兴师，将不可以愠而攻战……此安国全军之道也。”战胜攻取之后，要“修其功”。何谓“修其功”？适时赏赐就是其道。太宗于战胜攻取之后，不赏，是犯兵家大忌之一。这个赏赐，他拖了半年之久。那时的颁奖已经没有了激励效果。兵法不可“怒而兴师”“愠而攻战”，已经是军事常识；还可以补充一句：也不可以“喜而兴师”“乐而攻战”。喜、怒，都是战时的非理性状态。太宗在兴头上，还写了《平晋诗》，刻在寺院里，要诸臣唱和，全军一派喜气洋洋。这时候进入战争决策，依然属于“政治不成熟”。故太宗再犯兵家大忌之二。如此，如何安定邦国、保全军队呢？

从“乘胜取燕蓟”豪言一出，到“时不可失”壮语一激，再到太宗欣然一“悦”，这一场战役的结局已定。剩下的事情，成为太宗一行趋奔结局的悲剧历程。

第一个错误

太宗从镇州向京东、河北诸州发出了调动军用物资的命令，要他们限期转运到北面行营。他知道“师疲饷匮”是牢骚，也是事实。

随后，车驾从镇州向定州出发。镇州即正定，在今天的石家庄北，定州在今保定南，相距百里路程，一个驿站。此地已经贴近幽州的南部了。

扈从部队要按期限到镇州集合，但是到了日子，居然有几个番号没有到达！史称“上怒，欲置于法”，太宗大怒，要将延误军期的首领法办。那就是要杀人祭旗了！

时任马步军都军头的一位军官名叫赵延溥，赶紧来到太宗营帐，劝谏道：

“陛下巡行边陲，本以外寇为患，今敌未殄灭而诛谴将士，若图后举，谁为陛下戮力乎？”陛下到边疆来巡视，本来是以契丹外寇为我军大患的。现在外寇未加剪灭而诛杀自家将士，如果这样来图谋后面的大事，谁还为陛下效命沙场啊？这一番话居然打动了太宗，接受意见，还好言表扬称赞了他。

现在可以看到，决策“取燕蓟”之后，这是太宗犯下的第一个错误。军中无戏言。军人不按规定日期集合，就是违反军令。这等严肃的大事，太宗优容对待，所以养成了大宋将军往往不在意延误军机之过。后来，杨老令公就因为潘美、王诜延误集合日期，成为孤军，被契丹擒杀。这是后话暂且不表。

车驾到达定州之后，太宗又做了两件事：

第一件事是派遣使者到北岳恒山去祷告、祭祀、许愿。这是祈求天神地祇保佑平安顺利的意思。

第二件事是再作一首诗，主题是悲悯沦陷区中原士庶，以此激励契丹辖境原属中原地区的人民起来反抗异族。众多大臣也跟着唱和。一时间，这些诗就传入了契丹南部。

随后，太宗继续北上，来到今天的保定市，那时一个叫金台顿的地方。此地过去是战国燕国故地，燕昭王曾筑黄金台招贤纳士，所以名叫“金台”，“顿”就是馆舍的意思。这里是一个驿站，有时属于契丹，有时属于大宋。现在属于契丹，太宗进入敌境，意味着大战已经一触即发。

宋师没有人熟悉这里的地形。太宗下令在此地招募向导一百人，寻求到达幽州的最佳山地路线。向导的报酬也定好了：每人两千钱。

战役初期，契丹还没有反应过来，宋师进展顺利。

孔守正独闯岐沟关

太平兴国四年（979）六月，东西班指挥使，也即殿前卫戍兵司令官孔守正被派往岐沟关相机行动。

岐沟关，契丹又称东易州，此地距离幽州不足百里，在金台顿偏东北方向，也有百里之遥。历史上乃是兵家必争之地。孔守正带着禁卫军迫近岐沟关。夜半，他只身翻越矮墙，穿过鹿角阵（守营迟滞敌人来犯的障碍物），来到壕沟前的断桥，与契丹关使刘禹对话，告诉他“大军且至”，根本不可阻挡，你刘禹应该开门投降。刘禹被说动，放下吊桥，邀请孔守正和宋师进城，“听命”，接受孔守正的指挥和调遣。孔守正很高兴，代表宋师安慰了岐沟关守军和司令，等于兵不血刃，将此地收复。然后，留下千人守卫，自己先回到太宗行营禀报。

太宗很高兴，又从金台顿向涿州进发。孔守正与另一位殿前卫戍兵司令官傅潜护驾到达。在沙河遇到契丹增援北汉的援军——到目前为止，契丹还没有增援幽州的计划，他们不知道宋师要打幽州——首领是契丹北院大王耶律希达、统军使萧托古、伊实王萨哈。宋师孔、傅二位司令官率领所部，分为两个阵地将敌人包抄起来。宋师骑兵甚为雄壮，在二位司令官的率领下，“驰击之”，奔驰起来追击契丹，将敌人赶出二十里地外，生擒契丹羽林兵五百余人。随后，孔守正又与宋师其他部队合兵一处，追击契丹直到桑干河。

这一场规模不大的“沙河之战”，是一场遭遇战，没有全歼敌军，只能算击溃战，但已足够鼓舞人心。

孔守正，作战骁勇，几乎没有败绩。

他在后唐时从军，曾在后汉、后周做过武官。宋初，参与平蜀战役。太祖开宝年间征太原，孔守正隶属大将何继筠麾下。正赶上契丹来援，孔守正在石岭关与之大战，也曾大败契丹，斩首万级，还擒获了契丹的排阵使王破得。但当时宋师也有被契丹俘虏裹挟的士兵几百人，孔守正不犹豫，带着骑兵“驰击之”，闯阵，将陷入敌阵的宋兵夺了回来。

箪食壶浆以迎王师

且说“乘胜取燕蓟”。进展中，很顺利，到处都是好消息。

太平兴国四年（979）六月，宋师到达涿州附近时，涿州契丹兵不战而退，原涿州判官刘原德投降，将城池交给了大宋。太宗命令供奉官张怀训暂领涿州守军。

太平兴国四年（979）六月，太宗大驾来到幽州城下。

一路上很流畅，太宗本来在城南宝光寺驻跸，但听说有契丹兵万余人屯驻在城北，当即率宋师前往。赵炅全身披挂，盔甲精良，在日光下放出耀眼的光芒。麾下雄师，皆汴梁西郊训练有素的角色，燕尾旗下，一收一纵，或左或右，十几万人忽然一声吼，风云变色。那种威风，让契丹见了一时胆寒。城北一战，斩首千余级，史称契丹“余党遁去”。

现在看到的资料还有一种说法——“契丹闻王师至，皆不敢居城中”，说契丹听说宋师到了，都不敢居留在幽州城里，害怕城破被剪灭。但这个说法不确，如果真的都不敢居住在城中，哪里还有后来的围城不下？所以，可能是：城中契丹守军不敢出城。而城北契丹守军，乃是当初增援北汉的草原兵，现在赶来增援幽州，屯驻城北，尚未进城。宋人或元人所著《契丹国志》的说法是：“辽兵先守幽州者，皆脆兵弱卒，见宋师之盛，望风而遁，又为宋师所遏，进退无计，反为坚守。”按这说法，城北这万余人，也有可能是试图逃逸的幽州守城部队，宋师将其包围，不得已，一部分退入城中，一部分向北奔窜，逃回大漠。

太宗令潘美率名将宋偓、刘遇、崔彦进、孟玄喆四大节度使，开始部署四面攻取幽州。另一位大将曹翰，作为预备队屯驻城东南。

慑于天威，契丹人开始恐惧，这时，好消息就联翩传来了：

幽州神武厅亲兵，以及地方兵四百多人来降。

契丹建雄节度使刘延素带着官属十四人来降。

契丹知蓟州刘守思带着官属十七人来降。

幽州山后八军瓷窑务官三人，带着契丹授给他们的牌印来献。

山后，五代初期大将刘仁恭据守幽燕之地，在太行山北端西侧建设八个军事要塞，以此抵御契丹，史称“山后八军”。此地在石敬瑭时属于“幽云十六州”，因此一并割让出去。现在“山后八军”都在人心动摇，这个消息比契丹几个节度使来降，更让太宗高兴，从此“犁庭扫穴”之信心更为坚定。

还有更好的消息：远在契丹东北面的渤海国首领大鸾河，听说宋师要灭契丹，也率领亲军校尉十六人、部族三百骑，以及范阳（今属河北涿州，地接幽州）军民两百余人来见太宗，表示归附。远人来，历史上乃是盛德之兆，太宗高兴，召见，赏赐，以大鸾河为渤海都指挥使。

渤海国是中国东北地区的一个小国，主体是来源甚古的靺鞨族人。契丹灭渤海国后，靺鞨族人有一部分先后融入了汉族、契丹和高句丽。大鸾河应该是进入契丹的一支。他能率众归附大宋，让太宗特别有成就感，以至于事情过去五年之后，他想起此事，还要嘉奖一番。太平兴国九年（984）的一个春天，在大殿开宴，太宗又召大鸾河入席，并慰抚很久。还对殿前值班的武官说：“鸾河，是渤海的豪帅，他能归顺我，如此忠心，很值得表彰。我知道渤海人的风俗，往往以骑马驰骋为乐。记住我话：当秋天来临时，可给大鸾河骏马数十匹，让他出郊游猎，以此顺应他们的天性。”同时还赐给他十万缗钱与美酒。

最好的消息是：契丹辖境内的士庶有了“箪食壶浆以迎王师”的景象。这是太宗最需要的政治利好，也是历来王师最期待看到的军政风景。大军进入原来的敌占区，而敌占区的百姓受够了苦难，见王师来到，纷纷拿了竹筒盛饭、瓦罐盛汤，敬献亲爱的军人，还有什么比这个更能证明吊民伐罪的正当性呢？当初太宗创作诗歌，悲悯沦陷区士庶，就已经有此用意。

幽州诸县的契丹知州和佐官，及乡民一百五十人来降。

蓟县民百余人，敲锣打鼓，奉上牛酒来迎犒王师。

……

太宗在往幽州而来的行进路上，在一个叫盐沟顿的地方，人民自发起来抢劫了契丹的马匹，献给宋师。

在幽州城下，附近村民夺得契丹马两百余匹献给宋师。

沦陷区士庶自发起来反抗抵御异族入侵，在大宋名流王禹偁笔下，有生动实录。他有一篇流传甚广的笔记《唐河店妪传》写道：

唐河店南距常山郡七里，因河为名。平时虏至店饮食游息，不以为怪。兵兴以来，始防捍之，然亦未甚惧。端拱中，有妪独止店上。会一虏至，系马于门，持弓矢坐定，呵妪汲水。妪持绠缶趋井，悬而复止，因胡语呼虏为王，且告虏曰："绠短，不能及也。妪老力惫，王可自取之。"虏因系绠弓杪，俯而汲焉。妪自后推虏堕井，跨马诣郡。马之介甲具焉，鞍之后复悬一彘首。常山民吏观而壮之。

唐河店距离南边的常山郡有七里远，以河名为地名。平时契丹的兵士到店里吃喝游逛休息，这里人没有什么好奇的。自从战争爆发以来，唐河店人才开始有所防御，但也没有太害怕。端拱年间，有个老妇人一人在店里，正赶上一契丹兵来。这兵把马系在门前，手持弓箭坐住，招呼老妇人汲水。老妇人拿着井绳瓦罐到井边，井绳悬在井中停住了。她就操着胡语称契丹兵为"王"，并对他说："井绳短啦，瓦罐放不到底啦，我老啦，又累啦，王您自己来打水吧。"契丹兵就将井绳一端系在弓尾上，俯身到井口里去汲水。老妇人从后面将这位"王"推到井里去后，跨马往郡中而去。马身上的铠甲都还在，马鞍后还悬着一个猪头。常山郡的吏民看到后，都称赞她勇壮。

得人心者莫过于此。

太宗对沦陷区的人们支持北伐，很愉快，赏赐了各地士庶，并派出官员到归附者的州县晓谕王室躬行天讨之意，更大限度地争取人心支持。

炮具八百尊

太宗就留在城北亲自督战。契丹如果来援，城北首当其冲。太宗自居危地，也有激励士气之意。

幽州城高，太宗下诏，要有关部门提供炮具八百尊，命令在半个月内完成。

接到命令的是右龙武将军赵延进。这人乃是皇亲，做事有章法，知道攻取幽州宜速不宜缓，缓则生变。太宗“乘胜取燕蓟”没有安排“打援”，万一北部契丹大军南下，宋师则将腹背受敌，于是倾力督工打造，炮具八百尊，工期提前，八日而成。太宗很惊奇，亲自来试验，一看果然不错，大喜。

炮具，文献中的“炮”写作“礮”，事实上是一种利用杠杆原理做成的抛石机，不是发射火药弹的近代大炮。所以我猜“礮”与“抛”当有汉文字之渊源。这个不提。且说这个“礮”，它的形制在宋代兵书《武经总要》中有详细记载，大略如下：整个礮身，就是一个巨大的杠杆机构，大型原木为一根立柱（也可以是四柱），基本就是一棵大树去了枝梢和根部。底端为一个固定架，有的在这个固定架下安车轮，可以移动；有的则将固定架埋入地下固定不动。总之固定架，就是固定立柱，越是稳定效率越高。支柱高达数米，越高越有威力，但越高制作和操作的难度也就越大，顶端有横架，横架可固定，也可以转动，看需要。横架上有长杆称为“梢”。这是抛掷石头的主要构件，越长，抛掷的石头越远。“梢”可以是一根，也可以是多根合并为一排。多根的目的是抛掷得更远，也可以抛掷更大或更多的石块。横架连接“梢”的接合部往往有金属件。“梢”在横架上架起，一端较长，一端较短。较短的一端，往往还要安装横架（也可以不安），用于缠绕长绳，称为“礮索”。礮索长短根据立柱的长短而定。礮索可以是一根，也可以是多根，根据要抛掷的石块数量和重量而定。一般礮索会长达数丈，由多人拽动。“梢”的较长一端，下垂至地，梢头安有专门置放石块的构件称为“皮窝”。皮窝中的石块就是“礮石”。发射时，由经验丰富的老兵测距瞄准，发出口令，然后拽拉礮索的士兵同时（必须同时）发力，将长梢飞速吊起，皮窝中的石块就沿着惯性抛物线飞出，命中敌方目标——城堞后的守军、指挥官，或是城中府衙，等等。

礮，古来即有，外国也常见。在火炮之前，就是远距离攻战武器，与“床子弩”一样，属于“重兵器”。春秋、汉代、魏晋南北朝，常见它的身影。曹操打袁绍，称之为“霹雳车”。唐代平定安史之乱，李光弼将军令人制造了两百人拽拉礮索的巨型炮具，据说一发出去，可以令数十人丧失战斗能力。大型战争中，炮具的数量也很惊人，靖康年间，金兵围汴梁，四围炮具达到五千余座。金元之战中，蒙古人又来围汴梁，数百尊炮具专门攻击皇宫，昼夜不停地发射巨型石块，据说落下的石弹厚达数米，几乎将宫城埋没。

这样的炮具很有震撼效果。史称“礮石雷骇”，礮石像炸雷一般吓人。

部署炮具的时候，太宗又不失时机地在幽燕、太原之间的几个州郡，安排了知州管理地方事务。这些州郡如涿州、东易州（也即岐沟关）等地，原属契丹。太宗收复一地即命官一方，如此“蚕食”，步步推进，力求在一代人时间内，恢复中原失地。面对草原民族，太宗比太祖有魄力，也比以后的历代宋帝有魄力。可惜的是这个草原民族非颟顸之辈把持国纲，他们自有章法，治理大辽、统御将帅、管制辖境，在此时的萧绰也即后来的萧太后时代，井井有条，让大宋奈何不得。就整体战绩言，太宗赵炅勉强与契丹打了个平手；就战略目标言，太宗没有赢，契丹没有输——太宗没有实现收复燕蓟乃至于山前山后“幽燕十六州”的目的，契丹基本没有丢失这些地方。双方在河北山西一线，犬牙交错中，互有渗透。所以，说太宗全盘皆输、契丹大获全胜的评价是不准确的。这些，容当后表。“乘胜取燕蓟”的战役很快就要开始，很快就会结束。

太平兴国四年（979）六月，这是酷暑季节。太宗赵炅近距离来到幽州城下，亲自部署、督促诸将攻城。

半个月过去了，没有迹象可以表明能够顺利“取燕蓟”。

就在这个时候，赵炅应该发现诸将并不那么卖力气。他并没有想到也许是没有及时颁赏的原因。于是，史上有了赵炅多次转换场地督战的记录：

> 癸酉，移幸城北，督诸将攻城。
>
> 丁丑，上乘步辇至城下，督诸将攻城。
>
> 辛巳，上复至城下，督诸将攻城。
>
> 癸未，幸城西北隅，督诸将攻城。

这些记录可以证明他内心深处忽然生出的焦躁、恐惧。

幽州久攻不下，如果外援再到，危矣！

此次战役，根本就没有安排“打援”！

第二个错误

那位在太祖时代曾经擘画攻取幽州，并绘制过《幽州形势图》的大将曹翰，对这一次攻取幽州却相当不满意。也许在他心目中，攻取幽州的统帅应该是他，不是潘美。当初他给太祖上《幽州形势图》，就是想在太祖时代立功“取燕蓟”，因为那个河北人赵普的妒忌、阻挠，没有成功。轮到太宗打幽州了，却让潘美统率，而且攻取四门的四大主力也不是我曹翰，只让我屯驻幽州东南一角，算作预备队，“以备非常”，有了非常状况，我再出动。这算什么啊！是不是太小瞧我曹翰啦！太宗一向没有给他太多礼遇，这次平北汉又没有颁赏，他的部下牢骚满腹，曹翰真是老大不高兴。

有一天，军士们挖土，忽然得到一个螃蟹。陆地水边有蟹，不过是寻常小事，但这个军士却少见多怪，拿着这只蟹“献”给统帅。曹翰接过后，左看看，右看看，似也有新鲜感。他发表了一通预言家高论：

“蟹，水物而陆居，失其所也。且多足，敌救将至之象。又蟹者，解也，其班师乎！”螃蟹，本来是水生的玩意儿，现在却在陆地发现，这意思是失掉了它本来应在的处所。这东西爪子忒多，这是敌人救兵要到来的征兆吧。另外，“蟹”，就是“解”，“解”就是解开，解开束缚，就是将原来捆着的东西放开。这意思是说，宋师难道应该班师回朝了吗？

曹翰这种临阵之间，扰乱军心的做法，太宗也许有耳闻，但没有法办他。不惩罚这位散布谣言、涣散军心的将军，是太宗“乘胜取燕蓟”犯下的第二个错误。这个错误的实质还在于，使用曹翰不当。

事实上，完全可以安排曹翰这支预备队“打援”，应该安排他屯守城北清沙河，如此即可阻断耶律沙的来援，并从正面打击后来耶律休哥的正式援军。浏览这一场大战，感觉没有用好曹翰，没有让他屯驻北城，而仅仅安排他在幽州城外东南角“以备非常”，实在是一颗太过闲置的无用棋子。由始至终，这个对攻取幽燕有独立思考的大将，没有派上用场。

可组织“打援”而没有“打援”，是幽州之战的最大军事败笔。

得胜口契丹“诱敌”

“高梁河之战”是太宗遭遇的第一场滑铁卢。

高梁河就在今天的北京西直门一带，但整个战役的战线却很长。

按照史上记录，可以约略画出一条东西向的战线图。应该从雁门关算起。此地在今天的山西代县，由此向南向东，到今天的山西灵丘，翻越太行山到达今河北涞源。此地以北就是史上著名的“飞狐”地区。再向东，沿拒马河流域与今天的河北定兴、霸州连为一线。继续向东，直到今属天津大沽口的海边，那时称作泥姑口。线段上的几个节点都有战事发生，都应该属于“高梁河之战”的组成部分。值得注意的是：就是这样一条线，将那时的契丹与大宋势力范围划分开来。大宋有意要越过这条线，继续北推。而北部，就是被石敬瑭割让的“幽云十六州”所在地之一。现在据这一条线段可以看到：宋师已经进入涿州、逼近幽州。

当初周世宗北征，曾经部分恢复失地，史称“关南三州”，即瓦桥关（今属河北雄县）、益津关（关在河北霸州），后来又在附近设军事要塞淤口关（关在霸州东）。三关以南三个州包括瀛洲（今属河北河间）、莫州（今属河北任丘），还有一个州，史上记载不详，或为宁州（今属河北青县，宋时称为乾宁军）。但“燕云十六州”并不包括宁州，此地当为契丹于“十六州”之外另行侵占。

三关三州是周世宗为北宋留下的重要地理遗产，是大宋最重要的北部屏障。此地常遭契丹骚扰，北宋为固守关南之地，可谓殚精竭虑，穷尽了当年的大宋智慧和武功，直到宋真宗时代，这块地方才算勉强安定下来，成为大宋最北面的边境之地。

所谓“幽云十六州”也即“燕云十六州”，幽、燕都是指今天的北京，契丹的南京而言；云，即云州，治所在今天的山西大同。十六州又将太行山北端东南的檀、顺、蓟、幽、涿、莫、瀛七州称为“山前”，太行山西北的儒、妫、武、新、云、朔、寰、应、代九州称为“山后”。

了解这一事实，可以知道大宋的势力范围始终没有越过太行，进入西北。即使是“山前”，也只得到有限的几个州。涿州，最后是得而复失。

无论“山前”“山后”，契丹的重视程度不亚于大宋。

当太宗发动“取燕蓟”战争时，契丹尽管处于守势，尽管也有人曾提出放弃燕蓟，但最后的决策还是，不仅要“山后”，也要“山前”。战争打到后来，契丹胃口更大，连周世宗攻克的关南之地也想要，耶律休哥甚至想要黄河以北。

宋辽之争因此成为一场纯粹实力的比拼。

太平兴国四年（979）六月，孔守正在沙河击败契丹之后，契丹原来增援北汉的部队开始组织反击，增援幽州。

契丹南院大王耶律斜轸知道宋师正在锐气盛时，而且北院大王耶律希达刚刚失败，正被宋师轻视，于是让耶律希达将军旗给他，南院大王军士假作北院大王军士，在一个叫得胜口的地方“诱敌”。太宗闻讯，果然上当，亲自率军前往奔袭。史称“士皆鼓勇”，将士们都能鼓足勇气打击敌人，甚至也有了胜利的征兆：斩首千余级。但这时候，耶律斜轸在宋师部队的后方出现了。

第三个错误

现在看宋辽之战，取胜者往往都是“夹击”之后的“包抄”。战事进行中，最可怕的莫过于后方出现敌情。所以当耶律斜轸在太宗背后出现时，战事起了变化，史称“宋师始却”，宋师才开始后退。

事实上就是打了败仗。

还好这一战失败不严重，太宗有余力继续部署攻取幽州，幽州若下，战局必变。太宗寄希望于尽快拿下幽州。

这时，太宗犯下了第三个错误。既然契丹援兵已到，且已有过一次小败，又当炎热夏季，“疲兵”之相已现，现在就应该迅速脱离接触，整军而还，再做打算。他没有退兵，这就失去了从容撤退的机会。

期间又有一个利好消息：渤海国继大鸾河之后，又有一位将军名叫达兰罕，也率部族前来投降。太宗任命他为渤海国都指挥使。

耶律斜轸小胜后，在距离幽州二十里的清沙河（今属北京昌平）屯军，以此遥作声援。

这时候固守幽州的是契丹名将韩德让，他在暂时代理父亲韩匡嗣的工作。

他是河北玉田人，但从祖辈开始就在契丹。他与后来大权在握的萧太后关系非同一般，俩人亲密友好，共同执掌大政多年，曾主张契丹上京临潢府、南京幽都府、东京辽阳府，三京治狱官员，不得非法拷打，免除酷刑。国家政务主张任贤去奸。这些都是对中原文明的复制。他还参与了后来的“澶渊之盟”。萧太后欣赏他，令他改姓，史称耶律隆运，从此进入契丹皇族。

韩德让是影响契丹深巨的汉人。

契丹在幽州屯驻有精锐骑兵，但面对宋师还是有惧怕心理。知道耶律斜轸小胜，并驻屯清沙河后，才略略心安。

但太宗督战，潘美组织四大节度使四面攻城力度加强。八百尊炮具也不是吃素的，礮弹倾泻如雨，令幽州守敌惶恐终日。韩德让与主管财务的官员刘弘登上城楼，日夜守御，不敢掉以轻心。太宗边攻城边攻心，不断招降幽州守军将士。十几万大宋精兵屯驻城外，夏日的阳光下，在城楼远观，自有一种难于言喻的威武阵势。史称城内已经“人怀二心”，很多人都已经有了二心，准备投降。城中一位武官，铁林都指挥使名叫李扎勒灿，已经带领部下亲兵一百二十五人出降，史称“城中益惧”，幽州守军更加恐惧。

“于越”耶律休哥

契丹一位远道而来增援北汉的将军耶律学古，带领小股部队，试图进入城中，增加守卫，以此鼓舞守军信心，但根本无法进入——宋师密密匝匝，各营之间照应紧密，根本无法突破。但这个时刻只要有一部援军进入城中，就能极大坚定守城信心。于是耶律学古完成了一个巨大的土木工程：数里地之外“穴城而进”，挖地道而进入城内。

太宗犯下的第四个错误，就是没有阻止耶律学古入城。耶律学古能想到的，宋师也应该能想到。“穴城而进”是古来战法，并不新鲜。太宗也曾派人“穴城而进”，但是被耶律学古识破，阻遏在外。

韩德让得知耶律学古进入城内，大喜。而耶律学古也是个人物，进入城中之后，帮助守军“整器械，安反侧，随宜备御，志不少懈”，整理防守器械，平定有二心的叛徒，随时按照需要提出防御方案，守城之志，一丝一毫也不懈怠。一天，宋师三百余人乘着夜色登上城楼，耶律学古亲自参与战斗，将费尽千辛万苦上城的宋军击退。从此以后，更加注重守备，等待援军。宋师也开始挖隧道准备进城，但耶律学古以自己的经验，成功地阻止了宋师“穴城而进”的战术。幽州城，耶律学古“穴城”进得去，宋师“穴城”进不去。

到此为止，除了幽州守军之外，宋师始终在与增援北汉的契丹兵打仗，还没有接触过正式救援幽州的草原兵。

契丹主耶律贤一直在外打猎，后来才知道南京（即幽州）被围。当他进入行营牙帐，召诸臣议论此事时，有了不同意见。

当时就有人主张丢弃燕蓟，收缩兵力，守晋北要塞。这时候，契丹掌管皇族政教的宗正官（契丹语“惕隐”，又译“特里衮”）耶律休哥表现了契丹的贵族精神。他反对丢弃燕蓟，主张南向用兵，并主动承担增援任务。耶律贤决计任命耶律休哥代替北院大王耶律希达，率五院军南下。

五院军，乃是契丹最精锐的部队。由契丹第一代君王耶律阿保机创立。这是将各部落精兵集中起来的作战部队，兵甲犀利，训练有素。很像大宋禁军制度，但不同的是，禁军集中于京师，五院军则散在各部落，待遇优良，超过其他兵种。君主可以直接指挥这部分军人，一旦有军警，各州提辖司可以传檄通知，不用州县调发，这部分精锐就能够迅速集合，史称“十万骑军已立具矣”，十万骑兵可以很快调集完毕。耶律休哥率领的就是这样一支部队。

而耶律休哥，几乎就是契丹的国宝战神。此人有庙算，称得上宏谋远略。但他又很有古来名将之风，为人谦逊，打仗胜利，总是推功给其他将士，更不滥杀无辜，但却让人对他生出莫名的恐惧。他的名字就是一个符号，让人提起就有一种敬畏之心。他在契丹民族中，功勋卓著，被封为“于越”。于越，乃是契丹最高封赏。他在后来镇守契丹南部边境时，尽力减少当地赋税，周济辖境孤寡老人，鼓励番汉人民种植农桑，严整武备，合理分配戍守士兵的役期，有非常好的威望和口碑。乃至于界河以南的大宋百姓，要让儿童止住啼哭，往往会说:“别哭了，别哭了，再哭，于越来了！”

但宋师这一次动静确实很大。契丹诸州在闻听宋师雄威后，还是有人在恐惧中不断向大宋投降。这事也鼓舞了太宗赵炅，他认为燕蓟可下。

契丹南府宰相耶律沙这一支增援北汉的部队得到消息，归耶律休哥节制，大军也开始向幽州开来。一路上，他与耶律休哥和耶律斜轸已经互通情报，商议了作战部署。他们也应该与城内守军韩德让、耶律学古取得了联系。我猜测，他们很可能是通过耶律学古“穴城而进”的秘密通道开始联络的。不然，实在无法理解城里被宋师围得那么紧，是如何得知增援消息与部署的。

大宋的悲剧开始了。

进入历史的一辆驴车

太平兴国四年（979）七月，耶律沙大兵到达高梁河，今天的北京西直门外。

太宗闻讯，以为这是一支孤军。当初在石岭关，耶律沙也曾败于大将郭进，耶律沙的儿子也在那一战中阵亡。太宗没有瞧得上他，派出一员大将前往迎敌。奇异的是，耶律沙一战即败，宋师紧追不舍。

眼瞅着天色黑了下来，耶律休哥带领突击队，让过耶律沙，在宋师偏南一条小路上突然出现。契丹兵每人手持两把火炬，宋师远远看到，不知道有多少人。沙场瞬息之间的变化，最易影响军心。宋师在黄昏中，见高高低低远远近近密密麻麻到处是火炬，有了恐惧。更远一点的地方，宋师偏北方向，原来驻守清沙河的耶律斜轸也率军出现了。而耶律沙开始短暂整顿后，回师迎击。

宋师在京西辽阔的平原、树丛、溪流间，听到了兵戈密集相撞的金属声。

迎面是耶律沙，右翼是耶律休哥，左翼是耶律斜轸，宋师正要前军变后军，后军变前军，整军而退，忽然背后传来震撼大地的鼓声，原来，幽州城打开西门，耶律学古率城中守军，呐喊着向宋师扑来。

宋师四面受敌，在恐惧中奋力搏杀，耶律休哥身上三处受伤，但仍然在城内守军杀出时，从容调度指挥。

此际，宋师还有一个机会，就是四大节度使之一的北面攻城队伍，可以在混乱中“反包围”契丹。当时宋师的部署是：北面攻城由河阳节度使崔彦进负责。现在契丹合围的应该是西面攻城队伍定武节度使孟玄喆。太宗赵炅很可能就在城北。假如现场是这样的，太宗又犯了第五个错误：他没有临机应变，迅即组织起“反包围”。

耶律休哥的契丹队伍突然出现在西北方向，这样就给城北、城西的宋师带来极大震撼。而契丹的突击部队已经四面掩杀过来，四处放箭。

太宗根据现场和刚刚得到的情报推知：大势已去。

于是他安排扈从北征的原吴越王钱俶殿后，大驾开始绕过城西，向南仓皇撤退。而城西，已经是一片犬牙交错、互相胶着的战场。太宗在撤退中，阵营混乱，在契丹和宋师的弓弩交射中，互有杀伤。天黑以后，宋师各自失去大小统领，太宗于匆忙中甚至找不到马匹骑乘，慌乱中有流矢射来，正中太宗大腿。

这是一枚特别诡异的冷箭，箭镞很可能经过了特殊处理，譬如，蘸过了毒药。不然，似乎就不大可能在十六年后，太宗还在撩开袍子向名相寇准展示腿上的箭伤——那时已经是太宗的晚年，正在为立储大事征求寇准的意见。

太宗中箭后，疼痛难忍，混乱中，幸好钱俶在，就令左右找来一辆驴车，太宗带伤慌忙向南奔逃。

这一辆幸运或是不幸运的驴车，在后来的日子里，不仅进入了历史，而且在很大程度上影响了历史，甚至改变了历史。

“驴车案”发生在太平兴国四年，公元979年七月初的一天。

钱俶此际有了“天下兵马大元帅”的风范，他了解到战势已变，但并不跟着太宗南逃，而是在极度凶险中，以一种闲暇的姿态按兵不动。皇帝行营起驾，就有人飞马来向钱俶报告，意思是快点跟着跑。钱俶为了封锁信息，一共斩了六个报信的人。一直到他估计大驾已经进入安全区域，这才带着殿后部队缓缓南行。假如不是如此，前军、后军会合奔跑，动静一大，就会引起契丹警觉，飞马劫驾的危险就会出现。史称因为钱俶的安排，“故銮驾得脱”。乘坐驴车的“銮驾”，因为钱俶的勇气和智慧，得以安全地南下。

另有一种说法，说太宗之所以能够逃脱，与耶律休哥的创伤有关。

太宗受到箭伤，耶律休哥也受到箭伤。当有人向耶律休哥报告宋师大营已经南撤，劝他乘乱袭击时，耶律休哥实在创痛难忍，就回答说：“我的任务是来救援燕蓟。现在任务已经完成了，不必再追。”史称“休哥以创不能穷追，宋盖有天幸焉！”耶律休哥因为创伤太重而不能穷追太宗，此事看来是大宋有天在保佑啊！但这个说法可能不确切。因为耶律休哥事实上在宋师南逃时，一直追击到涿州。他没有法子骑马，就乘坐轻车一路指挥。

宋师东面围军、南面围军闻听太宗南撤，也纷纷撤退。

在契丹的追击中，宋师所有的辎重都留下了。史称契丹“获兵仗、符印、粮馈、货币，不可胜计”。宋师死亡近万人。

太宗一路南逃到涿州，不进城，又绕到金台顿（今属河北保定），稍稍休息，治疗腿上的箭伤。探马来报：宋师一路溃逃，已不成军。

太宗忍着箭伤召见前来护驾的殿前都虞候、大将崔翰，要他带领千余卫兵前往制止溃散。崔翰这一番表现不错，单骑前往，会见慌乱中的诸将，研讨下一步方略，贡献了自己的战略意见，诸将听着有理，于是溃兵方才止住，得以组织起来。他回来向太宗复命，告知没有杀一个人，太宗很高兴，表扬了他。于是一起研究兵败后的韬略。

后来的事实证明，太宗和他的臣下们不简单。战争中，胜利时可以看出人的格局，失败时更容易看出。太宗除了因为箭伤，忍痛时不免龇牙咧嘴，倒吸凉气，整体看，他遭遇这么严重的失败，虽然可能已经萌生了放弃武力而寻求和平的战略考量，但心理上并没有跌倒。他在勉力扶持败局，并在败局已定中，不仅安排防御，更在从容寻求翻盘的机会。

武功郡王赵德昭

正当君臣几人在昏暗的灯光下研究新的部署时，传来一个消息。说在涿州的一个夜晚，将士们一时无主，不知道太宗赵炅在哪里，纷纷要拥立武功郡王赵德昭为帝。闹腾了一阵之后，人们又听说皇上刚刚从涿州绕道去金台顿了，这个风潮才算止息。

这个消息让赵炅不爽。“权反在下，阴谋拥戴”的历史还没有结束吗？

赵德昭乃是太祖赵匡胤之子。赵匡胤有四个儿子，两个夭折，只有赵德昭、赵德芳留下。太祖在世时，从未将儿子封王，虽然做过市长、节度使、检校太傅、同中书门下平章事等，但多为虚职，遥领，更多是荣誉职务。太宗时，叔叔赵炅封他为武功郡王，并改任他为京兆尹，兼任侍中。朝参中，太宗诏令让他与齐王赵廷美一起，位在宰相之上。这一次跟着太宗北征，赵德昭刚刚三十岁出头。被军中人“拥戴”，赵德昭实不知情。但太宗不爽。

我尽量将问题简化：太宗很可能在这一个瞬间，将大宋第三代传人的安排有了朦胧但坚定的执念：朕将培育自己的儿子来做“天下共主”。什么“金匮之盟”，什么“兄终弟及”，此一大事，必须回归“嫡长子继承”之古制。吕端，真是“大事不糊涂”啊！

且说太宗与诸将商议后，做出了部署。主题：防备契丹“乘胜取中原”。具体安排如下：崔翰与定武节度使孟玄喆屯兵定州，彰德节度使李汉琼屯兵镇州，河阳节度使崔彦进屯兵关南，诸将得以便宜行事。所谓“便宜行事”，就是事出仓促，来不及上报，可以自主处理。但是所谓“便宜行事”也是有条件的，那就是必须按照太宗的军事思想布阵对敌。

在定州，太宗向诸将出示了一幅阵图，并命名这幅图为“平戎万全阵图”，指示诸将必须按图布阵，并说：“契丹必来侵边，当会兵设伏夹击之，可大捷也。”契丹一定会来侵入我边境，应该会合诸军设伏、夹击，可以获得大捷！

随后，宋人编辑的《续资治通鉴长编》留下了太宗一路南下的记录：

> 是日，车驾发定州。
>
> 辛卯，次镇州。
>
> 丙申，次邢州。
>
> 戊戌，次洺州。
>
> 庚子，次大名府。
>
> 辛丑，次德清军。

壬寅，次澶州。

乙巳，车驾至自范阳。

用了两周的时间，太宗从范阳（即幽州）回到了京师汴梁。

这个记录很像一个表格，可以约略感觉得到太宗一路南行的呻吟和喘息。大宋这个皇帝做得不轻松。

定州之后，太宗有机会将驴车换成了马车，但是从范阳到定州这一路的驴车经历，肯定令太宗终生难忘。而正是在驴车上，太宗有理由忍住箭伤的疼痛，开始思考：与契丹，除了战争，是否还有另外的可能性？太祖时代不是与契丹有过"和约"，也曾经有过开办"封桩库"攒钱赎买燕云十六州的规划吗？朕可以做些什么呢？

……

将军之后石保兴

老将石守信"从征失律"，跟从大军征讨，违背了军纪。史上没有记录他"失律"的具体事实，很有可能是太宗颁赏不及时，让他有了不快。史称此人"专事聚敛，积财巨万"，尤其到了暮年，更是对钱财上心。石守信应该是太祖麾下仅次于慕容延钊的功勋将军，也是太祖的结义兄弟。从五代过来，又有江湖习气，战后颁赏，他有期待。平北汉，不赏，他就有了不配合不尽力的表现。"取燕蓟"一役，应该到位的时候，他没有到位，这就直接影响了战役的结果。

宋师兵败回朝后，他受到了太宗的惩罚。惩戒前朝老将，太宗继续立威。

宕开一笔，略说石守信的儿子石保兴。

石守信受到惩戒，这是石氏家族不曾料到的。这么资深的开国元勋，会在第二代皇帝手上跌跟头，一家人没有思想准备。但石保兴不简单，他很像当初鲧的儿子禹。鲧被尧帝惩戒之后，是禹用自己的努力保住了家族的连续性。石保兴也在经由自己的努力，力图让石氏家族重振昔日荣耀。

石守信遭贬后三年，病殁，石保兴守父丧不久，被太宗起用。契丹侵扰边境时，他与诸将前往汴梁北大门澶州屯兵，为保卫京师谋划颇多。当时西北方向的夏人党项族首领李继迁多次犯边，且与契丹勾勾搭搭，石保兴奉命前往巡检。在一个叫黑水河的地方，石保兴率不满两千人的队伍进入谷地，夏人侦察得知，飘风一般聚集起数千骑兵，在谷底险要处忽然出现，然后渡河求战。面对数倍于己的夏人，石保兴当即分布精悍小分队，在河边，利用地形地物，隐蔽起来，等到夏人徒步涉水到一半时，伏兵箭弩齐发，而后发起冲锋。机动速度之快，令李继迁部来不及反应，溃逃中，被斩首百余级，追杀了数十里。

直到真宗时代，石保兴也是西北抗击侵略者的知名将领。在一次五路讨贼的战役中，石保兴曾选敢死队数百人，夜半衔枚，出其不意出现在入侵者面前，剪灭敌军，余众溃散，乃至于因此而有两个部族向大宋投降。

在一次战斗中，蛮族列方阵抗拒王师，石保兴麾众突入敌方阵中，但乘马被流矢射中仆倒，石保兴张弓搭箭，步行自卫，而后换一匹战马，在敌阵中继续指挥战斗。三天，用这种方法跟敌人搏杀四十二战，史称“贼遂引去”，敌寇料不能胜，带着残兵撤退了。

但石保兴知道太宗平北汉不颁赏自有弊端。他在战役之后，必要颁赏；有时，形势严峻时，甚至要战前颁赏。他在知威虏军（今属河北保定徐水区）时，夏人曾来抄略，事发突然，威虏边防军人数不多。石保兴当即决定，用官方仓库中贮存的财货数万缗分给将士。主管财务的官员认为这事不可以，即使一定要分官财，也要告知朝廷，批复后才可以动。这样讨论了几个回合，石保兴说：“城危如此，安暇中覆，事定，覆而不允，愿以家财偿之。”威虏军要塞已经如此危险了，哪里有时间去请示朝廷等待批复？不必。等击退敌人，再后报，如果朝廷不允许这样做，我愿意用家财来补偿官帑！

等到击退夏人，经由驿站将消息告知朝廷，宋真宗没有怪罪他。

石保兴算是将门之后，抗击夏人，恢复家族荣誉，有功。但他在执掌地方时，也有一劣迹，此公太爱用刑，而且用起刑来，定数不可变，但他会将定数延宕起来，慢慢拷问。譬如，打三十棍，按往日，噼里啪啦，一分钟搞定，他要行刑者一棍是一棍地夯，史称“移晷方毕”，要等日影过了一个刻度才算完事。就这样延长受刑人的恐怖和痛苦。

赵德昭自杀

话说因为高梁河之败，又因为老将石守信不遵守军中纪律，涿州时，还有个夜半惊扰，要拥立太祖之子赵德昭做天子，腿上又中了箭伤，总是隐隐作痛，种种事，让太宗气恼。所以平北汉的赏赐久久不愿意兑现。此事攸关国体，更与文武大臣全体将士利益关联密切，弄得臣僚们都心怀不满。

赵德昭了解到这个情况，觉得不可不赏，就找了个机会劝谏皇叔，应该尽快颁赏，不然人心不稳，于大宋不利。

太宗正在烦躁，闻听皇侄一番话，倏然想起涿州那个夜晚，想起“金匮之盟”的规则：太祖传太宗，太宗传廷美，廷美传德昭，不禁越发烦躁起来。于是，脱口说出一句狠话：

“待汝自为之，赏未晚也！”等你自己当了皇上，再赏也不算晚呢！

德昭闻言，大吃一惊。

这个年轻人也是饱读经史的人物，史上由君王“雄猜”引发的悲剧太多了。但他怕的不是这个，而是：如何自明？

不自明，皇叔这个猜度，认还是不认？

这个清白不洗刷，以后如何面对朝野？继续口无遮拦？从此俯首帖耳？似乎都不是太祖之子的风格。

太祖之子！对，我是太祖之子！

处于这个位置，必须洗刷清白！

当晚，德昭回到自己宫府，问左右：“你们带刀了吗？”

左右回应："在王府值班，岂敢带刀！"

德昭想了想，慢慢走入府中茶酒阁，从里面把门关上，找到一把切水果的小刀子，割了脖子。

太宗闻讯，也大吃一惊！这是他不曾料到的结局，史称"惊悔"，又惊又悔，亲自跑到武功郡王府邸，抱着侄子痛哭起来，一边哭一边念叨："痴儿，何至此邪！"傻孩子啊，哪里会到这地步啊！

关于德昭之死，还有另一种说法，说德昭爱吃肥猪肉，"因而遇疾不起"。吃了肥猪肉，遇到了什么疾病，会忽然死去？高血压？脑血管破裂？似难信。《续资治通鉴》和《续资治通鉴长编》记录德昭自杀，符合人物性格，也符合历史背景，可信，当采用此说。

德昭之死，直接影响了后来的赵廷美大案。这且按下不表，且说契丹获胜，也在商讨下一步战略。大宋与契丹已经成为敌国，战也得战，不战也得战了。

"高梁河之战"的败因

就军政效益看，太宗灭北汉，似一大战功；就战略程序看，实为一大败笔。此举违背了周世宗以来"先南后北"的总体规划。自从周世宗谋臣王朴提出这个"平边策"以来，"最后取河东"成为后周共识。王夫之《读通鉴论》认真分析后，认为这是五代以来，中原帝国一统天下最值得实施的路线图，他尤其赞同周世宗柴荣，第一取江淮，第二不待巴蜀、江南平定，即刻取幽燕，最为妥当。河东北汉蕞尔小国，不足为帝国之患，暂时留着，如赵普所论，可以由这个小国独挡西北两面的草原之敌。而取幽燕，必当兵锋盛时大举而入，柴荣就是这么干的。幽燕下，天下几乎可以传檄而定。可惜的是柴荣遽然病逝，没有将这个路线图贯彻始终。而赵家兄弟太祖太宗，都没有深刻领会王朴和柴荣的这个深谋远虑，居然在幽燕未下之时，先下河东。

明人陈邦瞻在《宋史纪事本末》中论及太宗赵炅此事，就持这个意见。

王夫之的评论更进一层。他认为“高梁河之战”，失败原因在于用人不当。但更大的悲剧在于，太宗也没有更优秀的人才可以选择，只好选用“醇谨自持之曹彬”“朒缩不前之潘美”，而已。但即使这样的将军，太宗也并不完全信任，所谓“其于人也不欲任”。比这个还要悲催的是，曹彬、潘美也知道太祖太宗以来，至为警惕的就是“权反在下”的藩镇，也害怕忽然被麾下“阴谋拥戴”，于是“曹彬之谦谨而不居功，以避权也；潘美之陷杨业而不肯救，以避功也。将避权而与士卒不亲；将避功而败可无咎，胜乃自危；贸士卒之死以自全，而无有不败者矣”。曹彬之所以能谦恭谨慎，从不居功自傲，是为了躲避权力过大，遭遇太宗疑忌；潘美之所以在杨业被围，而不设法营救，是为了躲避战功过高，遭遇太宗猜度。这样，将军躲避权力而与士卒没有亲和力，躲避战功即使战败也可以不受责备，胜利了反而处境危险。出卖将士的生命而自我保全，这种思维下，没有不打败仗的了。

王夫之意见，其深刻性在于，他指出了大宋君臣都明白的一个道理。

唐末五代以来，各藩镇“喜则连横而叛上，怒则以力而相并”，是一个规律性存在；而这种局面是导致中原帝国衰微乃至于亡国的第一因。

君主以最高智慧在防备“阴谋拥戴”，将帅以最高智慧在躲避“阴谋拥戴”。假如曹彬在太祖太宗两朝破西蜀、收江南、平北汉之后，挟大宋第一名将余威，再取燕蓟，那种武功，天下已经无人能及。如是，假如遇到试图做一番泼天事业的将士，真的动起来，国家最高权力，就会遇到又一次“再分配”。即使曹彬如周太祖郭威、宋太祖赵匡胤一样，并不曾想过“篡逆”，但黄袍骤然加身之际，那就是又一个继“澶州兵变”“陈桥兵变”之后的“幽州兵变”。这是太宗赵炅不愿意看到的，也是名将曹彬不愿意看到的。于是，君臣有了默契：将不争功，虽败不罚；将若争功，虽胜而凶。二百年来，士卒骄悍，将帅无奈；将帅骄悍，君主无奈。“权反在下”的“阴谋拥戴”，话剧一般一出又一出在中原大地上演，这种藩镇割据而后上位的梦魇，俘虏了大宋太宗以后的君臣，一朝被蛇咬十年怕井绳，于是“收兵权”成为大宋三百年不变的基本国策。太祖时代，“收兵权”是为了“制藩镇”；太宗之后，“收兵权”渐演成一味“收兵权”。“弱宋”之因，在此。

当然，必须公正说，尽管如此，大宋三百年再无藩镇割据之害！与五十几年可以五次改朝换代，给民生带来的苦难比，大宋的“收兵权”（以及将帅们主动自我抑制权力膨胀），即使不是“最优”

军政选择，至少也是“次优”军政选择。

陈邦瞻意见也自有道理，但他认为太宗赵炅“一败而没世不振”，却不是真判断。“高梁河之战”后，紧跟在后，就有一个“满城之战”，大宋反败为胜，战果辉煌。

平戎万全阵图

说话间到了九月。河北大地已经见出秋天的凉意。但这也正是秋高马肥的时候，特别有利于契丹作战——他们的战马可以轻松地解决饲料问题。

确如太宗与诸将所料，契丹有了动静。

契丹幽州留守燕王韩匡嗣回到幽州，代替韩德让，并开始南伐，战役动员口号就是：“以报围燕之役”，以此来报复宋朝包围燕京也即幽州的战役。契丹的阵容是：韩匡嗣为统帅，耶律沙、耶律休哥为副统帅。

契丹兵到达徐河（今河北徐水南）时，遭遇了宋师。

宋镇州（今河北正定）都钤辖，也即朝廷委派的军事统领，云州观察使，也即军政统领（但这是个虚衔，是日后升迁的一个阶梯官衔，并不到云州去履职）刘廷翰将军，率领麾下在徐河与契丹遥相对阵。大将崔彦进将士衔枚，静静地、偷偷地绕出徐河之阵，在敌方身后一个叫黑芦堤北的地方，沿长城口，布好军阵，战略意图是伺机从敌方背后发起攻击，并阻断其退路。李汉琼及崔翰等人也领兵相继而至，在徐河不远一个叫满城（今属河北保定）的地方，崔翰也已经到达。故此一战役史称“满城之战”。

当初用了八天时间打造八百座炮具的赵延进将军，在崔翰麾下。他登高遥望，只见韩匡嗣大军东西绵延，两边望不到尽头，一总三个巨大的方阵，那应该是倾巢而来的幽州兵，又加上了耶律沙当初增援北汉、耶律休哥增援幽州的两部援军。算下来，这一支混合大军，都是“高梁河之战”的胜利者，骑兵为主，看上去兵锋甚锐，气势正盛，随时可能驰突而来发起攻击。

这时候，总司令崔翰正在按照太宗给出的“平戎万全阵图”指画布阵。

“平戎万全阵”乃是太宗的军事创意。他将这个阵命名为“平戎万全”，应能体会得出他的自信。也可能在此前、此后，诸将曾经使用过这个阵法，宋代编撰的《武经总要》评价说：“太宗因为河朔（华北北部）地区，远近都是平原，草原胡人跟我们打仗时，仗恃着骑兵，常搞奔驰冲荡战术。所以总结各家阵法，增广其形式，用来挫抑敌方骑兵驰骋奔突的锐气，明了我方大军坚定持重的威风。按照战场实际，使用起来，可以知道此阵‘神谋’。”

“平戎万全阵”全阵有前锋、有殿后，主力是中军。中军分为三个超级方阵，每一方阵方五里，周二十里。三阵之间有一里地左右空当。这样，排列在敌方面前的大阵锋面可以达到十七里地。方阵内部还有规定：每五百步设战车一乘，皆列于阵之四面。车中贮存糗粮和各种军用物资。我猜想这个战车，实质上就是运输车。但除了运输、军库这些功用之外，必要时还能充当掩体用来防御，甚至可以运动起来冲撞敌阵。如此，每一阵分为一四四〇“地分”（即阵中阵，小区块），有战车一四四〇辆，每一战车又配备“地分兵”二十二人；加上每一阵另配“无地分兵”五千人，三大方阵共配备战车四三二〇乘，士卒十一万余人。各方阵更配备弓箭、步弩、床子弩等远距离射杀武器，也有阵前的防御设备拒马（木制，原木一端削尖，几支交叉搭成可移动的架子），阵中士卒或持盾牌，或持刀剑，或持长枪，全部一级战备，所有兵器“皆持满外向”，都做好向外放射或砍刺准备。阵中央有瞭望车多辆，观察敌方变化。整个大阵之外，还有左翼、右翼，各一万骑兵，列阵也有章法：各两列，前列一百二十五队，每队五十骑；后列也是一百二十五队，但每队三十骑。左右翼还有探马四十骑，往来报告敌情。“平戎万全阵”总兵力十四万人，计有前锋一、殿后一、中军阵三、左翼列二、右翼列二，总“九围”。每一个方阵由一员大将统领。

看得出这个大阵，以中军步兵为主。

大宋马匹不多，因此战役思路往往就是“步兵打骑兵”，千变万化，大都围绕这个主题创意、策划。

假如从空中俯瞰，会发现“平戎万全阵”的步兵、骑兵、运输兵、瞭望楼等，在静止状态下，呈现出一种人类事务的认真与壮观，而大宋的焦虑也在这个大阵将士凝重的神色中袒露无遗。大宋要“平戎”，但试图能“万全”。这种紧张，终大宋三百年没有变。

但这个“平戎阵”不是“万全阵”。其最大的弱点有三：设阵繁难，耗时太久，易失战机；地形复杂，临时变通，难于划一；战车笨重，周旋呆板，进退不灵。主帅指挥起来，虽然有探马、有望楼，各方阵也可以便宜行事，但很容易信息传达不畅。战场形势往往瞬息万变，布阵带兵最需要的是“如水随形”，这方面大宋帝国做得最好的是岳飞。而“如水随形”也恰恰是契丹一贯的战法。太宗此阵机动性不强，面对异常动作，很容易应对失措。

不过，也愿意多说一句：此阵也并非全不可用。

当初太宗创意，主要原因是鉴于大宋马匹奇缺，与草原骑兵对阵，必须选择“以步兵打骑兵”的总体战略。此外，大宋与契丹的战役，多在河北平原展开，没有更有效的地形地物可以依托，在开阔地，防止敌方骑兵冲荡，战车的“车阵”还真就具有临时防御功能，略相当于“拒马”，又近似于“连城”，几千辆辎重车列为方阵，阻遏骑兵，应该有效，更利于安定将士恐惧心理，在结阵中互相依托。敌人来犯，不进入车阵，就可以弓弩、长枪伺候；进入车阵，马匹驰骋不开，将士们可以将战车当作利于格斗的地形地物，砍伤敌人马匹。“平戎万全阵”就是这个战略思考下的产物。那种动辄说太宗以此来控制将帅、束缚武官手脚，免得他们拉杆子造反的意见，依然是很少思想含金量的“阴谋论”思维。只需要考虑一个问题即可：如果武将们要造反，是一纸《平戎万全阵图》能够控制住的吗？所以，这个阵图，与太宗控驭武夫无关，甚至与抑制藩镇无关，它就是一种纯粹军事方向的技术战略。评价“平戎万全阵”，不必附会更多不存在的“意义”，诛心的“阴谋论”尤不可取。

道理如是，但需灵活处理。

赵延进与李继隆

大将崔翰，对太宗无比忠诚。他手持阵图，在契丹出现之际，匆忙布阵。他似乎不想有一点变通，整个阵势，“九围”人数，都要按照阵图安排。

宋师来自关南诸州，在徐水、满城之间，星罗棋布。崔翰要求各军按照“平戎万全阵”要求，变换功能，在十几里地的锋面上，或做“左翼”第一列，或做“左翼”第二列；某某部又要迅速列为第一方阵，将辎重车转换为战车，列于方阵之外缘，弓弩手数量要足够，有多余，要调到第二方阵；某某部要迅速成为“前锋”，准备伺机冲锋，或阻挡住契丹第一波冲荡；等等。

赵延进将军发现不对头。

兵法，战胜之道有五，其中之一是：“将能而君不御者胜”，带兵打仗的将军有本领，国君不去干预，这样的部队能胜利。考太祖一朝，一般不干预前方将军如何打仗。

太宗此举，等于“以不变应万变”，这在战事中实在是一大忌讳——敌阵、统领、气势、地形、装备、气候……都在变，应对岂可不变？

赵延进发现，如果按这个图布阵，则在宽大正面形成了很多空隙，宋师本来就由各州而来，分布在各个营栅，现在勉强调度，结果还是一个空当多多的零散阵营。更重要的是，赵延进还发现，布防的将士因为不够密集，一个个阵中阵相去很远，人人就有了疑惧之心，斗志有了问题。如果契丹横线变纵线，忽然奔袭，直插“平戎阵”空当，从内部搅乱大阵，士气将有可能瞬间崩溃。赵将军越想越可怕。宋师危矣，我岂可坐视！

于是，赵延进驰马来见崔翰，劝谏道：

“主上委吾等边事，盖期于克敌耳。今敌骑若此，而我师星布，其势悬绝，彼若乘我，将何以济！不如合而击之，可以决胜。违令而获利，不犹愈于辱国乎？”主上委托我等戍守边防大事，主要是期待我们能克敌制胜。现在敌人骑兵已经来到，但我们还这样按照主上的阵图去星星散散地布防，这个势力太悬绝啦！契丹一旦看清我们散线布阵，乘虚而来，我们怎么办？现在，当务之急，不如诸州之军合为一处，集中兵力主动出击，可以决胜。就算你违背军令没有布阵，那不也比丧师辱国要好吗？

崔翰有一问：

“万一不捷，则若之何？”不按阵法打仗，万一不能胜利，最后失败，那时候怎么办？如何解释？

赵延进慷慨道：

“倘有丧败，延进独当其责！”如果万一有丧败，我赵延进可以独自承担责任，与你崔翰无关。

但崔翰还是担心“擅改诏旨”，会让太宗怀疑他的用心。

这时，镇州监军、六宅使，河北镇州守卫的监军、王府内侍管家李继隆将军也在旁边，他赞同赵延进意见，直言道：“兵贵适变，安可预定！违诏之罪，继隆请独当之！”兵如水，贵在适应变化，哪里可以预先规定！必须合一处，集中优势，冲击敌阵。如果有违诏之罪名，我李继隆可以独自当之！

诸州之兵合为一处，集中优势力量“刺”入敌阵，是这个战役中李继隆与赵延进的共同感觉。事实上也是总司令崔翰的战场感觉，他内心也不满意太宗的“阵图”，有了二位大将托底，他这才决定随机应变。一旦意念变更，崔翰的天才就表现出来了。他将各路大军改为两个大阵，一前一后。第一阵取突击式，弓弩手与骑兵全额配备。第二阵取追击势，轻装，待第一阵进攻后，第二阵伺机跟进，增援前阵，扫掠敌阵。两阵全取攻势，不再取“平戎阵”规定的守势。

刘廷翰、李汉琼在前，诸将在后。

崔翰似乎隐隐感到还有一股生力军，现在没有任何消息，那就是崔彦进。根据对部下的理解，他相信崔彦进一定会在适当时机出现。

如此安排，宋师士气大增。

满城大捷

为了稳住契丹，崔翰又派出人去与韩匡嗣接触，大意是说契丹太猛了，居然打败了我们皇上，简直不可战胜！我们这些先锋兵准备投降，请准备接纳。

这么简单的诈降计，韩匡嗣居然相信，认为宋师是真的不行了，借大战之际设法投降，太正确啦！于是，契丹防备有了松懈，不再认为宋师是对手，而后从一级战备降到二级三级战备。这样延宕开来，半天的时间过去了，契丹在宋师积极备战之际，却疲疲沓沓地松懈下来。

但耶律休哥知道后，对韩匡嗣说："彼众整而锐，必不肯屈。此诱我耳，宜严兵以待！"你观察一下看：宋师大军很整齐，也有锐气，他们一定不肯屈服于我们。这是诈降，是诱惑我们放松警惕。我们应该严阵以待！

史称"匡嗣不听"。

"匡嗣不听"，接下来的事情就简单了。

宋师集中兵力后，在崔翰调度下，主动出击。第一阵以骑兵为主，在一片鼓噪声中，韩匡嗣看到的是"尘起涨天"，烟尘飞起直冲云霄。仓促中，韩匡嗣再试图升级战备警讯，已经来不及了。宋师雄赳赳地跨过了一片开阔地带，而契丹试图急急忙忙地"布阵"，但又没有时间，韩匡嗣不知道应该怎么办。主帅动摇之间，将士已被夺气。宋师带着为高梁河之役"雪耻"的必胜之志，与契丹兵短兵相接。胶着中，宋师第二阵如巨浪一般扑来。

契丹人人心惊胆战。

于是开始了局部溃败。战场形势就是这样，一处溃，处处溃。韩匡嗣终于发现大势已去，于是开始逃跑。他一路仓皇，正奔跑间，忽听一声炮响，原来是宋师崔彦进伏兵在此等候多时。

韩匡嗣大惊，从北折西，翻越太行，直接往西山（此地在太原西北）而去。不料秋季多雨，山路泥滑，契丹士卒掉落太行山坑谷之中甚多。

宋师从满城一直追击到遂城（两地俱属于今天河北保定辖境），

斩敌首万余级，获战马千余匹，生擒契丹将领三人，俘获老幼不杀者三万户，至于兵甲军帐器械，那就不计其数了。

韩匡嗣麾下一部跑回幽州，一部散众跑往易州。

耶律休哥则“整兵而战”，调度有法，极力应对，与宋师且战且退，在没有遭遇损失的情况下，紧张又从容地撤出战场，史称“徐引还”。

契丹的大同军（即云州，今山西大同）节度使耶律善补，在满城之战中为契丹右翼，远在几百里外，遥远地牵制宋师。但他所率领的西路军在南下途中，被大宋戍守代州（今山西代县）的将军折彦赟一战击败。

耶律善补收缩兵力后，试图重整旗鼓，再次奔袭晋北地区，如果可能则翻越太行东进，直接支援韩匡嗣部。但他听到主力已经败于满城后，也只好北归。一路上还别出心裁，在雁门各地建造营垒、军事要塞，留兵驻守。

折彦赟闻讯，与代州的都监、巡检等边帅，即起追击。击溃大同军，缴获鞍马器仗甚众，耶律善补修建的据点也都为大宋所有。

折彦赟名气不大，一生事迹以这一场隶属“满城之战”的“代州阻击战”最为有名。古来名将，往往一战成名。

“满城之战”，宋师大胜。其胜利成果超过了“高梁河之战”中契丹的胜利成果。说宋师一战“雪耻”不为过。

宋师捷报传到京师，太宗没有追究将士不按图作战之责。

崔翰“马革裹尸”

“满城之战”，对恢复大宋战胜契丹的信心，遏制契丹的侵略野心，至关重要。此役，崔翰、赵延进、李继隆、崔彦进居功甚伟。

崔翰试图“忠实履行”太宗指画时，赵延进等提出反对意见。军政生涯中，“进言”之重，不得小觑。如同日常生涯、企业生涯，以及各类机构生涯一样，凡属社会学意义上的“组织系统”，在制度之外，重视“进言”者，胜算较多；轻鄙“进言”者，胜算较少。就这个意义上说，崔翰不简单。他最终接纳了改变“平戎万全阵”的意见。作为统帅，他负责决策，应居头功。

崔翰，少年时期就“有大志”，而且是个难得的帅哥，史称“风姿伟秀”，有一种伟岸而又秀美的风姿。他曾从周世宗征淮南，在平定寿春、收复关南战役中，都有战功。那时太祖赵匡胤也在周世宗麾下，一见崔翰就心生喜欢，认为此人不俗，因此他转隶太祖帐下，在帮助太祖拣选、训练骁勇士卒方面，有功。太宗时，曾在京师西郊代替名将杨信指挥演练禁军，将卒听令，带出来一支近代罕见的能战之旅。平北汉时，他曾率先攻城，流矢射中他的脸颊，他居然神色不变，继续督战。太原平定后，北汉主刘继元投降，太宗令崔翰前往抚慰。当时占领军已经有人开始“俘略”财货，在崔翰督查之下，没有人敢挟带抢夺货物出城。但秦王赵廷美部下数十骑，想要冒着违禁风险，将“俘略”之物带出城去。崔翰发现后，果断制止，并呵斥了这几十个王府亲兵。太宗拟“乘胜取燕蓟”时，他人贪赏、畏难，不愿意走这一遭，崔翰又以一种无畏的勇气支持了北伐。

崔翰功勋不比曹彬，但二人都有不嗜杀的品格。“高梁河之战”后，宋师溃败，他率卫兵千人奉命阻止，可杀逃兵，但他不杀，单骑而往，晓谕诸位将士军中纪律，也安定了众人，没有杀一个人。若干年后，他又出任感德军（今属陕西铜川）节度使，此地，正当盗贼猖獗。他设法诱导盗贼的首领，用人生祸福来警戒他们，于是“群盗感悟，散归农亩”，史称“境内肃然”，辖境之内治安很好，没有了盗贼踪影。

崔翰似乎天生就是职业军人。直到他六十三岁那年，他还专门给太宗上疏说：“臣既以身许国，不愿死于家，得以马革裹尸足矣。”太宗为他的豪言而感动，于是继续让他在边境镇守。但一个多月之后，崔翰死在任上，实现了“马革裹尸”的壮志。

他一生骁勇多谋，立功很多，但又一生轻财好施，视钱财如粪土，史称“死之日家无余赀”，去世那天，家中没有多余的财货。这是大宋太宗朝值得表彰的一位将军。“满城之战”应有他的纪念碑。

赵延进“一言兴邦”

赵延进则在“满城之战”的关键时刻，以社稷为重，而不是以帝王为重，当机立断，率先提出反对意见，为大战之胜利，立下不朽功绩。他的“进言”，符合儒学所谓“一言兴邦”之大义。有赵延进一言，“满城之战”得以不败而胜；大宋得以一雪“高粱河”之羞；更为后来的契丹不至于小觑大宋，从而推演为“澶渊之盟”，铺设了可能性。

赵延进也是一个颇有“异禀”的人物。他从小就爱读书，少时，曾跟着军人抢掠民家，一般人都抢财货，他独独抢人家的藏书，以至于同辈都嘲笑他。他不以为然。后来也曾跟着父亲从军，为军中的先锋时，只有十八岁。父子同阵，为人所称道。周世宗时，曾想任命他为禁军大校，赵延进竟对世宗柴荣说自己愿意读书，不愿意做武官。但周世宗还是任命他做了武官。与崔翰相仿佛，赵延进也是一位美男子，史称“延进姿状秀整”，姿态秀美严整。他一生涉猎经史，偶尔写点诗歌，因此也被士大夫称许。赵延进的妻子就是淑德皇后的妹妹。淑德皇后乃是宋太宗的原配妻子。

李继隆乃是大宋名将之一。南宋理宗时，效法大唐“凌烟阁”（凌烟阁则效法西汉麒麟阁、东汉云台阁），作“昭勋阁”，图画大宋二十四功臣，其中只有六位武职，分别为曹彬、潘美、李继隆、曹玮、张浚、韩世忠（没有岳飞，是一缺憾）。这也意味着大宋六大名将，其中就有李继隆。他曾经两次战胜契丹名将耶律休哥，也曾两次违背宋太宗旨意。

李继隆原来是太祖佐命功臣李处耘的长子，此人善骑射，晓音律，好读《春秋左氏传》，以礼待儒士，史称“多智谋”。他直到真宗时代还立有战功。关于他的事迹，容后续表。且说这一次“满城之战”，他继赵延进之后，急切要求崔翰更改原计划，要求他按照战场形势重新排兵布阵，并与赵延进一起，承担了以后可能的“违旨”责任。他是最后促使崔翰下决心的高级将领。

也要说一句：赵延进的太太是赵炅太太的妹妹，李继隆的妹妹则是赵炅后来的太太。二人都是皇亲，敢于临时变更太宗赵炅的《平戎万全阵图》，这一层关系也是值得考量的因素。

崔彦进则是一个有争议的人物。

他的战功从五代末就已经赫赫有名。但此人“好聚财货”，善于聚敛财货，当有贪渎嫌疑，史称“所至无善政”，所到的地方没有好的治理名声。他死后，诸子争家财，被有司提来审判。太宗知道后，亲自召见当事人一行，并为他们提出解决方案。太宗对左右说：“一个家务案件，是很小的事，我没有理由来亲自过问此事。但实在是因为崔彦进曾经出任节度使，有战功，我不想让他的儿子们辱没了父亲的一世英名。”在崔彦进一生中，“满城之战”是他最为辉煌的战事。当时他奉太宗令，在关南屯兵。当韩匡嗣率幽州兵南下满城时，他主动绕到侵略者背后，遥远地配合了崔翰。当时崔翰大胜，他正好阻拦败敌；万一不幸，崔翰失败，他则是最后挽救战局的生力军。战役配合中，这种默契、智慧、勇气和决断力，至为重要。此役，崔彦进干得漂亮。

“满城之战”后，契丹主耶律贤大怒，以五大罪状数落韩匡嗣：第一你违背众人意志，深入宋军阵地；第二你行军队伍不整齐，失了契丹威风；第三你兵败后不组织反击，只顾抱头鼠窜；第四战时你没有做好侦察，失去了重要时机；第五你逃跑时居然捐弃了我契丹的军旗战鼓！说着就要行使杀伐令，被萧皇后救下。但从此剥夺了这个笨伯的军事指挥权，他的南面权力全部交给了契丹的“战神”耶律休哥。这样一来，大宋更要开始面对一个出色的敌人。

耶律休哥，经由一番整顿后，开始了谨慎用兵。

太平兴国，不太平。

陆

雍熙北伐

太宗腿上的箭伤虽然没有完全痊愈，还经常性地隐隐作痛，但疮疤已好。大宋的帝国精神更在时时催动太宗及时立功，而不是及时行乐。所以他在经历多次战阵，身负重伤之后，仍然不忘“恢复”汉唐旧疆。

“杨无敌”雁门大捷

“满城之战”后，大宋与契丹又有多次局部战争，都以大宋胜利而结束。

太宗在河北和关南地区，安排转运使，负责筹划兵马粮草，开始更积极地准备打仗。整个北部防线都知道与契丹殊死搏斗的年头来临了，边帅们都有了“积极防御”的意识。

太平兴国四年（979）年底，边境开始不断有捷报传来。

岚州（今属山西吕梁）言：在三交口（在晋北）破契丹千余众。

忻州（今属山西）言：在本州破契丹数千众，斩首四十五级，获鞍马、铠甲；并生擒六十人，献往朝廷。

这两地都在晋北“杨老令公”杨业驻泊之地，战役指挥应与杨业有关。

关南也有一场大战，捷报说：破契丹数万众，斩首万余级，获骆驼五十三头。太宗下诏，将骆驼分给有功军校。

更鼓舞人心的是，平定北汉之后，大宋在河东一带得到了四万二千多匹优良战马。大宋曾在中原南方圈养马匹，但品种不佳，不适合战阵使用。这一次得到的战马都是汾晋燕蓟之种，高大、耐寒、善于奔跑。太宗很高兴，特意在京师景阳门外设“天驷监”，门左门右各有两座马厩，分别以禁军校官左右飞龙使为左、右天厩使。唐代管理马匹有闲厩使，太宗将其改为崇仪使，属于殿前西班诸司使（此职到宋徽宗时又改称武略大夫）。后来战马繁殖越来越多，又将战马分到附近诸州牧养，这是后话。

长期以来，购买马匹，是大宋不小的财政支出。当初太宗曾委派中使赵守伦主持此事，有政策性优惠，高价收购优良战马，在京师和诸州经营多年，到了太平兴国四年（979）时，国家已经得到十七万三千多匹良马，合太原良马总计二十一万余匹。大宋赖此组织起战力不俗的精甲骑兵。

战马充裕，也鼓舞了太宗“犁庭扫穴”的雄心，一时间，似乎忘记了当年在颠簸的驴车上那一番失意的思考。

“满城之战”后，“蛮夷”也有了“畏服”。西南夷有乱事，已平定；占城国（今越南中南部）遣使来贡方物；拓拔（西北族群）首领派所部酋长等人来朝贡。大宋威风影响到国内外。

天平兴国五年（980）三月，归降大宋的“杨老令公”杨业在雁北又打了一个出色的歼灭战。

太宗赵炅得到杨业之后，知道他“老于边事”，对北边边防大事很在行，就任命他做了一员边将，在三交口都部署潘美麾下，主持晋北地区防御契丹的工作。杨业从太原北上往忻州去的时候，太宗还给了他一份“密封囊装”，包裹甚为严密的行李，里面都是丰厚的赏赐。杨业很早就倾心大朝，又有太宗厚待，知恩图报；更对契丹侵占幽云十六州耿耿于怀，于是，尽心于国防。

“满城之战”后，第二年初，时当太平兴国五年三月，公元980年，契丹制定了新的南侵战略：在山西北部组织西路军、河北北部组织东路军，分头南下。西路军十万先行，杨业首当其冲。

杨业据守雁门关。契丹大兵已经到达雁门北关。杨业的确“老于边事”，他熟悉此地地形。雁门关高耸于山上，俯临关北，易守难攻。杨业留下将帅主力守卫雄关，自己带领数千精骑，从雁门关西口，也即代县西北的西陉口，远远地迂回到契丹背后。

几天之内，完成部署。杨业奉行的战术是：发现即意味着打击。当契丹发现宋师时，宋师的打击已经开始。

契丹慌乱中，指挥十万大军准备调整战术，但雁门关北门已经打开，守军呼啸而出。没有什么军队经得起南北夹击。“雁门之战”，杨业斩杀契丹驸马侍中也即契丹主的女婿宰相萧多啰，擒获契丹都指挥使也即总司令李重诲。辽师大败而归。

杨业一战成名，从此以后，“杨无敌”大名响彻汾晋燕蓟，契丹人人知道有此一人，对杨业颇有敬畏，边军望见杨业的军旗就要退走，不敢轻易接战。

太宗闻讯甚为高兴。

“明法科”

契丹西路军失败后，又于半年后组织东路军围攻瓦桥关，试图“收复”当初被周世宗收复的关南之地。在契丹看来，石敬瑭既然已经割让了幽云十六州，关南三州也在内，那就应该是契丹的固有领土。而大宋则认定，不仅关南是汉唐旧疆，燕蓟也是，山后诸州也是，志在必得。

这一仗打得艰难。

打仗之前，大宋还在推进文明建设。

第一就是礼制建设。鉴于五代乱世，礼崩乐坏之惯性局面，鉴于太祖曾经使用过“江湖手段”收兵权，以至于朝纲不整，太宗下诏：以后凡是遇到朝会，都要以恭谨虔诚之心对待；都要严肃礼敬进出宫门，雍容端正两班就列；如果不能端谨，喧哗失礼，有关部门应该提起弹劾。

随后，还有科举制度的改进。原来有个“明法科”，但举子们选考这个科目的不多，因为诸书中，关于法律经典的，缺少传承，世代承习者不多，于是，废除了这个科目，改在其他科目中兼考“明法”。又因为原来有个“通《三经》”的科目，但“三经”卷帙不轻，估计举子们难于全部精通，于是分为三科；但诸科之中，仍然需要补考法令。进士、举子，到了应试日，要由主考官引用历史上的法律疏证文字（譬如《唐律疏议》的解释文字、《宋刑统》的解释文字等），考问法令律条的大义。此举意在争取录用更多明德、明法的考生。将来这些学生都要到地方任职，而地方官，除了收取赋税之外，就是处理法律纠纷，需要懂法。大宋是从干部考核即开始推进法制建设，用意深，程序正，效果佳。

大宋还在司法实务上做了部分改进，起用了一批懂法的官员。

太祖时曾有一项法令：禁止民间倒卖假茶。当时规定：倒卖一斤假茶，打一百棍；二十斤以上正法。当时茶叶已经成为中原地区的日常消费品，但不法商贾往往造假牟利。太宗在战前重申了太祖时的法令，但补充一条："滥，论罪。"如果滥用这条律法，用法不当，也是犯罪，要追究刑事责任。

史馆还纂修完成《太祖实录》五十卷。

耶律休哥斩杀宋将张师

契丹方面，则命令祭司祈祷天神、地神和兵神。

起兵之前几天，契丹主耶律贤还率文武祭祀了军旗、军鼓。

随后，耶律贤亲自赶到幽州，车驾驻扎在城内，指挥督阵。

几天之后，耶律贤又继续南行，到达固安，亲自指挥攻城。于是，"瓦桥关之战"开始了。

大战之前，两相比较，大宋更从容一些，也更自信一些，但准备得也确实疏略了一些。太宗并没有宣布"战时条令"，国内一切按部就班，也没有安排瓦桥关的纵深防御。只是当他得知耶律贤到达固安后，才有了北上御驾亲征的意思，太宗下诏道："自京师至雄州，发民除道修顿。"从汴梁到雄州，征发民工修整大道，以利于车驾和大军顺利通行。

太宗这边准备北上时，战役已经打响。

为了解决宋师的被动局面，大宋镇州、定州、关南等地的边防军，在一个新月初生的夜晚，主动出击，派出了一股精干部队，袭击契丹大营。战略意图是：敌众我寡，乘敌人不备，先行骚扰，灭了敌人锐气，以待后战。

但契丹节度使萧干、大将耶律赫德早有防备，宋师夜袭不成，退还本营。

一个更糟糕的消息是：刚刚就任契丹北院大王的耶律休哥也来到了瓦桥关，驻扎在关口的东边。萧干等率领的契丹兵在瓦桥关的北面、西面。瓦桥关事实上已经被围。宋师守将张师见状不妙，于是开始突围。他率领兵勇，已经进入契丹阵中了，但在耶律贤亲自督导下，契丹大阵不乱。耶律休哥更跃马入阵，直接来战张师。张师不敌，被耶律休哥杀死。张师部下害怕，只好退回城中。

几天之后，大宋关南边防军在易水南岸列阵，与契丹夹河而望。但宋师并不准备马上发起攻击，正在持重守卫，一方面声援瓦桥关守军，一方面等待京师援军——太宗已经走在路上了。

耶律休哥知道必须首先发起攻击。他陈说了急击的重要性，契丹主认为有理，支持他的意见。耶律休哥坐骑为一匹金黄色的战马，契丹主耶律贤担心被宋师识别出来，箭弩定点集中发射，主帅危险，于是让他换上黑甲白马。

耶律休哥开始率领草原最精锐的骑兵渡河进击。

宋师没有挡住他的攻势，大败。

耶律休哥乘势一直追击到百里之外的莫州（今属河北任丘），俘获宋师将军数名，斩杀甚众。

凯旋后，契丹主赐给耶律休哥御马、金盏，赞美他说："爱卿勇猛超过了你的名气。如果我大辽人人都像爱卿这样，还有什么忧虑不能攻克南朝？"

但关南边防军也不是吃素的，在大将崔彦进率领下，成功地进行了一场反击战。太宗安排好京师留后，北征，到达长垣县（位于河南东北部）时，接到了崔彦进的捷报：大破契丹万余众，斩首三千余级。

太宗高兴，当即任命崔彦进为关南兵马都部署，关南战区兵马总司令。

"辽主引兵还"

太宗再次动了"乘胜取燕蓟"的念头，想再次攻伐幽燕，甚至安排好了北伐阵容，但遭到了诸臣劝谏。太宗于是问当时的一等一大学问家、翰林学士李昉。李昉认为时机不到，现在应该"养骁雄，广积储"，培养骁勇雄才，增广积累军备，利用一年左右时间，那时"用师未晚"。史称"帝深纳其说"，太宗深深地赞同李昉的意见，接纳了他的劝谏。恰好契丹被崔彦进打痛，而大宋皇帝正带着京师禁军准备北上抗辽的消息让耶律贤心里没了底，史称"辽主引兵还"，契丹主带着草原兵回去了。太宗很高兴，认为耶律贤败退，乃是对宋师的畏惧，于是，在河北短暂逗留后，回到汴梁。太宗赵炅还为此写了一首诗，全诗今已不存，但内中两个句子却留了下来：

一箭未施戎马遁，六军空恨阵云高。

这诗浅显易懂，气魄非凡，但也隐含了虚骄之气。一战下来，太宗还以为“胜败乃是兵家常事”，不以为意。他认为还有机会……

但太宗回转之前，起用了名将曹翰。给他的任务是：修缮雄州、霸州，以及附近各个军事要塞的城防设施，并且开辟一条南河，要从雄州一直到莫州，以此来通漕运，将来有战事，可以转运粮草——水运一般要比陆运省时省力，远距离转运尤其如此。还要修造大堤，以备滹沱河流域的水涝灾害，东西向的大堤也有益于迟滞契丹骑兵。

曹翰于是调集数万民工，开始干活。他相当于临时充任了边境工程兵总司令的角色。他干得不错。

这个工程过于浩大，需要大批木料。曹翰鬼才，不想从内地转运，决计从契丹辖境山林间伐木。他派遣了一个小分队，名为“五骏骑”，五个人骑着五匹马，每人手执一面小旗。遇到前面有林木，就举青旗；遇到有烟火，就举红旗；遇到有敌寇，就举白旗；遇到有池塘，就举黑旗；遇到有丘陵，就举黄旗。如此，则视力所及范围内，地形地貌、契丹动静，可一望而知。

当初，每遇到契丹南侵，大宋这边就会升起狼烟，以示边警，然后宋师就会大规模集结。曹翰就让人在边境各处举烟，但见狼烟四起，边境形势顿时紧张起来。契丹并没有做好战争准备，一时以为有伏兵，因此蜷缩在附近城中不敢靠近边塞。曹翰当即指挥工人跟着“五骏骑”，入山伐木，得到大树数万株，车载肩扛，从容地回到要塞。

曹翰督工，用了几十天的时间，完成了太宗交给的任务。

“不为家贫卖宝刀”

曹翰嗜杀。在周世宗时，曾经做枢密承旨。一次世宗征淮南，留下一千多副铠甲在正阳（在今河南驻马店东南），随后又得到南唐的降卒八百人，派人往京师递送。曹翰正在从京师往淮南去见周世宗，过了正阳十几里地后遇见了这一批降卒。他担心降卒们待会儿走到正阳，知道有现成的铠甲，会劫了兵器作乱，就假传周世宗的旨意，将八百人全部杀死。等到他见了周世宗说此事，周世宗不高兴。曹翰说：“南贼是因为走投无路才归了我们，并不是心服。征淮南得到的器甲，都在正阳，万一被他们夺了，那是又出来一个等着征服的淮南啊！”尽管杀俘不祥，但周世宗想想，算啦，没有给他定罪。

周世宗临终时，召大臣范质等参与顾命，曾要范质以王著为相、曹翰为宣徽使。但范质考虑的是，王著太爱吃酒，曹翰则“饰诈而专”，好装点自己的诈术，行为专断，于是没有执行世宗的临终遗言，只让曹翰做了德州刺史。

太祖时，收江南，曹翰独当一面，克复江州（今江西九江），但因为南唐兵将据城拼命，顽强抵抗，城破后，他有了屠城之举。这是大宋对内对外战争史上的一笔罪恶，由曹翰书写。

曹翰虽然平江南有功，但是杀人屠城事，性质太恶劣，一直到太宗时，多年在“环卫”，没有升官。所谓“环卫”就是禁卫军官，有多种称号，但属于散职，史称“皆空官无实”，一般用来措置闲散武臣。这种官职俸禄也不高。一天太宗安排内部宴会，侍臣都要赋诗。曹翰因为是武官，没有邀请他参与。他于是自我推荐说：“臣少年时也曾学诗，请求也参加宴会。”太宗笑着答应了他。宴会时，太宗又对他说：“卿是武人，请以‘刀’字为韵，上一首诗吧。”曹翰拿过笔，很快写好：

“三十年前学六韬，英名常得预时髦。曾因国难披金甲，不为家贫卖宝刀。臂健尚嫌弓力软，眼明犹识阵云高。庭前昨夜秋风起，羞睹盘花旧战袍。”

这诗写得酸不溜丢，大意说，我曹翰乃是一军事家，过去有功，现在还能拉起强弓，但看着过去的旧战袍，又不能有作为，很是惭愧。关键词是“不为家贫卖宝刀”，意思是我现在生活很困难，陛下您看着办。

太宗看了也很难过，想想这也是一个战功卓著的将军，现在居然到了要“卖刀”的地步，就从“环卫”一下子给他升了好几级。

曹翰与崔翰齐名，作战骁勇有谋，立功也不少，而且有慷慨散财之举，乃至于他死后，家中没有多余的钱财。《宋师》本传对他的评论是：

“至于好谋善战，轻财好施，所至立功，则未有优于曹翰、崔翰者也。然不可与古之良将同日而语者，崔之论奏平燕，未免出于率尔；而曹之杀降卒，屠江州，则又过于忍者也。君子谓功莫优于二子，而过亦莫先于二子，信矣。”至于有谋略善于打仗，不重钱财乐于施舍，到哪里都能立功，则几乎没有比曹翰、崔翰更优秀的了。但二人还是不能与古之良将同日而语，原因就在于：崔翰当初论讨伐幽燕，出语未免太轻浮草率，结果导致大败；而曹翰则杀已经投降的俘虏，还在江州屠城，是太过于残忍的人。君子认为：功劳没有几人比二曹优异，罪过也没有几人比二曹严重。

我认为这是公允精当的评价。

太宗从河北回到汴梁之后，文武大臣中的一些人提出应该再次“速取幽蓟”，尽快收复契丹所占山前之地。“幽蓟”，也称“燕蓟”，即幽州与蓟州，今属北京、天津，宋初属于“山前”之地，也即太行山以东之地，为幽云十六州的组成部分。以“幽蓟”代言十六州，主要代言“山前”之地，是大宋君臣口头禅。

但也有人反对这个意见。

太宗时代，如何对待草原民族，大宋内部开始出现类似后来南宋的“主战”“主和”两大派系。

这两大派系，一直延续近三百年，与大宋帝国相终始。细考诸说，会发现，基本上属于公说公有理婆说婆有理。其中反对讨伐燕蓟的大臣主要有赵普、田锡、王禹偁、张齐贤等。但太宗时代的“主和”派与南宋“主和”派不同之处在于：太宗时的“主和”派，大多认为战争时机不到，如果时机到，可以与草原一战。所以太宗时代的“主和派”实质是“缓战派”，并非一味主和。

平塞寨“守卫战”

“高梁河之战”后，大宋与契丹的战事还在进行中。

太平兴国六年（981），初春，距“瓦桥关之战”后不到两个月，契丹再次南侵，在河北易县平塞寨，数千草原兵被知州白继赟击退，斩首三百级，获战马五百匹，器甲以千计。易县不是一个容易守卫的地方，白继赟乃是一介书生，权知边塞州郡，居然做到令契丹不可南下，有功。他后来又在平定巴蜀王小波、李顺之乱中立功。后话表过不提。

平塞寨在白继赟守卫战之后，升格为平塞军。到了这年夏，契丹又来入侵，显然是对前战失败的报复。这一次契丹来了七千人。但被白继赟再次击败，杀获甚众。太宗下诏褒奖了守军。

不久，契丹又增兵到万人来侵，试图扳回败局。但还是被守军击破。

这年冬天，契丹第四次来战，白继赟“逆击之”，迎头痛击之，在平塞军北边，打败契丹，斩首两千级，所获铠甲战马甚众。

此地连续四次击退入侵者，够得上“英雄城”了。白继赟这个书生不简单。

潘美驻守的三交口，西北三百里有地名固军。潘美组织了特遣队，侦缉敌情后，大军出其不意出现在固军要塞之前。契丹守军看到潘美漫山遍野的军旗，吓得慌忙逃出城北窜，但守卫固军的军使安庆没有跑，他的家族都在此地，已经来不及逃跑，于是率领族人向潘美投降。

潘美得到固军之后，在此地积累军需物资，精心营造为一处西北要塞。晋北的边境安全赖此役，得到很大改善。从此以后，契丹不敢再靠近此地，史称“边民以安”，边境士庶因此得到安居。

太平兴国六年秋，岚州附近，有原属于契丹的边民五十三户，总三百六十三口人要求“内附”，也即不再隶属契丹，归附中原大宋。于是岚州边防军就派出戍卒去接应这些“内附”的义民。路上遭遇契丹骑兵的邀击，岚州守军发起反击，击溃契丹兵，斩首十七级。

这是一个小型战役，算是一个遭遇战，但契丹辖境有民众愿意归附大宋，证明宋辽相距之间，大宋争取人心是可能的。沦陷区人民还有“返回祖国怀抱”的意愿。故这类边民实是“义民”。

随后又有“雁门保卫战”。

这是契丹“三路攻宋之战”的组成部分。

太平兴国七年（982），春末夏初的四月间，契丹发动三路大军共三万铁骑，分道攻击大宋。辽景宗也即契丹主耶律贤再次随军南下。

而这时太宗正在为“赵廷美大案”头痛不已。这是大宋史上一件扑朔迷离的事件。我将专章来说这个事。且说太宗闻听耶律贤三路而来，虽然国内事有点乱，但他并不慌忙，在此之前，他已经做了妥善安排。

远交近攻

事实上，太宗在去年，太平兴国六年（981）初秋，就得知契丹有异动，很想先发制人，再次亲征幽燕，甚至还派出了使节到契丹背后的原渤海国，去见原渤海国王，让他发兵响应大宋北伐。使者带去的诏书写得很有气势，原文略云：

> 闻尔国本为大藩，近年颇为契丹所制，尔迫于兵势，屈膝事之，谗慝滋多，诛求无已，虽欲报怨，力且不能。所宜尽出族帐，助予攻取，俟其翦灭，当行封赏。幽蓟土宇，复归中朝，沙漠之外，悉以相与。

听说你们邦国本来是一个很大的藩国，但近代以来被契丹所制约，你们被契丹的强大兵势所迫，只好屈膝事奉他们。但人家并不信你们，不利于你们的奸言越来越多，而契丹对你们的盘剥也没有个止境。你们虽然想报仇，但力量达不到。现在机会来临，你们应该集合全国各个部落的兵马，帮助我攻取契丹。等到剪灭他们，当有重要封赏。大宋的意见是：幽蓟土地，回归中原，沙漠之外，都送给你们。

显然，这是后来北宋末年“约金灭辽”、南宋末年“约蒙灭金”的预演。

事后来看，大宋这类战略，看似像“远交近攻”，符合兵法原则，但由于“远交”者并非善意盟友，事实上乃是野心更大的侵略者，如此一来，等于启动了侵略者入主中原的侥幸心。当侵略者感到时机合适时，中原有了更为惨重的失败。太宗此举，我不以为明智。当然，渤海国事实上经由契丹第一代君主耶律阿保机的打击，已经没有力量扩张，所以，他们没有回应太宗的建议。

但太宗对契丹这三路来攻，早有预案，约请渤海国参战，不过是各种预案之一。渤海国不来援宋，宋师自有安排。

“雁门关之战”的宋师统帅就是潘美。

潘美在此前已经夺得固军要塞，契丹已经没有了可靠依托，一战，被潘美击破，斩首三千级，追逐契丹一直到契丹境内，并将契丹辖境内的三十六个军事要塞摧毁，俘虏老幼万余口，牛马五万余。全部移送进入宋境。宋师胜。

耶律贤之死

“府州之战”也是契丹“三路攻宋之战”的组成部分。

府州在今天的陕西府谷县，镇守此地的是老将折御卿。在府州附近一个叫新泽寨的要塞争夺战中，折御卿将契丹击溃，斩首七百级，擒获其酋长百余人，缴获兵器羊马上万。契丹出征，要驱赶牛羊作为辎重、口粮。夺得契丹的牛羊，就等于缴获他们的粮草。宋师胜。

契丹“三路攻宋之战”的另一个组成部分是“唐兴口之战”。

唐兴口在今天的河北安新县东南，崔彦进在此。

契丹被斩杀两千余人，宋师获兵器羊马数万。此役最大战果是射杀了契丹大将太尉奚瓦里。宋师胜。

如此，契丹三路来犯皆败，总损失近六千人，羊马牛近十万，兵器甲帐无数。契丹大败而归。

契丹主耶律贤随军南下后，一直在云州（今属山西大同）附近山上打猎，不断接到南下大军失利的消息。最后得到“三路攻宋”部队全部败归的消息，不禁对契丹的前途有了深深的忧虑。他病倒了。

挨到这年的九月，耶律贤已经大病不起。

契丹南院枢密使韩德让听说消息后，不等国主诏书，即率领亲属亲兵直接奔赴行帐。他见到弥留中的国主之后，对皇后萧绰提出了“易置大臣”的意见。年纪还不到三十岁的萧皇后，知道自己马上就要成为萧太后，而这位四十三岁的韩德让，乃是她旧日情人，她正喜欢得紧，于是答应了他的要求。于是趁契丹主耶律贤不省事的时候，在契丹内部做了组织调整。不久，耶律贤还没有回到上京，就死在路上，年三十五岁，庙号景宗。

风流萧燕燕

耶律贤可能患有抑郁症。史称此人性格“仁懦”，有仁爱之心，无刚猛之气。他喜欢医术，乃至于国内懂得医学的人，很多得到他的提拔。但他自己却自幼体质衰弱，多年生病。又喜欢游猎，可是体质弱到连上马都很困难。每次契丹重要节日，甚至一般朝会，他都郁郁寡欢，有时就干脆不上朝。爱酒爱色，一直到死不变。所以国家大事，都由萧燕燕皇后主持。萧皇后也有办法，遇到大事，就召集蕃汉大臣共议，然后她来裁决。决定大事后，只不过要象征性地向耶律贤知会一声即可。

韩德让与耶律斜轸按照“遗诏”意见，以耶律贤长子，时封梁王的耶律隆绪嗣位，他才刚刚十二岁。于是，萧太后更名正言顺地“称制决国政”，契丹国法令制度政策概由萧太后总揽。契丹总九位国主，耶律隆绪是第五位，在位时间长达四十九年，以后的宋真宗、宋仁宗，都要和他打交道。但他的前半生，几乎都就是萧太后做主。

这位名叫萧绰，小名燕燕的萧太后，在先皇灵柩前哭泣道：“母寡子幼，族属雄壮，边防未靖，奈何？”我这个做母亲的成了寡妇，做皇上的儿子又幼小；咱们这边各个部族又那么威武雄壮；国家边防还没有安定；你们说我怎么办啊？韩德让与耶律斜轸进言道：“太后只管信任臣等，哪里会有什么忧虑！放心！”从此，韩德让总揽宿卫宫禁之事，太后对他更加宠任。

萧太后与契丹史上的太祖耶律阿保机、太宗耶律德光一样，都是影响深远重大的政治家，作为女性，她的影响力超过了“断腕太后”述律平。在后来的日子里，她直接促成了中国历史上的大事件“澶渊之盟”，为大宋与契丹赢来了百年和平。从此将契丹的国运推演到巅峰状态。她与韩德让的爱情故事，也有“希腊悲剧”般的色彩。我将在下一部书中详述始末，此处不再赘述。

萧太后执政后，封赏了几位功臣，其中之一就是耶律休哥。此际，耶律休哥因为战功，已经成为契丹的北院大王，封“于越”（又作“裕悦”）。“于越”是契丹的荣誉职官名称，其地位在百官之上，是契丹国主对功劳最大官员的最高奖授。契丹二百一十年，只有十人被封为“于越”。现在，鉴于契丹与大宋近年对阵总是败绩的严峻局面，更任命耶律休哥为南面行军都统，总揽中原战事部署。契丹期待在耶律休哥统率下，扭转中原战局。

不久，又有“丰州之战”。

丰州之战

丰州，旧址本来在内蒙古鄂尔多斯一带，后来逐渐南迁。此地最主要的是藏才族人。后梁时，此地称为天德军，治所在今河套地区的呼和浩特、准格尔旗附近。太祖时期，藏才族内附于大宋，渐移至山西武乡县附近，建筑城寨之后，成为刺史级别的要塞，后来最高长官又升格为团练使、防御使，虽然始终没有达到节度使级别，但却行使节度使职能。行政上隶属于河东路管辖。宋人称丰州、府州（今属陕西府谷）、麟州（今属陕西神木）为“河外三州”。三州品字分布，是大宋北边第一道门户。此地后来成为与西夏争夺的主要区域，这是后话。

此时，驻守丰州的是藏才族人王承美。

王承美的父亲，曾经属于契丹，但在开宝年间归附大宋。王承美就在父亲帐下做衙内指挥使。父亲死后，王承美做了天德军番汉都指挥使，并知州事，又移为丰州刺史。

现在，王承美凭仗着大宋帝国多次战胜契丹的余威，以及自己在本地区的影响力，成功地说服附近契丹辖境十一个部族，七万余帐内附于大宋。

契丹“一帐”，略相当于中原所谓“一户”。“一户”按五口人计算，就是三十五万人。那个时代，人口是最重要的军政资源——有人，才可能有赋税。人心所向，也证明了邦国源于恩威的吸纳力量。王承美做成此事，意义重大。此事一出，大宋欢喜契丹愁。契丹在此地也有部署，也叫天德军，是节度使级别的大藩。所以契丹知道消息后，当即由天德军组织武装力量试图抢夺这批移民。于是，有了“丰州之战”。

太平兴国七年（982）闰十二月，王承美在护送十一个部族内徙时，契丹天德军节度使韦太率草原兵赶来了。

王承美很干净地击破来犯之敌万余众，斩首两千级，缴获羊马兵器甲帐数万，但最大战果是：擒获了这位契丹天德军节度使韦太（韦太，一作萧太）。

太宗得到消息，很高兴。不久，王承美又派他的弟弟王承义来“献俘”。太宗接见了他，赐给王承义锦袍、金带，以及绢百匹。

王承美不简单。第二年，契丹来丰州报复，被他再一次击败万余众，并一直追击到青冢，今天的呼和浩特附近，斩获更多。

到了真宗时代，王承美还向朝廷请求，要在丰州建孔子庙。史称“诏可之”，皇上下诏同意。这应该是大宋帝国文明推进的一大成果。中国，之所以为中国，很大程度上是区域性的文化认同，而认同中原文化文明，孔子，无疑是最重要的符号。

此事在“中国文化史”中，是一个意味深长的事件。

“丰州之战”后，太宗赵炅又有了微妙的心理变化。

赵炅读《老子》

“丰州之战”前，太宗遭遇“驴车案”，与当初豪迈宣称“太原我必取之”“惟有战耳”“乘胜取燕蓟”不同，忽然有了厌战情绪。他亲自下诏，重申过去的一个意见，要边境军民不得随意出入边关，更不得到边外生事略夺。有违背这一禁令者，论罪。如果北边有羊马牲口进入宋境，要还给契丹。显然，这些举措，都有“怀柔”的意念在。

赵炅还在读《老子》，有一次就跟左右谈读老心得——

> 朕每读《老子》至“佳兵者不祥之器，圣人不得已而用之”，未尝不三复以为规戒。王者虽以武功克定，终须用文德致治。朕每退朝，不废观书，意欲酌前世成败而行之，以尽损益也。

朕常常读《老子》，看到“战争，是不吉祥的东西，圣人不得已才用到”这句话，总是多次体会以此作为规诫。王道之事，虽然需要武功来克敌底定，但最后还是要用文德来达到天下大治。朕每次退朝之后，都要看看书，就是要斟酌前世的成败之理而推行，方法就是吸纳好的成功的意见和案例，减损坏的失败的意见和案例。

这是太平兴国七年（982）十月的事。

耶律贤病逝于太平兴国七年九月。

王承美丰州大捷在太平兴国七年十二月。

太宗应该是得到耶律贤病逝的消息之后表达这个想法的。他不想乘契丹国主病逝，新主年幼之际发动战争。这一条历史记录，表明了他这个心迹。他在继续“怀柔”——大腿上的箭伤总在用刻骨的疼痛提醒他回忆起走入历史的那辆驴车。

但是王承美现在忽然大捷啦！

说服契丹十一家部落，并护送边民几十万人内附，这个突现的大捷一扫高梁河驴车遁的一溜晦气。

何况近来好消息一直不断，包括新近得到的那一批战马。

所以，恢复汉唐旧疆的豪气开始再一次回到太宗的内心。才领悟的《老子》心得在这个瞬间被抛掷脑后了。大宋太宗皇帝，他此刻念兹在兹的，还是幽云十六州！还是汉唐旧疆！于是有“雍熙北伐”……

太宗决计北伐的时间是雍熙三年正月，公元986年的春天，史称“雍熙北伐”。

“高梁河之战”已经过去七年，太宗腿上的箭伤虽然没有完全痊愈，还经常性地隐隐作痛，但疮疤表面似乎收口了。大宋的帝国精神更在时时催动太宗及时立功，而不是及时行乐。太宗几乎很少“行乐”。他不像光武帝刘秀、宋太祖赵匡胤，还够不上“圣君”，但却是名副其实的“贤君”。他对个人修为，有追求尧舜的倾向；对帝王之业，有罕见的雄心。所以他在经历多次战阵，身负重伤之后，仍然不忘“恢复”汉唐旧疆。

再次讨伐契丹，他需要一个理由。

这个理由，贺令图给了他。

贺令图主战

贺令图当时知雄州（今属河北保定），他是太祖贺皇后的侄子。他的父亲贺怀浦是贺皇后的哥哥，曾任岳州刺史，此时在潘美麾下，兵驻三交口。父子二人因为皇亲的关系，又常在北部边地屯驻，自以为熟悉契丹情况，成为大宋早期著名的“主战”派。他们常常给太宗上疏，讨论“恢复大计”。

契丹主耶律贤死后，他二人给太宗上疏说：“契丹国主年少，只有十二岁。现在他们是母后专政，宠臣韩德让等人在主事，国人很嫉恨他们。这是个机会，可以乘此，以取幽蓟。”

这番话，这个情报，太宗早就知道，但经由这二人说出来，应该是拨动了太宗潜伏着雄心的那根弦。史称“帝始有意北伐”。

而另外一批“主战”派，也借机造势，要求太宗北伐。

掌管内廷制造的文思使薛继昭、掌管军需物资的军器库使刘文裕、散官崇仪副使侯莫陈利用等人都是“主战”派。与贺令图同时，这些人给太宗上了奏章，要求利用这个机会，北伐。

站在时光的后面来看“雍熙北伐”，应该知道：燕蓟不是不可以讨伐，但此刻，大宋没有准备好。主要是，统御三军的将才人才没有准备好。此时，大宋还没有足以与耶律休哥对垒的人才。而太宗控驭武夫的一贯之道，并没有改变。这样一场超级战争，北上，等于取仰攻之势。激情、义愤、失地之痛、立功之心，不是取胜的法宝。

雍熙三年（986）之春，给太宗上疏的这几个“主战”派，除了刘文裕，可算“庸中佼佼”外，其余无一人有大见识，更不是智者。他们提出的北伐意见，更多是一种“热爱大宋，仇恨契丹”的情绪性表现，胸中并无成算。

贺令图，皇家戚党，从小受过良好教育，是个老实孩子，史称“少谨愿”，少年时很谨慎，诚实，厚道，有操守。常出入于太宗做晋王时的府邸，得到太宗喜爱。他应该是看明白了太宗的“收复燕蓟之志”，又在边地守卫十多年，自以为燕蓟可取，必取，能取。但史称此人“轻而无谋”，做事轻率而无远谋。作为一般军人指挥一两场无须智慧介入的战斗也就罢了，“雍熙北伐”，这是泼天般的大事，“轻而无谋”岂有前途可论？

后来的事实也证明了此人成事不足败事有余的特点。

贺令图，被耶律休哥活捉；贺怀浦，在“雍熙北伐”中，跟随杨业出征，死于阵。贺氏父子都是大宋壮士，抗击契丹，血气甚壮；但战争，须有智慧衡度。父子二人无此智慧，史上种种“智浅而谋大，力小而任重”的悲剧，乃是这父子二人的生命逻辑。很可惜。

薛继昭几乎没有经历过战阵。北伐，大宋对契丹，奔袭几百里，纵横近千里，天时、地利、人和、综合国力、统帅任命、虚实阴阳、指挥艺术、策略组合、赏罚、考绩、谋略、攻城、涉水、翻山、步骑、排阵、辎重、谍报、用间、反间、信息传递……如此大型战争，其结构之复杂，诸元之繁复，不是“轻而无谋”者可以涉足的领域。与贺氏父子一样，薛继昭论“雍熙北伐”，摆错了自己的位置，属于“界限不清”。按儒学理论就是：无礼。因为“礼”的要义可以解释得很多，但“当位”“节制”是其荦荦大者。薛继昭徒逞口辩，既不“节制”又不“当位”。简言之，“雍熙北伐”，薛继昭没有资格谏言，理由一条：他不懂战争。而后来战争如他所愿爆发后，他也参战，在曹彬麾下，但表现极为恶劣，临阵时，还没有开战，他就想好了怎么逃跑，影响了士气。

刘文裕是这些“主战”派中唯一略有资历的将军。他在开宝年间跟随太祖讨伐江南时，曾经做骑兵校官的辅佐，被箭矢所中，但神色不变，为人所称赏。太宗做晋王时，他曾出入于府邸，所以在李飞雄大案中，他能识别诈术，并最终擒获李飞雄。但是讨论“雍熙北伐”，他的智慧还是不敷使用。后来在北伐的组成部分——潘美一部抗击契丹的战役中，他与王侁一道，都有失约的责任，导致杨业自杀。他也不是讨论“雍熙北伐”的合适人选。

这些人中，最奇异的是侯莫陈利用。

大师侯莫陈利用

此人姓“侯莫陈”，三字姓，名“利用”。他是汉化后的鲜卑族人，早年居住在巴蜀，很小的时候就学会了幻术，太平兴国初年，在京师卖药，经常玩弄“黄白事”迷惑世人。所谓“黄白事”，按照《抱朴子》的解释，就是变化黄金白银的炼丹术。据说用铁器将铅熔化，投入一种只有炼丹者能搞到的神药，铅就化成了白银。再将这个白银熔化，继续投药，就化成了黄金。据说这种“神仙黄白之方”有一千多种。史上有人信，有人不信。

太宗在做晋王时，府邸有个能人叫陈从信。此人对经济管理很在行，一直得到太宗信任。他推荐了江湖大师侯莫陈利用。太宗召见，当场试验幻术，似乎很神奇。于是大师被封了官，经常伴在太宗左右。

大师促成了雍熙北伐之后，也跟着大军出征，在潘美、王侁一部，杨业失利，他也随着潘部而退。史上未见此人有何战功。后来太宗给了他一个郑州团练使，像所有的得志小人一样，大师也开始不知道天高地厚，利用职权荐引同党，有了种种不法行为。

老臣赵普是坚定的“主和”派，他不主张北伐。当他再次拜相后，知道北伐一事很大程度由这个江湖大师促成，于是对他有了厌恶；后来更知道此人种种不法，于是决计除掉此人。他向太宗提出了请求，要求法办侯莫陈利用。

太宗不想法办大师。

赵普坚持法办大师。

太宗说不过赵普，于是下诏，将大师除名，抄了家，落籍为民，发配到商州禁锢。

太宗辩才不及赵普。不仅太宗不及，太祖也不及。赵普往往不说话就罢，说了话，即使太祖太宗反对，他也有办法让二位皇上改变主意。赵普是总能一言击中太祖太宗软肋的辩才。

太祖时，常派遣特务到军中去伺查，看看有没有阴谋拥戴的蛛丝马迹。赵普知道后，极言劝谏说不可这么做，免得生事。太祖说："周世宗时就这么干。"赵普道："世宗虽如此，岂能察陛下耶？"世宗虽然这么干，但是伺查出陛下了吗？史称"上默然，遂止"，太祖沉默不语，于是终止了特务活动。

太宗也曾指责赵普，说他从来不举荐将帅。赵普说："昔明宗举石晋，晋选张彦泽；刘高祖拔郭上皇，世宗得太祖，臣岂敢轻举耶？"过去，后唐明宗曾举荐石敬瑭，石敬瑭推翻后唐，建立了后晋；过去后晋曾举荐张彦泽，张彦泽投降了契丹，灭了后晋；过去后汉皇上刘知远提拔了郭威，郭威成了推翻后汉的后周太祖；过去周世宗推荐了咱们太祖，太祖有了大宋。如此看，举荐武将有风险，臣岂敢轻易举荐武将！逻辑在这儿摆着呢，太宗也没有话说。

话说太宗贬了侯莫陈利用大师，但不久，还是想这个人，又用了变通的办法，将大师重新召回。

赵普担心此人再次被起用，就将一位郑州税务官召到中书，向他了解到侯莫陈利用更严重的罪行：大师居然敢于僭越皇室用度，每次在府中接见京官，都要坐北朝南，居住之地所用之物，都是皇上规格。他身上常佩一条犀玉带子，用红黄罗袋装饰。澶州地区黄河曾经由浑浊变为清澈，按照传统说法"圣人出，黄河清"。大师就利用这个事件，在郑州的科举中以“黄河清”为题考举子，等于自比于“圣人”。他在书写判词时，文字有很多不敬，等等。赵普于是要这位税务官上疏告发侯莫陈利用。

正好又赶上不久前抄家时，在大师府邸搜出几页文字，都是大不敬之语。赵普得知，也让他上疏告发。

种种黑材料凑在一起，有了聚变效应。

但太宗不想让大师死。

但赵普坚持让大师死。

赵普劝太宗说：“侯莫陈利用这人，罪过太大，如果惩罚太轻，不能满足天下人的愿望。再说，留着这个人又有什么用？”

太宗祭出最后一招，道：“难道朕作为万乘之主，还不能庇护一个人吗？”

赵普不为所动，抗言道：“这个国家巨蠹犯有死罪十几条！陛下不杀此人，是乱天下之法。法，值得珍惜！此一竖子，有什么可值得珍惜的！”

这话顶得太宗没了道理，史称“上不得已，命赐死于商州”，太宗没有办法，只好命人将侯莫陈利用在商州“赐死”。

“命赐死于商州”是《续资治通鉴长编》的说法；《续资治通鉴》中的说法是“命戮于商州”；《宋史》侯莫陈利用的本传记录说“太宗怒，令中使脔杀之”，但《宋史》中的太宗本纪却说“郑州团练使侯莫陈利用坐不法，配商州禁锢，寻赐死”。诸说不同，但“死”是要“死”的。

得到执行死刑的命令，中使驰马奔往商州。

太宗这个时刻又一次后悔了。他还是不想杀掉大师，于是派出第二位使者去商州，试图追回前命，赦免大师一死。不料后面这个使者走在路上陷入泥泞之中，好不容易从烂泥潭中脱身，想办法换了马再去追赶，已经迟了。等他追上前面使者，大师已经被行刑完毕，使用的是“磔刑”，也即被“脔杀”。

“赐死”“戮”“脔杀”，是不同的死法。

“赐死”是君主诏令身份地位较高、功劳较大的臣下自杀而死，这种制度由来已久。“赐死”，可不至于让受死者在街头众目睽睽下受辱，也不至于让受死者身首分离，可保留全尸，也不必受酷刑折磨，算是一种“优礼”。具体死法，一般是赐毒酒，饮而死；赐剑，刎而死；赐绫、赐绳，绞而死（一般对女子赐绫赐帛，对男子赐绳）。

“戮”，虽然就是“杀”，但“戮”还有警戒侮辱的意思。又分“生戮”和“死戮”两种。前者是先示众，后杀死；后者是先杀死，后示众，也即陈尸街头。总之，“戮”必要示众。这就与“赐死”有了不同。

“脔杀”则是“磔刑”，也即凌迟之法，活剐处死，是死刑中最重的一种刑罚。凌迟可能开始很早，五代十国乱世中较多出现，但即使在这个乱世也有人反对磔刑。譬如后晋石重贵时，大臣窦俨就认为死刑只能保存斩、绞两种，而“脔杀”应该禁止，石重贵同意了。太祖赵匡胤时代，制定《宋刑统》源于《大周刑统》，《大周刑统》则源于梁唐晋汉以来的各类“刑统”，而后者更源于《唐律》，《唐律》最重的刑罚就是“斩”。这些刑罚都没有将“脔杀”列入其中。《宋史·慕容延钊传》记录：“贼将汪端与众数千扰朗州，延钊擒之，磔于市。”这个汪端，是被慕容延钊在朗州(今湖南常德)“脔杀”的，而非太祖本意。

侯莫陈利用，有罪，但是否被太宗下诏“脔杀”，诸说不一，据我对太宗赵炅的理解，以及这一事件的逻辑推演，我倾向于认为，太宗没有“脔杀”侯莫陈利用。

理由有三：

一、诸史有“赐死”“戮”“脔杀”三种记录，我选择“赐死”说。

二、太宗喜欢大师，第一次发配大师到商州后，还下诏“召回”；第二次“赐死”后，还下诏“贷死”，免于死罪。太宗不至于仇恨大师到必欲“脔杀”的地步，他不想听赵普的。

三、诸史都记录了大师最后还是被“脔杀”的结果，这有可能是执行官讨好赵普，或自作主张的结果。

窦仪的墓志铭

赵普，在太祖太宗时代，是个只要了解他，就会让人惧怕的人物。有个故实可以概见赵普如何令人生畏。

太祖时，对赵普的专断已经心怀不满，就很想有人能说说赵普的坏话，好就此免了他的相权。有一次太祖召来甚有清望的名臣窦仪，暗示他赵普很多“不法”之事，并流露了自己的不满。但窦仪却一个劲夸赞赵普是开国元勋，以天下为己任，忠心耿耿，为人真诚正直，等等。太祖听后很不高兴。窦仪回到家里，对几位弟弟说：

“我得罪了皇上，肯定不能做宰相了，但也不至于被流放发配，我们窦家，一门可保没有灾难了！”

窦仪，就是《三字经》里“窦燕山，有义方，教五子，名俱扬”的“五子”之一。曾于宋初主持制定《宋刑统》，为大宋立法做出卓越贡献；又主持礼仪礼法的制定，为大宋礼制做出卓越贡献。这是宋初文明的最初推手，被人誉为“天瑞”“国宝”。他死后，墓志铭由太宗朝的名士扈蒙撰稿，写得神采飞扬，其文曰：“天之瑞曰庆云，曰甘露，余以为非天瑞也；国之宝曰河图，曰汾鼎，余以为非国宝也。若有人负拔俗之才，蕴超世之量，祥麟威凤比其德，舜韶汤护齐其声，孝以肥于家，文以华于国，优游清贯，终始令名，斯可谓之天瑞矣，斯可谓之国宝矣。”大意说：一般人都认为五色的祥云、甘美的露水是天瑞，但我认为这不是天瑞。一般人也认为黄河里龙马身上的图案、汾阴县后土营旁的铜鼎是国宝，我也不认为这是国宝。如果有人负有超越凡庸的天才，蕴有远过世人的气量，其德能，可以媲美吉祥的麒麟、庄严的凤凰；其美声，可以媲美虞舜时的《韶乐》、商汤时的《护乐》；此人又因为孝道而滋润其家族，因为文采而崇美其邦国；自己又能从容清介，明哲保身，始终保持令名，这才可以称得上是“天瑞”，这才可以称得上是“国宝”。

墓志铭一般都有“谀墓”倾向，但这一篇文字“谀”则“谀”，但妙实在是妙。拈出“天瑞”“国宝”来评价窦仪，倒是名至实归，窦仪当得。

不过由此也可以看到，即使是“天瑞”“国宝”，对赵普，也还是畏惧十分。在很多大臣那里，赵普甚至比太祖、太宗要可怕，得罪了太祖太宗，也不过贬官流放，得罪了赵普，结局莫测。于是，他们宁肯得罪太祖太宗，也不愿意得罪赵普。“天瑞”“国宝”也不例外。赵普如果没有过人的“阴毒”，何至于让大臣对他如此惧怕？

就连当初的吴越国王钱俶，都知道赵普此人非同等闲，特意贿赂他，给赵普送来瓜子金十瓶。

后来的名相卢多逊是一个博学多谋的人物，他不服气赵普，多次与赵普作对。卢多逊的父亲卢亿在太祖朝时做官，一见赵普即心生恐惧。他退休后，听说儿子跟赵普不睦，长叹道：“这个儿子将来是免不了有一场祸事啦！还好我已经不久于世，不会亲历此难了，也算万幸。”卢多逊后来果然被贬。

史称赵普“强直疾恶”，刚强正直疾恶如仇。也有一种说法，说赵普在中书省政事堂，接见群官，一定会拐弯抹角从对话中找到某人的短长之处，等到人走了，就让秘书追录某人某事，以后如果某人因某事而被追究，赵普就会找到这些记录，当作证据，于是“群官悚息，无敢言者”，所有知道被记录的官员都很惊恐，没有人敢多说话。

有一故实证此说为真。

赵普折服袁廓

一个大臣名叫袁廓，管理财务有功，但是“性夸诞，敢大言，好诋讦”，性情很怪异，言辞夸大虚妄，好说大话，攻击他人。太祖时认为这是个“奇士”，待他很是优容。太宗时，袁廓更是常与人争论，甚至在朝廷上也为公事私事跟大臣争，而且声气俱厉，太宗还是原谅他。他管理财政事务，小事也很精密，乃至于很多事，需要反复核对，这就延误了地方州郡按时了断业务的进程。地方不满，就来上诉。御史开始过问这事，袁廓不服气，就找三次入相的赵普来论理。这时候，赵普刚处理完侯莫陈利用大师的案子，知道袁廓跟大师有过书信往来，就对他说：“你说的这个事，都属于职司间的工作纠纷，不算个什么事。但是您与侯莫陈利用交结得那么密切，这在道理上说得通吗？嗯？”此一问，扪着了袁廓的软肋，袁廓一下子知道：此事可大可小，生死就在瞬间。这位相爷果然如江湖传说，不可触碰。史称袁廓“惊惭泣下”，惊恐、惭怍，鼻涕眼泪都出来了。他一生强项好争，此时竟无言以对。

赵普的故实一箩筐，一下子难于说清，将分头缕述，慢慢“推断”这个历史人物的甲乙丙丁。

“荧惑圣聪”

现在“重行推断”这些不利于侯莫陈利用大师的黑材料，大略可以看到此人不过是江湖走得久了，浸染更多黑道习气，就像近世江湖大师的作为一样，出于自我推销的目的，必有夸大自我神奇能量之处。这样，就可能自比君王、自比先圣、自比神仙，于是有了“言甚不逊”的狂躁。这样的人留在江湖也就罢了，进入官场，历史上来看，大多会形成一片巫师般的党羽，对清明政治而言，确是一个祸患，汉代以来，这类以巫术控驭政治的案例很多，最后造成的恶政也常见。赵普决计除此人，有其正当性。

但不正当的是太宗赵炅。

他为何要听取这类人物大言，在时机未必成熟之际，做一场工程浩大的“雍熙北伐”？

这就说到传统史书上常见的一个现象：“荧惑圣聪”。

“荧惑”本义是指天上的一颗星宿，火星，引申为一种凶神，再引申为一种迷惑、炫惑。“圣聪”是说帝王明察。联系起来就是：帝王本来很圣明，明察秋毫，但被恶人、邪佞所蒙蔽，炫惑中，所以断事不明。

若干年后，名臣谢泌劝谏真宗要坚守“用贤致治之道”时，还提到此事。他认为“先朝（也即太宗朝）有侯莫陈利用……之徒，喋喋利口，赖先帝（指太宗）圣聪，寻剪除之，然为患已深矣”。这是千年以来，“亲贤人、远小人”的帝制治理经验。即使在制度化管理时代，也应该属于优良治理的模式，不同的是：如何选任贤人、退黜小人而已。

但传统此说将帝王过错全部推给奸佞，不是公断；帝王之所以听信奸佞之言，必是“圣聪”不够。故即使是接受这类传统批评意见，也该各打二十大板。简言之，“雍熙北伐”导致大宋败绩，太宗赵炅有责，他应该负有第一责任。

上中下三策

当着有人“荧惑圣聪”之际，也有更多大臣提出了反对意见，但太宗没有听取。刚刚出任参知政事的大臣李至的劝谏更为得法，他提出上中下三策，要太宗选择上策或中策，就是不能选择下策。他的上疏是一篇美文，值得欣赏：

> 幽州，契丹之右臂，王师往击，彼必拒张。攻城之人，不下数万，兵多费广，势须广备餱粮。假令一日克平，当为十旬准计，未知边庾可充此乎？又，范阳之旁，坦无陵阜，去山既远，取石尤难。金汤之坚，非石莫碎。臣愚以为京师天下根本，陛下不离辇毂，恭守宗庙，示敌人以闲暇，慰亿兆之仰望者，策之上也。大名，河朔之冲卫，或暂驻銮辂，扬言自将，以壮军威者，策之中也。若乃远提师旅，亲抵边陲，北有敌兵可虞，南有中原为虑，则曳裾之恳切，断鞅之狂愚，臣虽不肖，耻在二贤后也。

幽州城，是契丹的右臂，我大宋雄师前往征讨，他们一定会拼死抵抗。那时，攻城之人，不下数万，兵多，费用就多，所以一定要广备军粮。应该假定攻克幽州的日期之前，要准备一百天的军粮。现在不知道边境要塞是否有这么多的储备？另外，幽州大城之外，平坦而无丘陵山脉。离山丘这么远，取石头是很困难的。但敌人固守城池，没有更多石弹，不利用炮具，是很难攻克的。臣愚钝，但还是认为，开封京师乃是天下根本，陛下不必离开汴梁，恭敬地守住宗庙，给敌人一种闲暇镇定的感觉，以此可以抚慰天下敬仰皇上的士庶。这是上策。河北邯郸一带，是通往河东朔漠的重要门户之地。陛下如果一定要亲征，不妨就在大名邯郸驻跸，可以放出风来，要御驾亲征，以此来壮军威。这是中策。如果陛下一定要亲提大军，到达边陲，那样，北边有契丹冲犯的忌讳，南边有中原空虚的担忧。如此，三国时辛毗拉着魏文帝的袖子不让他迁徙民众，这种恳切，春秋时齐太子砍断马鞅绳阻止齐侯逃跑，这种狂愚，都是我钦佩的。臣虽然很不肖，但也耻于在辛毗和齐太子二位贤达的后面——臣是一定要效法这二位的。

细考李至上疏，其实是在“上策”之前，还讲述了攻取幽州的困难，主要是粮草储备与炮具石弹获取的困难。他认为这一项军备不预先做好，攻取幽州胜算不大。这是在委婉地劝谏太宗，时机未到，可以暂时不动。至于“上策”，也可以概见，李至已经预见了败局，他期待太宗不要亲征，再次品尝这个苦果。李至的拳拳之心于此可以略见一斑。

太子宾客

李至是大宋名相之一，“雍熙北伐”前，他已经做到了参知政事，又加给事中。他议论北伐事后，认为太宗没有全盘接受他的意见，做这个机要政事工作没有什么大意思，就多次说自己有“目疾”，要求解除副宰相职务。太宗答应了他，给了他一个礼部侍郎职务。打仗是打仗，太宗从未停止过文化建设，这时候正好建秘阁，相当于文化部，就让他做了秘书监。然后又从三馆，也即昭文馆、集贤院、史馆中拣选部分图书充实其中。这个活儿总由李至来做。

太宗还命他和李沆都来兼做太子宾客，下诏要太子，也即后来的真宗，“事以师傅礼”，以师傅的礼节对待李至、李沆。二李上表，谦逊表示，不敢当此大礼。太宗下诏回答：“朕博览典籍，考证古训，创建承华殿，辅导太子，一定要选用贤良。因为卿等德高望重，所以将太子委托给你们辅佐调教，就是要太子懂得谦和虚心，因此才在礼节上有异于平常。你们理应当仁不让，这才符合我敬重你们的心意。”一番话说得感人，李至等又上表感谢知遇之恩。

太宗又对他们说：“太子贤良明智仁义孝顺，国家的根本就坚固了。爱卿等可以尽心规劝教诲太子，如果太子做到‘动皆有礼’，一言一行都符合礼义，就要表扬赞赏他；如果太子做事言论有不当礼义之处，必须极力劝谏。至于《礼》《乐》《诗》《书》这些经典义理，凡有可助益的地方，都是爱卿素来熟悉的，不用我来多说啦！”

太宗要李沆、李至来做太子的老师，很有效法以商山四皓辅佐太子刘盈的汉家故事意思在。当时戚夫人要立自己的儿子刘如意替代刘盈为太子，刘盈的母亲吕雉很是惊恐，就恳请张良请出商山四皓辅佐刘盈，刘邦见吕雉、刘盈羽翼已成，打消了改立如意的主意。现在，“金匮之盟”的余威尚在，由“兄终弟及”变为“嫡子继承”，必须要有德高望重的老师夹辅，而李至、李沆，乃是当朝文臣中“祭酒”般的存在。太宗的用心良苦，于此可见。

李至在真宗朝还有一次关于西夏用兵的谏书，要求优待西夏辖境和周边的番族，孤立西夏。这个意见与后来张齐贤的意见出奇一致，但他要求放弃被西夏侵占的灵武（今属宁夏银川），与张齐贤不同。张齐贤认为经由他的策划，可以保住灵武。李至有一种直觉：灵武，依大宋当时的武力，守不住。为此，他提出后来“主和”派的先声意见：“圣人之道，务屈己含垢以安亿民，盖所损者小，所益者大。望陛下以元元为念，不以巨憝介意。”圣人之道，务必要自我谦卑含垢忍辱，以此来安定亿万士庶的民生。因为这样邦国损失小（只有帝王一人的损失），获益大（全国士庶都免于战争祸患）。期望陛下以天下黎民百姓为念，不必介意西夏那个罪恶的大头领。

但真宗没有接受他的意见，最后灵武还是失守。此是后话，容后再表。李至没有治兵经验，但也曾短期出任节度使职务，没有更多贡献。但两次谏书，一次谏伐契丹，一次谏伐西夏，都是大宋“主和”的滥觞，值得注意。“屈己含垢以安亿民”，甚至成为大宋“主和派”的口头禅。此中义理可思考者很多。要之：国家荣誉与民生利益是否冲突？假如冲突，义理何在？假如不冲突，大宋应该怎么做？

李至饱学，《宋史》记录他有著作《皇亲故事》一卷、《正辞录》三卷、《李至集》三十卷，还有与名相李昉的合集《二李唱和诗》一卷。他应该是太宗、真宗两朝的大文人。

但他有两件事，颇遭后人诟病。

桃花犬

就像俄罗斯总统普京，还有历届美国总统一样，大宋总统赵炅也是一个喜爱宠物狗的性情中人。据说太宗的狗狗非常可爱，常常跟在太宗左右，就像小布什出外乘飞机也要带上狗狗一样，太宗乘舆时，往往也要带上狗狗。这狗狗是合州（今属重庆）贡献的“桃花犬”，史称“甚小而性急”，常常在太宗御床附近转悠。每当太宗坐朝时，它总是先叫唤，大臣们才肃静下来。太宗死后，狗狗终日呜号，不吃东西，瘦得皮包骨。真宗下诏，让狗狗去守太宗陵寝，这狗狗才饮食如常。后来造了一个大铁笼，里面铺上素净的垫子，跟着给太宗送葬的卤簿仪仗队伍，被送到太宗的陵寝。行路者看到后，都忍不住流泪。

这种超越物种的情感也感动了李至，他为此写了诗，歌咏这件事。他还认为狗狗都对人这么深情、忠诚，而俗世间的人类往往薄情，我想李至这诗写得应该有益于“戒浮俗”。李至诗最后一句就是“愿君书此惩浮俗”，愿钱若水君将此写入《实录》来惩戒浮薄的世俗习俗。

当时名臣钱若水正在主持修撰《太宗实录》，李至就要求他将此事还有他的诗写进去。

但钱若水拒绝了他。

作诗歌咏人狗情未了，未为不当；但将此事此诗写入《太宗实录》，还须商量。在《实录》中讴歌一只狗狗，等于在骂士庶中有人不忠无情。士庶中，定有无情之人，不忠之辈，但以一只狗狗来比况，此事未免陷入平庸的深刻。狗狗对人情深志忠，是一个人人皆知的道理，以此说话，且由大臣说话，且写诗说话，且要将这寻常伤感与一本正经的“歌咏”记录，写入《太宗实录》，格局太小，有失大臣体；题旨浅薄，有失言说体；入史不雅，有失《实录》体。整体看来，就是于礼未当。

李至曾经在南唐归附过来的名臣徐铉门下执弟子礼。他做得不错，恭恭敬敬抄写了老师和老师弟弟徐锴的文集，放在自己书房案头。但他却生性吝啬，幼年时父亲早亡，被一个叫李知审的武官收养，但他富贵之后，却设法赶走了李知审的养子，为的就是占有养父的家财，虽然他后来也推荐李知审做了比较大的官，但却“逐其养子以利其资”，史官记录此事，这八个汉字，李至蒙羞、士林蒙羞。后来的读书人不可不知。

孔子有言：“非礼勿言，非礼勿动。”李至这两件事，都算“失礼”。

但谏止北伐事，李至上疏却“有礼”。北伐中，北伐后，宋廷都有大臣提出等待时机的意见。老臣赵普、名相宋琪、文人李昉等，都有长篇大论，陈述北伐利害关系。主旨都是：内修道义，远人自来；因此不必在时机不成熟时兴师动众。李至所言提出上中下三策，前文的文字铺垫部分更指明百日粮草不备因此不便北伐的根本，如此委婉而中肯的劝谏，在同侪中显出了他的文字功底和言说智慧。史称他的文章“辞华典赡”，文辞华美流丽，用典周备丰富。说他的母亲张氏，曾梦见八个仙人从天而降，拿了一幅“字图”让她吞下，等到她醒了，还觉得胸内有东西在。不久，生了李至。

但太宗赵炅，这个对恢复汉唐旧疆抱有巨大期待的十世纪中国领袖，他的北伐意志，已经不可变更。“荧惑圣聪”在神秘应验，尽管大腿上的箭伤还在时时作痛。

宣战檄文

雍熙三年（986）正月到二月，宋师做出了部署：拟分三路向燕蓟挺进。

东路，以曹彬为幽州道行营前军马步水陆都部署，崔彦进为副都部署。这一路又有米信一部。米信被任命为西北道都部署，杜彦圭为副都部署。两路同属于东路，受曹彬节制，率宋师出雄州，兵锋直指幽州。

中路，以田重进为定州路（治所在今河北定州）都部署，出飞狐（今属河北涞源），也向幽州开进。

西路，以潘美为云州（今山西大同）、应州（今山西应县）、朔州等州都部署，杨业为副都部署，率部出雁门。按战略意图，此一路，有大纵深自北向南包抄幽州的意图。

宋师雄壮，三路大军总兵力在二十万以上，各种攻城器械都已经准备妥当，大军比太宗第一次“乘胜取燕蓟”还要威武。

宋太宗在雍熙二年（985）十二月，车驾至大名（今属河北邯郸）。转年，雍熙三年（986）正月，为太宗一朝规模最大的战事“雍熙北伐”，还给幽州北境吏民下了一份诏谕，几乎就相当于一篇宣战檄文，文辞之犀利，不减《骆宾王讨武曌檄》。《宋会要辑稿》收录了这一篇诏谕：

朕祇膺景命，光宅中区。右蜀全吴，尽在提封之内；东渐西被，咸归覆育之中。常令万物以由庚，每耻一夫之不获。睠此北燕之地，本为中国之民，晋汉以来，戎夷窃据，迨今不复，垂五十年。国家化被华夷，恩覃动植，岂可使幽燕奥壤，犹为被发之乡，冠带遗民，尚杂茹毛之俗！爰兴师律，以正封疆。拯溺救焚，聿从于民望；执讯获丑，即震于皇威。凡尔众多，宜体此意。今遣行营前军都总管曹彬、副总管崔彦进等，推锋直进，振旅长驱。朕当续御戎车，亲临寇境，径指西楼之地，尽焚老上之庭。灌爝火之微，宁劳巨浸；折春螽之股，岂待隆车。应大军入界，百姓倍加安抚，不得误有伤杀及发掘坟墓、焚烧庐舍、斩伐桑枣、虏掠人畜，犯者并当处斩。应收复城邑文武官吏，皆依旧任，候平幽州日，别加擢用。若有识机知变、因事建功，以节度、防御、团练、刺史州降者，即以本任授之，仍加优赏。军镇、城邑亦如之。乡县户民候平定日，除二税外，无名科率，并当除放。凡在众庶，当体朕怀。

朕顺应天命，而光复中原。原来的蜀国、吴越，而今都在大宋疆域之内；东渐于海，西至于山，都归皇风覆载化育之中。大宋常常令万物得由其道，往往以一人没有获得恩典而耻辱。眷念北燕之地，本为中原之民，只不过在后晋后汉之际，被戎夷窃据，到今天没有收复，已近五十年。但大宋国家教化及于中原与夷族，恩典及于动物植物，岂可以让幽燕之地，还作为不开化的土地，让原来中原的文明遗民，还在忍受茹毛饮血的习俗？于是大宋兴师，让封疆之内都享受风习之正。拯救水火，顺从民望；抓捕丑类，振奋皇威。你们这些吏民，要体会朕的本意。现在朕派遣曹彬、崔彦进等，推进兵锋，长驱直入；朕也会驾驭兵车，后续抵达敌寇之境，直指西楼之地，尽焚老上宫廷。浇灭微小的火苗，其实都用不到劳烦巨量的流水，折断春虫的腿爪，也用不到使用巨大的战车。宋师大军入境，会对百姓倍加安抚，不得误有杀伤，也不许发掘坟墓、焚烧房屋、斩伐树木、掳掠人畜。凡有犯此者，并当处斩。所有收复的城邑，其中的文武官吏，一仍其旧；等到平定幽州之后，还要另外提拔任用。如果有人能认识到机会，知道有所权变，并做到某类益于宋师之事而建功，譬如，以节度、防御、团练、刺史之州而归附投诚者，当即以本州授官，并加优赏。其他军镇、城邑也是如此。乡县之民，等到平定之日，除了正常的夏秋二税之外，所有的无名之税，一律蠲免。朕这一番话，所有的吏民，都要体会，知道我的心思。

“径指西楼之地，尽焚老上之庭”，是比“惟有战耳”“乘胜取幽蓟”还要狠的一句话。“西楼”是契丹首都，“老上”是过去匈奴的一个可汗，汉文帝时曾经入侵中原，兵锋一度到达甘南陕北。诏谕将契丹比作匈奴，大有“犁庭扫穴”之壮。这是大宋非常“豪迈”的一次舒张。

但对手似乎从未有过被吓倒的案例，相反，越是在恐惧中，越是动用智慧与能量自我保全，并伺机反扑。

克复涿州

契丹在宋师攻势方向明朗之后，做出了相应部署：

以南京留守耶律休哥，当曹彬东路之师。

以耶律斜轸为都统，分兵当潘美、田重进等。

辽圣宗耶律隆绪与太后萧绰，驻军于驼罗口（今北京昌平西北），督诸军为应援。

萧绰，萧燕燕，这个三十出头的年轻寡妇，亲自指挥契丹全军。她思虑缜密，甚至派出了将军勤德到渤海之滨去守卫海岸，她担心宋师可能会由泥姑口（今属天津塘沽）北进。

这时候从西北夏州传来不好的消息。夏州人李继迁投降契丹，契丹以其头领为节度使都督夏州诸军事。此事让大宋分心。

但很快就有了好消息，而且在“岐沟关之战”前，宋师一路是好消息。被石敬瑭当年割去的“幽云十六州”，已经有六个州被收复。形势一片大好。

曹彬一路在河北固安之南与契丹大战。李继隆为先锋将军，大败契丹，攻克固安。

“固安之战”后，东路军有了行进中的根据地，分兵驻守固安之后，曹彬继续挺进。在涿州东，曹彬再败辽师，并乘胜攻涿州北门。大将李继隆、范廷召等人，都在攻城之际身中流矢，但督战更急，宋师士气大增，契丹终于不敌，宋师入城，克复涿州。

涿州，是“十六州”之一。此地是幽州西大门。“涿州之战”，收复失地后，可以遥窥燕蓟，北伐之战，获得先手主动权。

进入涿州后，曹彬派遣部将李继宣率领轻骑兵渡过涿河，去城南观察敌情敌势。这时，契丹的一个部落，奚人，在此盘踞，两军骤然遭遇，在涿州城南展开激战。李继宣将奚人击破，斩首千级，并俘获了奚人宰相贺斯。

奚人是鲜卑的一支，也有说法，契丹是奚人的一支。唐代时，奚人内附，唐太宗在奚人所在地，今内蒙古西拉沐沦河一带，设立州郡。唐玄宗、唐中宗对奚人都有和亲的敦睦举动，将自己宗族的女孩子嫁给奚人的首领。但安禄山之乱时，奚人有跟着安禄山叛乱的部落。契丹建国后，奚人被征服，成为契丹一部。

奚人善于造车，契丹所用各种车辆，多为奚人所造。史称“奚车不能任重而利于行山”，奚人造车，载重不是优势，但轻巧，可以作为宿营车，适合在山地行走。所以对契丹行走山路助益很大。曹彬部剪灭这一支部族兵，对契丹是一个不小的打击。

潘美连下四州

西路好消息也到了：潘美从忻州西陉关出关，与契丹战，斩首五百级。逐北至寰州（今山西朔县东），再斩首五百级。战斗中，宋师神卫右第二军都指挥使薛超，被契丹弯刀砍伤、流矢射伤，身体好几个地方流血不止，鲜血从金盔铁甲中渗流出来，但指挥将士，神色自若。契丹寰州刺史赵彦辛被夺气，激战几天之后，举寰州降。消息报告给太宗后，赵彦辛被大宋任命为本州团练使。寰州，也是“十六州”之一，且属于“山后”，“寰州之战”，是大宋第一次收复“山后”之地，意义重大。

西陉关即雁门关，与附近的宁武关、偏关合称“三关”，均在今山西代县北境，此地峰峦叠嶂，峡谷幽深，山壑之间，阴气甚重。唐代以来，即在此地设关口多处，抵抗突厥，尤以雁门关为雄壮。关隘随着山势蜿蜒，绝顶之上，可以俯瞰草原。如此雄固关山，如此险峻地势，历史上就有连绵不断的长城，将塞外隔开，雁门关上，烽火台墩、边墙雉堞、深沟高垒，组合为中原北部第一雄关。此地原来应该属于北汉，为北汉与契丹的分界处；太宗收复北汉后，雁门关为大宋所有，潘美、杨业等人即常年镇守此处。“雍熙北伐”，此地有战事。

潘美乘胜再围朔州，契丹守将赵希赞举城降。

潘美派遣使者将应州、朔州的将吏、耆老等送到朝廷，太宗很亲切地接见了他们。老人们说了一句很得体的话，让太宗高兴了好久。老人们说：

“久陷边陲，有粟不得食，有子不得存养，不意余年重睹日月。”我们这些边境士庶，长久地沦陷，有米也不能吃，儿子也不能好好抚养，所有收获都被契丹掳掠一空，没有想到到了晚年还能重新见到日月，沐浴大宋之光。

太宗给了他们一份意义深长的礼物：中原礼服，都是深衣冠带之类，这就等于为边地沦陷区恢复了大汉衣冠。

西路军转攻应州（今山西应县），契丹的应州节度使艾正举城降。诏令艾正即为应州观察使，原观察判官宋雄同知应州。

西路军再攻云州（今山西大同），激战后攻克，斩首千级。

如此，潘美率领西路军连下寰、朔、应、云四州。这都属于原来石敬瑭割让出去的“燕云十六州”，“朔州之战”“应州之战”“云州之战”，是为汉土重光，战果骄人。

断崖争锋契丹破胆

中路田重进也报来好消息：在飞狐之北，大破契丹。

契丹西南面招安使、冀州防御使大鹏翼、康州刺史马赟、马军指挥使何万通率众来支援飞狐。这几人都是契丹戍守河北、山西的名将。

田重进感到了契丹的实力，麾下大将袁继忠对统帅说：

“敌人很多骑兵，利于平地作战。我等不如乘此地多山的险要局势给他们一个迎头痛击！”

宋师另一员大将谭延美也认为：

“敌人仗恃着兵多将广，所以没有看得上我们，所以才敢大大咧咧地前来。我军若能出其不意，可以战胜他们！”

田重进同意。于是将军阵压在偏东方向，敌军在北。多次主动出击，胜败没有分出，等于两军处于胶着中。天快黑的时候，田重进天才地发现了一个机会。他发现契丹一部有数千人，在一处断崖之上列阵，似乎要有动作。他当即给了麾下大将荆嗣一个任务：在山崖险要处，与契丹争锋。

田重进一直没有让荆嗣出战，荆嗣早已跃跃欲试，此刻得令，即率本部冲入敌阵，与草原来寇短兵相接。

荆嗣不愧是昔日名将荆罕儒的从孙，他一生征战，独自历百余场阵仗，从无败绩。当初攻取太原，他受了重伤，半只手都已经被炮石击碎，但依旧勇不可当。田重进也素知荆嗣乃是一代猛士，故在此一役“飞狐之战”中，像押宝一样，留着他做预备队，黄昏时，放出这一支生力军，果然收到奇效。荆嗣只有五百骑兵，但却如出山猛虎，呼啸冲锋中，瞬间蒸腾出震撼敌阵的强大气场，令人胆寒。稍一接战，契丹即开始败退。断崖之旁，契丹兵很多人宁肯投崖摔死，也不敢与荆嗣接战。宋师在如入无人之境的大好局面下，快意恩仇，荆嗣一个人就亲手斩杀百余人。史称“敌势挫衄”，敌人的兵势得到挫抑败伤。视野所及，离散的契丹兵，断崖旁有千余人，跳崖不敢，接战不敢，战战兢兢中，荆嗣几声大喝，要他们放下武器，全部投降了宋师。

这一部的余众，屯守在附近土岭。

荆嗣派出裨将黄明，攻击土岭，黄明战不利，退回。荆嗣对他说：

“你就在这里不动，算作为我声援，我来夺取土岭！”

说罢，带领五百精骑，一战而胜，夺取土岭。契丹败北，荆嗣追击穷寇五十余里，到一个叫苍头的地方，这才停止。他这一路上，还顺便攻取了直谷、小冶两个军事要塞。当晚，就据有了契丹的毡帐、行李，屯驻在直谷要塞中。

几天后，荆嗣留下守兵，率众回到大本营。

契丹集合两万铁骑来与田重进争夺附近要塞，先锋部队已经包围了直谷寨。

田重进大部队已经分据各个要地，中军无人，就要荆嗣前往救援。荆嗣了解到敌兵态势后，对田重进说：

“我部下只有五百人，敌众两万余，力量达不到啊！”

田重进很是忧虑，就问荆嗣可有良策，荆嗣说：“大将谭延美正屯驻在小冶，有两千精甲。那里距离直谷很近，我愿意抄小路去找他，邀请他来策应。”田重进同意他的意见，就派他前往。

谭延美知道情况后，问荆嗣：“敌人势力如此之盛，怎么对付他？”

荆嗣说：“但愿谭将军用你的全部两千兵在附近列队，竖立旗帜；另外再派遣二三百人带着大军战旗在道路两侧。我荆嗣带本部五百男儿尽快前往，与敌寇力战。契丹看到咱们的旗帜那么多，一定会怀疑大军继后而到。这样，就会气馁，敌人虽然多，没有用，我定可破之。”

荆嗣“以少胜多”

谭延美江湖上混过黑道，曾在慕容延钊老将军麾下屡立战功，作战经验丰富。更重要的，战役，很大程度上，将军的直觉很重要。他信任荆嗣，知道这是一个常胜将军。此外，军事史上“以少胜多”的案例，他也熟悉。就人间斗战言，一人打两个人、三个人，取胜概率不大；但一百个人打一千个人，就不好说了；一千个人打一万个人，决胜的砝码已经不是人的多少问题了。盖人越多，占地（分地）越多，契丹两万人，分布在几里扎营，荆嗣几百人，直接冲击的，不是两万人，而是在机动中，犹如狭路相逢，只与劈面相撞的几百人斗战。只要有几百人被击溃，“全军已败”的消息，就会在整座大营像瘟疫一般传染开来。如此，即可赢得战役胜利。当年楚霸王项羽痛击秦王名将章邯、王离的“巨鹿之战”，光武帝刘秀痛击王莽大将王邑、王寻的“昆阳之战”，都是“以少胜多”的经典。当其时，兵多将广的一方视兵微将寡的一方为案板上的肉，以为随时可以切割；但真的斗战开始，谁是案板上的肉还真不好说。当章邯、王离视项羽为案板上的肉时，项羽正视章邯、王离为案板上的肉；王邑、王寻视刘秀为案板上的肉时，刘秀正视王邑、王寻为案板上的肉。此际，契丹名将大鹏翼很可能视荆嗣五百人不过是案板上的肉，但谭延美答应荆嗣，决计策应他，助他成就大名时，荆嗣应当有微微一笑，这一笑，大鹏翼等人已经上了案板。

第二天，谭延美布置妥当，荆嗣带着五百敢死之士，向两万人的契丹大营冲去。契丹组织了反抗，在当锋的几个大营中，荆嗣冲突起来无可阻挡。斗战间隙，荆嗣不忘记歇息，每一次都是在契丹围合过来时，发起冲锋，一天斗战了五六个回合。但契丹无法斗胜这五百人，并且渐渐看到遥远的树林里、大路旁，已经出现了宋师的军旗，连绵不断，契丹认为这是宋师主力部队来了，不免有了慌乱。荆嗣观察战场形势，从蛛丝马迹判断：敌人要撤退了。于是，赶紧派出亲随去向谭延美汇报，要他组织掩击。田重进也在派人观战，也正在飞狐附近调集部队，直觉战机来了，于是迅即组织了大部队向契丹冲锋。契丹阵营开始崩溃，除了奔逃，已经没有别的选择。

追击中，荆嗣和宋师一道，擒获了这几个契丹名将——冀州的防御总司令大鹏翼、康州的司令官马赟，以及马军司令官何万通，俘获参战的渤海兵、契丹兵千余人，斩首数千级，俘虏老幼七百人，马畜、盔甲等上万计——契丹这两万将士所有的辎重几乎都成了“飞狐之战”的战利品。

大鹏翼，则是契丹名将，此人形貌壮伟而勇健，在整个边塞，名气很大。此役将他俘获，史称“戎夺气”，契丹被夺气，很沮丧。

田重进开始乘胜围飞狐。

他将大鹏翼推到城下，要他开示守城者投降。根据后来的封赏，可以约略知道：大鹏翼很听话，他应该是说了一通宋师不可战胜之类的劝降意见。但守城的契丹马步军都指挥使吕行德还想坚守。田重进于是组织炮具，猛轰猛砸飞狐城。飞狐，即今天河北涞源县。此地有峪口名飞狐峪，乃是草原铁蹄南下的冀北之关要，收复飞狐，可在河北一线控扼契丹南下，故宋师所在必得。吕行德在宋师生猛顽强的意志下胆怯了。大鹏翼的一番游说也在起作用，于是，他率领属下开城投降。太宗得到快报，诏令将飞狐县升格为飞狐军，以吕行德为左骁卫将军，其余投诚者也都有封赏。

大鹏翼被田重进派遣牙校送到汴梁，太宗在朝廷上斥责过他后赦免了他，封他为右千牛卫将军，领了一个刺史。

田重进下蔚州

田重进继续扩大战果，不久又包围了灵丘，守将投降。

飞狐北，又来契丹援军，田重进再次击溃敌军，斩首千级，俘虏四百余人。敌众不甘心，再来，又被田重进击溃，杀死契丹酋长两人，斩首千级，获马三百匹。

不久，田重进更来到蔚州（今河北蔚县）。此地也是“燕云十六州”之一，宋师恢复失地的意志不可阻挡。契丹守卫蔚州的左右都押衙李存璋、许彦钦等，见大事不妙，就抓住时机，杀死蔚州酋长萧啜理及其守卒千人，并捆绑了另一位守将耿绍忠，举城降。

这事要为李存璋说几句公道话，并非他执意要背叛主人，而是主人有邪念在先。当初王师进入北境，所向披靡，当锋州郡都被攻克，所以蔚州的酋长萧啜理和监军、同州节度使耿绍忠，有了一个野蛮的想法：将蔚州城中的将吏全部杀光，然后带着自己的亲信豪杰奔回草原。李存璋得到消息后，知道自己也在被屠之列，于是先下手为强，所以做了这样一档大事。

田重进对李存璋的投降开始还有所怀疑，但又不想放弃机会，就先命令荆嗣率猛士数十人攀援绳索入城，了解到李存璋确实杀了酋长，捆了监军，于是接受了他的投降书。

正好田重进的大军粮草将尽，荆嗣就将城中的粮草运输出城，接济田司令。

李存璋被大宋任命为团练使，与许彦钦等人同知蔚州。然后，田重进大军即将开拔。但李存璋认为田重进要是走了，剩下一座孤城，契丹若是来讨伐，他是守不住的，于是带领蔚州全部官吏、士庶，投奔田重进。田重进也体谅他的苦处，安慰了他。说话间契丹就来了大军，要争夺蔚州。这时荆嗣部下副都指挥使江谦，不知斤两地开始发布恐怖信息，大有动摇军心的可能。荆嗣再一次展现了名将风采：当即将其斩首。如此稍稍稳定了军心。然后，荆嗣动员其余部，将蔚州城中的所有辎重，全部收取，押运到田重进大营。一切经营妥帖，荆嗣开始与来援的契丹斗战。荆嗣麾下有五个校官，四个在战斗中阵亡，但荆嗣一直与敌人力斗不止。战斗转辗到了一个叫大岭的地方，契丹才开始退却。

蔚州，此时成了一座空城。

这一仗，又是荆嗣“以少胜多”的英雄战例。但之所以取胜，也有当地士庶支持的原因。就在这一场战役中，边民中有些勇敢的，就自发组织起来，结为武装力量，夜半袭击契丹营垒，斩取首级后，向田重进部进献。

太宗听说后，很高兴，他说：“这些生长在边陲地区的人民，对斗战很熟悉。我们如果能够订立赏赐的规定，一定会有更多人应募。”于是下诏，规定：招募民间有能集合民兵应援王师的人，一律资助粮草、赠送兵甲；如果有人能擒获敌人的首领人物，随着擒获的首领职位高下而封赏补官。抓获一个生口赏钱五千；得到首级赏钱三千；得到战马，上等马赏钱十千，中等马赏钱七千，下等马赏钱五千。平定幽州之后，如果有人愿意留在军中，将给予优厚待遇，如果愿意解甲归田，可以免除租税三年。

这个诏书一下，从此应募抗击契丹的人更多了。

此役，田重进功劳不小，甚至就整个“雍熙北伐”来看，田重进的中路一部，是唯一全胜后整军而还的师旅。

田太尉候神仙夜降

田重进不凡。史称此人“形质奇伟，有武力”。他曾参与过陈桥兵变，率军打仗，没有败绩。是统帅级别人物中罕见的常胜将军。他没有学问，也不爱学习，似乎很像近世人们习见的那种“大老粗”，但他没有近世“大老粗”那种粗野，是一个生性很醇谨的将军，从不主动结交权贵。太宗还在做晋王时，很喜欢他的“忠勇”，就派使者送给他美酒烤肉，他居然不接受。使者说：“这可是晋王给您的啊，为何不接受？”田重进回答：“请你为我谢谢晋王。我只知道有天子。”最后还是不接受。

晋王知道他的忠厚朴实，践祚后，始终委任他以重任。

有意思的是名相张齐贤著《洛阳缙绅旧闻记》，有一段故实，名曰《田太尉候神仙夜降》，很可以见出田重进的性情，也可以见出宋初民间欺诈之习。

说田重进晚年好道，笃信炼金术。有一个脖子上刺青、绰号张花项的军人，很有江湖范，经常穿了道士服装，自吹可以炼黄金。田重进很相信他。

张花项又引荐一位同道，搭了炼丹炉，开始玩。二人跟田重进一起吃饭，前后诈取钱帛很多，要就给，田重进不吝啬。但很久也没有炼成，张花项就骗他说："泾州城有一军人，乃是我二人的师傅。太尉您要是能把他召来，那事立马就成。"田重进就发了公函，要调泾州军人。但泾州不归田重进管，那边认为调动军人，事大，没有朝廷文件，不敢干。重进就让泾州方面说这个军人有病，不可治愈了。然后田重进再到朝廷去运作。费了九牛二虎之力，让这军人居然脱离了军籍，弄到他当时所在的永兴军（治所在今陕西西安）来了。

花脖子张军人又说了："此人来了，我们一起去采办点必需的药品，今年八月应该成功。"当时已经是六月了。这一帮骗子担心花了将军那么多银子，啥事没弄成，将来怪罪起来不是耍的。于是又设一计。

这个张花项平常不吃酒，这天，他吃了酒，直到天黑才来到府衙。田重进很惊讶，看到他喝得说话都不利索了，就要辞退他。第二天当面责备他说："尊师您可是对我说过从来不吃酒的，但昨晚大醉。"

张花项微笑，慢慢回答说："某确实从来不饮酒，但昨日在街市，偶见了仙人。”说着，还向西部空中作揖一拜。田重进问：“仙人是谁？现在哪里？”张花项严肃低声说道：“就是吕洞宾啊！”吕洞宾乃是唐宋时坊间流传名气甚大的神仙。田重进闻言大为羡慕，就问：“你们见面说了啥？”张花项说：“吕洞宾召我到街市吃酒，我说不胜酒量，神仙说：‘你就喝，我保你不醉。’然后就吃了二十多杯。后来神仙问我住在哪里，我说住在太尉您这里。神仙说：‘我听说太尉很久了。太尉是武人，此人还有阳寿，但现在正有一点小病，我当去看他，给他点药，治好这小病。’”当时田重进正好有腰痛，一听这话大喜，就说：“我重进乃是粗人，何劳神仙下降！”又问：“那神仙什么时候到啊？”张花项说：“本月十五日，夜三更，必到。但神仙可不想多见人，太尉您要在东位，就是你平时射弓的地方，在那里排好帐幕，用新好细竹席，在静室烧香点烛，备鲜果好酒，然后要斋戒，换新衣，穿靴带笏，像朝见天子那样恭敬。深夜，就在室内等候，不要出来，神仙一定会来！”

长话短说，到了那天，田重进开始等神仙。他腰痛，又感染风疾，很难弯腰拜神仙，这天晚上天气还特别热，他要不断地给神仙叩拜，直折腾得大将军喘息不止、流汗不止，穿着笨重的朝服，全被汗湿透了。

神仙三更没有来，四更没有来，到了五更，田大将军开始怀疑，想把这几个人召来问问怎么回事。这时候亲信们来告诉将军：“尊师住处，门打开，向来带的行李箱箧，已经搬走了。”原来这几个江湖大师，稳住田将军，却偷偷开了东便门，溜之大吉了。

田重进于是打了个响指，“啪”的一声，对着左右说：“无良汉！

无良汉！无良汉！”连说三遍。从此以后，田重进再也不信这类道术了。

当时还有人匿名写了诗，放到田府大厅中，嘲笑田将军。据张齐贤记录，这诗当时的永兴军士庶，差不多都能背诵，成了一个新闻事件。张齐贤后来授右仆射判永兴军，所以对此事知道得很详细。

匿名诗两首，张齐贤在书中记录了一首，诗云：

铅作黄金汞作银，爇梁奸幸转灾新。
一朝诳惑田重进，半夜攀迎吕洞宾。
呆汉出门时引领，黠儿得路已潜身。
惟称三个无良汉，笑杀长安万万人。

铅汞之类，都是炼金术必要的材料。“爇梁奸幸转灾新”应是说江湖骗子利用人有贪心，也即愿意做黄粱美梦的弱点，不禁花样翻新骗人的意思。其他句子都好懂。古今一贯，可以一笑，可以一叹。

柒

岐沟关·君子馆

大将李继宣组织起所部精锐，在“山倒”中，与耶律休哥的契丹精锐斗战，且毫无惧色，且越战越勇，且击退敌阵，且还能取胜，且发起追击。考人类战争史，能做到这一步的，实属罕见。

“持重缓行”

“雍熙北伐”之前，曹彬率诸将到宫阙辞行，太宗与将军们珍重道别，而后对曹彬指画了此役的战略安排，太宗的意思是：

曹彬这一路十万人马，只需要“持重缓行”，路上不要急，不要贪利贪功与契丹寻战，只需声言要取幽州。这样，契丹就会屯兵在幽州附近集中主力部队对付曹彬。如此，敌人就不会分兵到山后对付潘美等部。如此，潘美等部的晋北大军就会轻松取得云州、应州等地。如此，宋师有了可靠后方，诸军就可以放心完成合围：潘美下太行，田重进出飞狐，米信自新城、曹彬自涿州东进，四路大军合为一处，同取幽州。如此，契丹将无能阻遏宋师，获胜是一定的。

曹彬未能体会太宗战略意图，在整体作战中，未能完全遵循这个程序行动。这是“雍熙北伐”失败很重要的原因。

当潘美果然克复寰州、朔州、云州、应州，田重进果然克复飞狐、灵丘、蔚州之际，曹彬麾下米信克复了新城，曹彬本部也克复了固安、涿州，曹彬这一路“兵势大振”。

太宗闻讯，认为曹彬取涿州时机不对，太早，不能算作“持重缓行”。因为这样一来，契丹有可能认为全面战争已经在各线爆发，很可能分兵据守各地，那样就会增加潘美西线、田重进中线的进攻难度。如此，四路合围的计划就有可能难于如期实现。而炎热的夏季正在到来，天气太热，对于攻城部队来说，是一个太苦的差事，比守城难度要大得多。

所以，当曹彬每一次捷报到后，太宗都很不安，史称“上颇疑彬进军之速，且忧敌断粮道”。太宗很怀疑曹彬进军速度太快，更担忧被敌军断了粮道。

曹彬的十万之众，粮草乃是大事。各路转运紧张得要命，但也未能及时送达阵前。当曹彬不能经营一个可靠的后方时，人吃马喂，就成了天大的问题。想想李至在“雍熙北伐”之前给太宗的上疏，内中有一句话：“……攻城之人，不下数万，兵多费广，势须广备餱粮。假令一日克平，当为十旬准计，未知边庾可充此乎？”不能小瞧这句话。李至认为前线边境，应有百日军粮！而到雍熙三年正月，李至上疏时，大宋并没有准备好。可以约略匡算一下，宋师全军攻取幽燕，至少二十万众，按每人每天一斤干粮计算，每天需要二十万斤，百日需要两千万斤；按一般养马常识，每匹马每日需要精料五斤左右，宋师骑兵多少不知，但至少应有两万精骑，这样，每日就需要精料十万斤，百日需要一千万斤；人马所需粮豆总计三千万斤。而战马每日食草至少十斤，这样每日就需要二十万斤，百日需要两千万斤。综合起来，应有五千万斤的储备。从河北、河南转运这批物资，按一辆小推车载重五百斤计算，应该需要十万辆次小推车。李至应该是看到了问题，大宋不可能在短时间内转运五千万斤粮草。

一定要准备百日粮草吗？曹彬的战役记录证明了李至的正确。

曹彬攻克涿州之后，在城内留守十天，史称“食尽”。

为何会“食尽”？

因为有个耶律休哥。

耶律休哥断宋师粮道

曹彬兵锋正盛，耶律休哥基本不冒险，这时契丹大军还没有部署完毕，草原纵深的援军还没有到，所以耶律休哥采取的战术是骚扰、断粮道。他在夜间不断派出小股部队骚扰宋师，由南向北转运的粮道也多次被劫掠，弄得东路军粮草不继。白天，耶律休哥则摆出精甲铁骑，在初夏的阳光下耀武扬威，以壮声势。曹彬未必怕耶律休哥，但他在这一仗的决策过于平庸。就军事智慧言，曹彬不敌耶律休哥。

他的十万大军，十天用尽了至少一百万斤粮食，马料还不算。“食尽”怎么办？曹彬开始“退师”。退到哪里去？退到出发地雄州。到雄州干吗？“以援供馈”，在此地保护粮道，保证大军需要的粮草按时到达。这就等于要从攻克之地返回始点，等于啥事没干。而且问题的严重性还不止于此。太宗赵炅都比他明白。太宗听说这个消息后，“大骇”，吓了一大跳，他说：“哪里有敌人就在眼前，居然退却去找粮草的儿戏？曹彬怎么会失策到这个地步？”太宗马上派遣使者赶往涿州，让曹彬停止撤退，不得到雄州。那么怎么办？太宗让曹彬循着白沟河去新城，与米信大军会合，在那里养兵蓄锐，用来为西线潘美一部、中路田重进一部壮大声威——回到雄州就等于回家啦，就等于没有了前线声援之威啦！——等到潘美已经将山后诸州全部收复，再令田重进急赴幽州，与曹彬、米信会合，“以全师制敌，必胜之道也”，用全部宋师来制服敌人，这是可行的取胜之道。太宗这个战略构想，始终没有变。

太宗指画“平戎万全阵图”，有胶柱鼓瑟之嫌，但就“雍熙北伐”这一场大战指画而言，确实符合兵家心法。山后九州乃是中原北部第一重要的安全屏障。得到这九州，正北可以看住契丹，西北可以看住西夏。加上山前七州，中原就可以睡踏实觉了。就“雍熙北伐”而言，得到山后，宋师就等于在自家门口与契丹争天下，推进一步是一步，退后一步，大门一关，中原平安。如此，这个仗就怎么打怎么有理。所以，太宗要取幽州，却将大宋、契丹两国地缘关系考虑进来，反而要诱使契丹重兵屯幽州，以此减轻山后潘美压力，拿下山后，再诸军会同，决战幽州，这是出色的战略安排。

但太宗不出色的是这一次安排曹彬做统帅，用人不当。

曹彬有两大失误：

第一，没有听从太宗安排，试图与西路潘美、中路田重进争功。

第二，未能成功节制主帅，导致军事章法混乱，给契丹造成可乘之机。

当时潘美、田重进克复六个州郡，而东路曹彬连同米信部，只克复一个涿州和固安、新城两个县级小城。而涿州，因为日前“食尽”，也已经放弃，大军正在奔往雄州。涿州，目前已经被契丹重新占领。

再奔涿州

我们跟人家往哪儿比啊？

东路军开始眼红，人家能够“累战获利”，多次大战，缴获众多，将来封赏也会丰厚，但我们东路兵力比人家那两路都要强盛，却不能有所攻取，这太不合适了。于是东路军内部“谋画蜂起，更相矛盾”，各种攻取规划开始纷纷出笼，各个规划之间往往有冲突。现在“重行推断”往事，不难猜想，东路军的将军们，有人认为应该迅速包围幽州，克复之；有人认为应该扫清幽州周边州郡，将幽州搞成一座孤城；有人主张“蛙跳”，直接越过幽州，先取蓟州，而后挥师西进，与潘美一道克复幽州；有人主张先取驼罗口，直接袭取契丹主和萧太后……种种说法，今人能想到的，那时的热血将军们也能想到。

要命的是，诸将一路上如此“规划”，“彬不能制”，曹彬不能节制——我认为，也不是完全不能节制，而是曹彬自己也没有庙算。他不知道下一步究竟应该怎么打。

而契丹战神耶律休哥正在寻机决战。

曹彬应该就在这个时候，接到了太宗的命令，要他与米信一部会合。

在诸将怂恿下，曹彬觉得即使与米信会合，也要重新夺回涿州。于是，大军与米信一部会合后，在周边各地筹措了五十天的干粮，开始回返，再去攻打涿州。米信留下守卫新城的军队后，也随曹彬前往涿州。但耶律休哥这个时刻已经开始正面出现，他的前锋部队与曹彬十万大军有了接触，不断阻遏宋师东进。有一种记录说，曹彬此时开始"持重缓行"，与契丹"且行且战，去城才百里，历二十日始至"，一边行走一边打仗，离开涿州不过百里，但却经历了二十天才到，平均一天行不到五里。《续资治通鉴长编》就是这个说法。但《续资治通鉴》则采用《辽史》记录说用了四天。事实是，曹彬二次攻取涿州，并非直接从雄州到涿州，而是转道易州再赴涿州。《辽史》的《耶律休哥传》和《耶律斜轸传》都有"曹彬、米信出雄、易"的记录。很有可能是:《辽史》记录曹彬东进从易州开始，直进，在契丹阻遏中，只用了四天；而《宋史》记录则从雄州开始，曹彬有到易州休整的时间，用了二十天。

但即使是四天，也是艰难的。耶律休哥因为援军尚未到达，所以不敢与曹彬直接对阵，但他派出的轻兵总是趁宋师正在吃饭的时候，发起小规模的袭扰，并设法捉住离群单独活动的宋卒。于是曹彬或战或进，或战或退，不断要在小股契丹袭扰中自救。大军结成沉重的方阵，还要不断地在方阵两侧挖一条沟堑，阻止契丹骑兵奔突。从易州到涿州约百里，这条沟就要挖百里，相当于挖了一条运河。大军饥渴，就现场挖井，泥水浑浊，就用粗布过滤后，人畜饮用。

不久前，契丹耶律斜轸曾经讨伐东北方向的女真部，俘获战马二十万匹。本来他们就有一个“群牧使司”，多年养马，繁殖不少，现在得到女真部马，史称“势益强”，势力更强大了。

在与大宋的战争中，他们以骑兵为主，可以千里奔袭，万骑成阵，飘忽而来，倏忽而去。就骑兵装备而言，战场主动权始终在契丹一方。

耶律休哥虽然匆促来援幽州，兵力不多，但却尽显轻骑兵来去自如的优势。他总是不断部署轻兵袭扰宋师。宋师不胜其扰，就在这个夏季有了疲沓之相。

对宋师最为不利的态势出现了——契丹主耶律隆绪已经率领本部骑兵精锐，到达战场附近，就驻扎在涿州以东五十里处。

米信上当

米信将军，现在看，除了“新城之战”有不凡表现外，其余战例不过平平。

据《宋史·柳开传》记录，“雍熙北伐”时，文人柳开在做河南上蔡县令，此时负责向战场转运军粮，运输兵正好到了米信大营。米信一部在涿州附近，准备攻城器械时，与耶律休哥对峙。契丹一酋长率上万铁骑与米信对垒，当时相持不下。酋长忽然派人来向米信求降，米信疑惑，很想相信这是真事。

但柳开恰是他的座上宾，就对他分析形势说："兵法有言：'无约而请和，谋也。'没有约定，就来请和请降，那就是谋略。契丹一定会有不足之处，用这个阴谋拖延而已。不要信，现在应该急攻，一定会胜！"

但米信不信，柳开不过是一介文士，骚人墨客而已，他哪里懂什么兵法！所以米信虽然不相信契丹请降是真，也不认为契丹有什么谋略。就这样"持重"着，两军对峙了两天，无战事。

第三天，契丹又引兵前来挑战。后来米信派人出去侦察，才知道，三天前之所以"请降"，是因为契丹已经用光了箭矢，正在派人到幽州去搬运。现在，箭矢已经从幽州转运而至。

米信，就这样失去了一次战机。就战场直觉而言，他还不如文人柳开。

后面的故实，历史记录中出现了似乎难于理解的矛盾。

再弃涿州

熟门熟路，最后曹彬还是再次攻取了涿州，但他虽然再次得到涿州，却因为当时酷暑季节已至，将士疲乏，他所带的粮草又不足，耶律休哥不断袭扰粮道，最后，居然"乃复弃之"，再一次放弃！放弃之后干吗呢？"还师境上"，带领军队回到大宋国境。

这是"雍熙北伐"战役中最难令人理解的军事行动。甚至，已经不像是一场军事行动，仿佛在搞减肥夏令营。《续资治通鉴长编》说到这段故实时，引用《太宗实录》认为，之所以再次放弃涿州，原因还是那个原因，士卒疲乏，军粮不够，但命令却是太宗下的："上忧之，令还师境上"，太宗忧虑涿州难守，命令曹彬"还师境上"。但《长编》作者又据《契丹国志》和《宋史·曹彬传》，认为曹彬"还师境上"没有得到太宗诏旨，是曹彬自己的决定。

"还师境上"，到底是曹彬自己决定，还是太宗诏令？

与《续资治通鉴长编》主编的意见不同，我在《宋史·卢斌传》中，得到了支持《太宗实录》的说法。

说曹彬放弃涿州时，一开始还想让部将卢斌戍守，并给他调拨士卒万人。卢斌认为涿州不可守，很诚恳地对曹彬说："涿州深在北境，外无援兵，内无资粮，丁籍残失，守之无利。今若还师，必须结阵而去，以一阵之役，比于固守，其利百矣。"他的意思是涿州这个要塞，在北部边境之外，宋师守在这里，如果没有克复幽州，则外无援兵，内无粮草，况且此地户口散乱，人丁杂处，守在这里，难有租税收入，没有什么利益。现在如果还师，敌阵当前，必须结阵而行，也即组成战时模型，防备敌人偷袭。我军以一场战役之胜，与固守这个无用的老城，比较起来，利益大多了！曹彬接受了他这个意见。但卢斌还是担心契丹乘大军退却时前来剽掠袭击，应该有更谨慎的准备。曹彬也同意了。卢斌于是带着城中的老幼，随军向南而行。

随后就有了史上著名的"岐沟关之战"，宋师大败。

后来诸将往往因为"失律"而被贬斥，卢斌也因此而被送到枢密院审问。但太宗“闻其尝建议弃涿州，遂释不问”，太宗听说他当初曾建议曹彬放弃涿州，于是释放了他不问罪，还让他做了霸州破虏军的缘边巡检，霸州的边防司令官。显然，卢斌建议“放弃涿州”，符合太宗的意图，也即曹彬第二次弃守涿州，是太宗的意思。

卢斌，是开封人，当年曾因为笔杆子不错，在太宗还在做晋王时的府邸工作。太宗即位后，补了一个殿直官。雍熙北伐前，曾领兵屯霸州。曹彬大举北伐时，他曾带领五千骑兵，在岐沟关一带屯驻。契丹也曾领兵在此，并占据了关前的涿水。这一条小河，是两军的饮水之源。契丹占据，令宋师不得取水。形势不妙，卢斌请求带一千张大弩去“斫砦”，也即袭击敌营。千弩齐发，威力不小，契丹拔营遁去，解决了宋师的用水问题。后来在平定巴蜀王小波李顺之乱中，卢斌也曾立功。

但现在放弃涿州，是什么意思？

而且是太宗要求曹彬主动放弃涿州？

而且是两次袭取涿州成功之后？

“雍熙北伐”之后，大宋朝廷开始反省：为何会失败？

太宗给赵普的一封信里陈述了一个理由。他说：大战之前，我只要求曹彬、米信一部在雄州、霸州屯兵，做出取幽州的声势即可。等到一两个月间，山后诸州平定，潘美、田重进等人会合东进，直抵幽州，驱逐契丹，让他们远远地逃亡沙漠，然后宋师“控扼险固，恢复旧疆。此朕之志也！”，但是诸将不遵守我的成熟想法，各逞己见，领十万甲兵出境远斗，不能持重缓行，反而速取附近州郡，结果粮草不济，再还师督运辎重，往复劳动，疲敝不堪，最终被契丹袭击而败。“此责在主将也”，这个责任在曹彬这个主将身上。

据此可知，太宗由始至终在坚持最初的战略构想：曹彬一路只作势、不实战，只负责黏住契丹大军，要他们固守幽州，以此来减缓西路军和中路军的压力，等潘美、田重进实现第一步战略构想，四路大军就可以合并一处，驱逐契丹，恢复中原。——太宗之志在此。

新城之战

东路还有米信一部。

在潘美的西路军攻取云州时，米信也取得了一场胜仗，史称“新城之战”。

新城在雄州北、幽州南，也是一处战略要地。

当米信作为东路军一支，随曹彬东路军主力到达雄州之后，曹彬取涿州，米信去新城，两部分离。“新城之战”规模不大，却打得异常艰苦。最初，米信攻破了这座小城，斩首三百级。但不久敌众再次包围了新城。米信大军屯驻城里城外，漫山遍野的契丹精甲铁骑以一股撼人的气势向宋师迫来时，宋师有了退却。但米信独自率麾下龙卫将士三百人，死死地咬住来寇，坚决地顶住，不退。契丹将三百人包围了一重又一重，四面射来的箭镞下雨一般。米信也张弓搭箭射杀临近的几个契丹兵。但他麾下的军士很多都已经战死。天色渐渐黑上来时，米信在连绵数里的契丹大营中，选中一个薄弱环节，手持一杆大刀，率领剩余的百余骑，大声呼叫着开始突围。一战，杀死敌人数十人。这时，曹彬已经闻讯，特意派来大将李继宣增援。接战后，在新城东北方向，将敌人击溃，斩首千级，俘获战马百匹。米信遂固守新城。

米信，也是奚人。年轻时就很勇猛强悍，江湖上都知道他箭术高明。当初曾跟随周世宗柴荣，作为亲兵征战。曾参与过著名的高平之战，因为有功升为龙捷散都头，这是禁军中的一部校官。太祖赵匡胤统领后周禁军时，就将他收在麾下，是太祖非常信任的心腹，一直充任武职，做到团练使级别的高官。太祖征讨扬州时，米信手持弓箭侍卫在太祖身边。一天看到有一来历不明的游骑迫近乘舆，米信更不答话，弯弓射之，一发毙命。太宗征北汉时，他也有功，再升为节度使级别高官。

此人不识字，作风横暴，很多吏卒往往无罪被他鞭打。还贪财，他太太死后，要买地下葬，他竟随意挖掉他人的坟墓，占据地块为己所有。太宗淳化三年（992），有个家奴名叫陈赞，被他鞭打致死。陈赞可能犯有过失，但罪不当死。大宋有个突出的优良治理不成文法：遇到冤假错案，有说理的地方。陈赞的家属气愤难平，于是上诉。朝廷的公正也在这里：不管告状者地位高下，有案子就调查。太宗从内心是喜欢米信的，在“雍熙北伐”中，他犯有“失律”之罪，是大军失败的原因之一，但太宗也只是给他一个短期降职的处分，不久又再恢复、升职。但是欺凌无辜不行。米信的案子交给了御史，一番审讯，米信供认。御史于是整理卷宗，还没有来得及上报朝廷，米信在忧惧中病逝。

不过米信忠于大宋是真诚的。他在做马军都虞候时，他的奚族亲属大多在塞外。当时他哥哥的儿子米金从契丹辖境朔州来投奔叔叔，太宗知道米氏一家多在契丹，很感动，然后派遣米金乘坐驿站马车到代州，让他就在代州想办法迎回亲人，并调拨当地劲卒护送他们。但是敌人的边境守卫很严，寻常人物进出根本不可能。米金留在代州多年，也没有能够迎回亲眷。米信得知后，对米金很慷慨地说道："我听说过一句话：'忠孝不能两全。'我受国恩如此深重，正在思念如何杀身以报国，哪里还能再顾及亲戚啊！"说罢，冲着北方大哭一场，表示与北境诀别。并告诉这位侄子，以后不要再向有关部门提及此事。

岐沟关大雨

屯驻在幽州以北驼罗口（今属北京昌平）的萧太后，与耶律隆绪一起，集结了契丹主力，正在与涿州附近的耶律休哥会合。曹彬得报，决计尽快退回宋境，保全整军实力，等候太宗指令，再做安排。

契丹萧太后与耶律休哥会合后，赐给耶律休哥战鼓、军旗以及官印，让他督促诸将追击曹彬，自己带着草原主力一部收复已经成为空城的涿州。根据这个记录，甚至都不排除曹彬之所以弃守涿州，是为了避免萧太后的攻击。《辽史·耶律休哥传》说，曹彬"凡四日始达于涿。闻太后军至，彬等冒雨而遁"。曹彬用了四天才到达涿州，但听说萧太后的主力到达，冒雨撤退。

萧太后得到涿州后，即与耶律休哥对曹彬大军形成钳形攻势，意欲在夹攻中一举击溃宋师。

五月初，曹彬东路军退却，抵达岐沟关。

此地在涿州西南三十里，当拒马河东岸，另有一条易水与之交汇。

宋师是退却中仓促迎敌，契丹是一直等待援军，准备打一场章法严明的有准备之仗。萧太后年轻，但器识不凡；耶律休哥沉稳，但直觉敏锐。这俩契丹人此际已经吃透了曹彬、米信。包抄中，战云密布，有一场大雨，曹彬感到了形势危急，于是采用了太宗“平戎万全阵图”的一个做法，将所有的辎重车、运辆车排列为方阵，以此遏制契丹骑兵的冲荡。

大雨，布阵仓促，将士们在慌乱中，也能感觉到主帅的慌乱。

耶律休哥在车阵之外另外布阵，对宋师的包围越来越紧。

夜半，雨停。曹彬、米信开始突围，组织起来的精甲骑兵荡开耶律休哥外阵的一个缺口，开始了悲壮而又仓皇的——退却。在退却中，十万宋军开始溃败，跟着主帅奔逃。

耶律休哥继续追击。

濒临拒马河上游的沙河，曹彬在此地集合了残兵，还有几万人，于是略略喘息，开始埋灶做饭。耶律休哥似乎特别善于在宋师用餐时发动袭击。他闻讯后，督促草原骑兵赶快展开攻击。宋师看到远处尘头已起，不敢交战，丢下饭碗，涉水而逃。一时间从河岸堕落水中的人畜互相践踏蹂躏，死者过半。以至于河里都是尸体，“沙河为之不流”。

显然，曹彬在这里又犯了一个错误，他应该至少在过河之后稍事休憩，那样就会赢得一点逃跑或退却中的主动，不至于追兵赶到再仓促过河，导致上万人的死亡。

宋师中的知幽州行府事、右谏议大夫刘保勋，他的战马陷在河岸泥淖中，无法出逃。他本来是准备接替幽州行政管理的，一旦幽州城被攻破，他就要进入府邸开始掌管幽州一应大小政务。他的儿子刘利涉，正在做开封兵曹，此役中负责督运随军粮草。父子常在一起。儿子发现后，尽力帮助父亲脱离泥浆，但越是拖拽，人马越是往下沉陷，最后，父子二人都陷入泥潭而死。

刘保勋是一个生性纯谨、熟悉吏事的老好人、读书人。他曾经跟人说：“我接受朝廷任命时，从未有过推辞；接待同僚时，从未有过失宜；居家过日子，积累钱财，从未超过千钱。”应该是个很温和、很廉洁的省部级官员。他死后，听到的人都很痛惜。

随军的殿中丞孔宜也在拒马河上溺死。

但在这个危急关头，出现了战争史的奇迹。

大将李继宣

大将李继宣，一个并不为更多人所熟知的大宋将军，组织起所部精锐，与耶律休哥夹河而战，从河水西岸战斗到河水东岸。他的部队等于是逆宋师而进。现在可以想象，当他在指挥部队“向前！

向前！”时，两旁曹彬主力部队，都在“向后！向后！”——原来，他是在掩护主帅曹彬撤退。

史上没有记录他为何逆击契丹，但今天来分析，就应该是“掩护主力撤退”这个目的。瞬息万变的沙场形势，掩护主力是难度最大的军事动作；在主力溃散之际，逆向而上掩护主力，难度尤其大，但了不起的李继宣居然做到了；而且居然打退了耶律休哥，于是宋师得以突围而去。

李继宣，到目前为止，有点像敦刻尔克大撤退中英法联军后卫部队的哈罗德·欧文·安德鲁上尉。德军地面部队试图攻击敦刻尔克时，安德鲁上尉居然在十个小时的炮击之后，依然顶住并打退了疯狂德军的一次又一次进攻。他们的阵地钉在那里，德军无法通过，保护了联军的撤退安全。甚至，侧翼友邻出现防卫漏洞时，他居然还抽调出三十六名英雄补上了这个可怕的漏洞，至少一个营的德军居然未能从此通过。联军退出欧洲大陆，最重要的资源就是时间。安德鲁上尉为联军赢得了无比珍贵的时间。就在这一天之内，他掩护近七万联军士兵经由海峡撤回英国。

李继宣甚至比安德鲁上尉做得还要传奇。他在宋师败退中，独自率众顶住并打退耶律休哥一部之后，又发起近百里的战术追击，直至孤山（又作狐山，在今天的北京房山之南）。此一役，成为“岐沟关之战”中的奇异景观。兵败如山倒，但大将李继宣却组织起所部精锐，在“山倒”中，与耶律休哥的契丹精锐斗战，且毫无惧色，且越战越勇，且击退敌阵，且还能取胜，且发起追击。考人类战争史，能做到这一步的，实属罕见。

安德鲁上尉获得了极为珍贵的“维多利亚十字勋章”，堪称允公允能。李继宣的“维多利亚十字勋章”，除了被太宗破格提拔为崇仪使，又由贝州（今河北邢台）监军，升为易州（今河北易县）驻泊都监，赐钱五十万、白金五百两之外，最重要的是史上记录的这几十个汉字：

> 彬等收馀军，宵涉巨马河，营于易水之南，李继宣力战巨马河上，辽兵始退，追奔至孤山。

曹彬等收拾剩余的军队，晚上渡过拒马河，在易水南岸扎营。契丹来攻，李继宣在拒马河两岸与契丹奋战，敌兵开始退却，李继宣发起追击直到孤山。

这就是“青史留名”。

李继宣足以不朽。

大宋，不乏“常胜将军”，但都不是统帅级别的人物。药元福是第一个，可惜在宋初就病逝，党进、郭进也总是战无不胜，史料中看不到战败的记录。太宗朝的荆嗣也是不败的猛将。李继隆也很出色，甚至独立击败过耶律休哥，但有一个记录，说他有一次畏葸不前，导致袍泽失利，所以不在“常胜将军”的名单里。也有些将军虽然多次失败，但最终反败为胜，也是一大特色。南宋张荣，曾从梁山泊退守到江苏泰州，在多次败退后，最终剪灭金兵上万人，为南宋的安全立下大功。这些都是坊间鲜为人知的带有传奇色彩的人物。

李继宣就是一个富有传奇色彩的“常胜将军”，事迹比荆嗣还出色。他参与大小阵战数十场，从无有过败绩。拒马河上，反败为胜，是“雍熙北伐”中难得的一点亮色，足见这个将军不是凡人。据说他年轻时跟随太祖，曾被补为禁军中的右班殿直，那时只有十七岁。陕州（今属河南三门峡）人来报，说当地老虎众多，常常伤人。太祖就命他往陕州捕虎，他居然杀死二十多只老虎，还活捉了两只老虎、一只豹子，献给朝廷。

顺便说，宋太宗真宗时，中原虎害猖獗，据《宋史·五行志》记载：太平兴国三年（978），果、阆、蓬、集诸州虎为害，派遣殿直张延钧抓捕，居然抓了“百兽”。不久七盘县又有虎伤人的报道，张延钧又杀七只虎上报。太平兴国七年（982），有虎入萧山县，庶民赵驯家被老虎伤害八口人。淳化元年（990）十月，桂州虎伤人，下诏遣使抓捕。至道元年（995）六月，梁泉县虎伤人。次年九月，苏州虎夜入福山砦，“食卒四人”，吃了四个士卒。真宗咸平二年（999）十二月，黄州长析村二虎夜斗，其中一只被另一只吃了一半。大中祥符九年（1016）三月，杭州浙江岸，白天有虎进入税场，巡检俞仁祐挥戈杀之。

所以李继宣杀死二十只虎，是可能的。

“京观”

曹彬第一次“还师境上”，大军回到雄州护粮道、取军需，然后又返回涿州时，在新城遇到契丹。李继宣不犹豫，当即与契丹展开遭遇战，一直到天黑，双发罢兵。回到营垒检查，他身上中了十处刀箭之伤，敌人的长剑甚至砍到了他的头盔。第二天接着昨天的战事继续斗战。当时的名将李继隆被契丹邀击，形势险恶，李继宣带领部下冲击敌阵，将李继隆救出。一路上，且战且行，最后夺取涿河，一直到涿州。

在以后的日子里，他成为太宗、真宗两朝的名将，战功不俗。

“岐沟关之战”后，另有李继隆所率一部，没有溃散，整军而还。这在全军大败中，镇定部署，有效节制，独保一部，其风采，古来名将不过如此。非常可惜，李继隆如果在稍后发生的“君子馆之战”中，没有污点（容后表），他的武功就太完美了。

宋师余众奔向百余里外的高阳关（今属河北保定），丢弃的戈甲辎重不计其数。契丹将这些战利品堆积起来，像丘陵一般。

耶律休哥收拾宋师尸体，堆成山一样的模样。此举有说法，史称“休哥收宋尸以为‘京观’”。“京观”，是古来战事之后，胜利者炫耀武功的一种模式。一般将敌人尸体堆积，覆盖黄土，夯实，筑成塔状。有时，这些塔状“京观”就堆在道路两旁。由此可见，耶律休哥对大宋有骨子里的傲慢和藐视。战后，萧太后主持契丹封赏，他被封为“宋国王”。封赏之后，耶律休哥更提出一个大胆设想：乘胜侵略中原之地，直到以黄河为界。萧太后否定了他这个设想。

不久，太宗派出监军的宫苑使王继恩从易州奔回汴梁，太宗这才知道宋师东路已败。于是下诏，命田重进率领全军屯驻定州，潘美率所部返回代州，再命宿将张永德知沧州，宋偓知霸州，刘廷让知雄州，赵延溥知贝州。李继隆因为所部整齐未乱，转知定州。而曹彬、米信、崔彦进，入朝听命。

王继恩，是内侍行首，也就是宦官中的一把手。当初就是他在太祖病逝后，出宫来见还在做晋王的赵光义，拥立他做了皇上。所以太宗一朝对他很是信任，甚至还命他带兵打仗。宦官执掌兵权，王继恩是宋初第一人。

田重进一部已经取得蔚州，接到太宗命令后，弃城，大将袁继忠殿后，整军而还。士卒中有在战斗中投降契丹的，这时闻讯，也纷纷逃回定州。田重进认为这些人回来晚了，要斩杀，袁继忠认为“杀降不祥”，田重进接受了他的意见。史称“幽州之役，唯重进之师不败”，三路大军中，只有田重进没有败绩。后来太宗任命他为马步军都虞候，禁军马军步军的总参谋长。这个职务过去由宿将张令铎担任，自从太祖“收兵权”后，至今已经二十五年，没有安排他人，田重进是第一次被授予此官职。

将帅不和

要说说崔彦进。

“雍熙北伐”，此公乃是副帅，地位仅次于曹彬。他不像曹彬，有着克平南唐那样的骄人战绩，但他资历不浅。后周时，就立有战功，跟随周世宗柴荣平定瓦桥关，是最早收复“燕云十六州”的名将之一。太祖赵匡胤时，平定泽潞、收复淮南，崔彦进都是干将。到了太祖收兵权，将第一代老帅如石守信、高怀德等人的兵权收走之后，崔彦进等人进入大宋武装力量统领中枢，那时，曹彬还名不见经传。“高粱河之战”后，崔彦进出任关南都部署，从此以后，屡立战功。“满城之战”，他率所部悄悄绕到契丹背后，协助崔翰大败敌寇；“唐兴口之战”，他射杀了契丹太尉奚瓦里。而曹彬则一直赋闲在家，几乎多年没有参与战事。就像太宗第一次“乘胜取燕蓟”，没有合理安排大将曹翰，导致曹翰不满一样，这一次“雍熙北伐”，实在也是没有合理安排崔彦进，他也不满。主帅、副帅战略意见不合，崔彦进不服曹彬调遣。

说崔彦进“不满”，可有证据？

第一条证据。《续资治通鉴长编》（以及多种史料）记载：“彬所部诸将，闻美及重进累战获利，自以握重兵不能有所攻取，谋议蜂起，更相矛盾，彬不能制，乃裹五十日粮，再往攻涿州。”曹彬部下诸将，听说潘美和田重进屡立战功，而我部手握重兵却不能有所攻取，于是诸将谋划议论各种建议出笼，有些议论都互相矛盾。曹彬不得已，再次带上干粮二次攻伐涿州。

这里说的“诸将”就应该包括崔彦进。理由，见第二条。

第二条证据。《续资治通鉴长编》记载：“雍熙北伐”失败后，曹彬等人回到汴梁，朝廷组织专案组，设立临时军事法庭，审查战败责任。专案组组长乃是翰林学士贾黄中，曹彬等人都到尚书省，一个个等待审讯调查。一个多月后，调查结果出来，贾黄中提供的报告说：

“曹彬、郭守文、傅潜具伏违诏失律，士多死亡；米信、崔彦进违部署节制，别道回军，为敌所败；杜彦圭不容士晡食，设阵不整，军多散失；蔡玉遇敌畏懦不击，易服潜遁；陈廷山涿州会战失期；薛继昭临阵先谋引退，军情挠惑：法皆当斩。”

这里说曹彬“违诏失律”，就是他没有遵从太宗“持重缓行”，策应山后的战略。将士牺牲太多，这是第一条重罪。

米信、崔彦进“违背统帅部署和节制，在回军时，居然不与大军在一起，另外选择一条道路走回”，这一条，是“为敌所败”的原因之一。

杜彦圭，此一役中担任幽州西北道行营副都部署，受米信节制。杜彦圭的父亲杜审琼，是昭宪太后也即太祖太宗的母亲的哥哥，此人有战功，但贪财，曾经假传圣旨购买竹木材料，以逃税金，被贬官。所谓“不容军士晡食”，就是不让军士吃晚餐，联系他的“竹木案”，此举很有克扣军粮的嫌疑。而战时“设阵不整”，正是“军多散失”或“以致亡失”（《宋史·杜彦圭传》）的原因。

蔡玉显然是一个平庸之辈，遇到敌人就心生畏惧，不敢进击，还换了服装偷偷逃跑。这样的人在军中居于指挥地位，实在令人心寒。

陈廷山也是一个指挥官，但在涿州会战中，没有按期到达。

薛继昭就是战前极力怂恿太宗“雍熙北伐”的那位掌管宫廷器具的文思使。当初言辞何其壮：“契丹主年幼，国事决于其母，韩德让宠幸用事，国人疾之，请乘其衅以取幽蓟！”等到真的“取幽蓟”了，这位大言者却“临阵先谋引退”，到了阵前先琢磨怎么逃跑，这种畏战情绪影响了很多人，属于扰乱军心。

贾黄中缕述诸将罪行后，按照军法规定，给出的最后的意见是：

“法皆当斩。”按照军法规定，这些人都该正法——斩首。

太宗将临时军事法庭给出的结论意见交由百官讨论。百官意见一如贾黄中意见：“法皆当斩。”

贾黄中主持审理的“雍熙北伐”案，公正严明，案由清晰，判决合理，曹彬也服气。曹彬自己也知道，兵败岐沟关，这事太大、罪过太深，于是穿了素服，深刻地自责，不推诿，不辩解，接受贾黄中的判决意见，等待朝廷发落。

但是太宗还是网开一面，基本上赦宥了这一批败军之将，大多给出了降职的处分，个别人除名，罢官为民。

“崔彦进违部署节制，别道回军”，这是对主帅曹彬的极大轻蔑。这一事实证明：北伐军中，将帅不和。

除了前线粮草准备不足，未能如李至所言准备下“百日之粮”；除了战场指挥局部失误等原因之外，将帅不和，也是北伐失利的重要原因之一。

甚至，在西路，潘美、杨业那里，也出现了“将帅不和”现象，也成为西路军后来失利的重要原因。

现在往事复盘，不禁为太宗一叹。

第一次北伐“取燕蓟”，如果任用曹翰为统帅，可能会是另外一个局面。

第二次北伐“取燕蓟”，如果任用崔彦进为统帅，也可能是另外一个局面。

而西路军，如果杨业不受潘美、王侁节制，独当一面，对付耶律斜轸，也可能是另外一个局面。

嫉妒与谤书

现在要说到“雍熙北伐”的西路军，潘美、王侁、杨业。

杨业，在太宗时代官职升得很快。他在北汉刚刚归附大宋时就被任命为右领军卫大将军，这虽然是一个荣誉军衔，但等于是朝廷命官，地位不低。随后不久，太宗又任命他为郑州刺史，年内，又改任他为代州刺史兼三交驻泊兵马部署，赏赐还非常丰厚。到此时为止，杨业还未有尺寸之功。

太平兴国五年（980）三月，契丹十万众寇雁门，杨业绕到契丹背后，将其击破，这第一份战功，也成为他最重要的一份业绩，于是，他任刺史不变，又被提升为云州观察使。这个职务与节度使相仿佛，只是没有接受节钺。换言之，由观察使开始，杨业已经有了边帅大员的地位。

一年多的时间，杨业以一个“降将”身份，几乎做到藩镇般的方面大将军，这让不少人心里不服气。何况，杨业在北汉时，曾经与大宋有过交战，两次都败北，一次被党进打得逃入城壕，靠着城里下垂绳筐才把他救回去；一次被田钦祚打得奔逃而回，部下被斩一千多人。所以，潘美并不像太宗那样敬重他；王侁几乎轻蔑他，不以为这个老将有什么特殊的地方。因此，西路军作为“雍熙北伐”的一部，杨业被任命为副都部署，做潘美的副手，就像崔彦进做曹彬的副手一样，潜含着“将帅不和”的危机。

但杨业雁门一战，影响太大了。大宋武官们，特别是屯边的将帅们有了嫉妒。于是有的人就开始给太宗上“谤书”，诋毁污蔑老将军，“斥言其短”，“斥言”者，明言指责也。这些边将不隐瞒自己的想法，直接向皇上斥责杨业的短处。但杨业有什么短处呢？史无明文。如果肯于“重行推断”这些“谤书”，我能猜想武官们无非在说杨业原本属于北汉，现在拥兵自重，更为士卒所爱戴，难免有陈桥之厄，云云。这些投寄“谤书”的将军，史不具名，但据逻辑推断，潘美、王侁，可能还有刘文裕、贺怀浦，都是嫌疑人。编派杨业之“短”，也不一定就是“作恶事”，也有可能是诸将明了五代十国以来阴谋拥戴的故实，故提醒太宗防患于未然，就像赵普屡屡提醒太祖“收兵权”一样。但这一次太宗没有“雄猜”，他自以为看人不会错，对杨业寄予了非常的信任。他不仅不信诸将的“谤书”，甚至还将那些“谤书”封了起来，转寄给杨业。这就像太祖将大臣们编派钱俶的奏章封存转给钱俶一样，是一种君臣相知的举动。钱俶当年受到感动，杨业也同样受到感动。这也就解释了他后来不幸被俘，誓死不降的原因，但也解释了晋北诸将更加嫉恨杨业的原因。

太宗封还谤书给杨业，很像战国时魏国故实。

那时，魏将乐羊征伐中山国，很多人怀疑乐羊，因为乐羊的儿子在中山。但魏国国君信任乐羊，将诸臣写给魏君的谤书封存起来，等到战争胜利，送给乐羊。乐羊看到这些谤书，才知道取胜敌国不算太难，难的是在一片猜疑声中，依然得到国君信任。

到了大宋仁宗朝，名臣富弼对此杨业得到太宗信任事还有评论，他说：

昔魏将乐羊征中山，平之。及还，见其君所收谤书三箧，方知将帅立功不难，但人君信任为难尔。将帅专阃外权。擅行威福，人岂无嫉之者？嫉之则谤自生。既有谤言闻之于君，惑之则疑其将，将被疑，未有立功者，此乐羊所以感叹其事。自后帝王，非聪明睿智之主，少有不惑谤言者，其明不能及魏国之君也。杨业本河东降将，太宗得之，信任不疑，每纳谤书，一一付业，使边将安心以立事，其过魏国之君矣。

这一番话说尽人性毁谤源于嫉妒之因，更说尽不信毁谤之难，尤其说尽君臣相知境界之不易。人类弱点之一是嫉妒。史上多少悲剧，因嫉妒而演绎。跳出嫉妒之外思考问题，就有了非同凡响远离平庸之境界，此境，说难也难，说不难也不难。人之爱憎不同，慧根不齐，运程不一，面对嫉妒，有道者自有灵机。这是世间所有“教程”无法洞悉并传导的存在经验。一般来说，跳出嫉妒外，不在毁谤中，唯有爱深与智深。爱之深，没有嫉妒，不信毁谤；智之深亦然。太宗可谓智深。“神闲、气静、智深、勇沉”，古来成大事者，不离此四境八字。这是圣贤气象，也是大丈夫气象。

边地大迁徙

闲话表过，且说“雍熙北伐”东路军失利后，契丹开始向西部用兵。

太宗了解到西路态势后，派出朝官枢密都承旨，也即国防总参谋部的一等秘书杨首一，到并州、代州，传令潘美等人迁徙并护送已经克复的山后诸州之民，到内地河南府以及附近诸州安置。当时统计，云、应、寰、朔诸州要迁徙的士庶总八二三六户，七万八千二百六十二人，另有牛羊驼马四十余万头。这个数据很珍贵，可以据此分析出山后的生活形态。譬如，辽阔的山后四州之地，只有七万多居民，这些人都属于沦陷区民众；每户约九人，可见与今日“三口之家”不同；每户约有牲畜五头，应该是畜牧为主。迁徙这些人到内地，一是为沦陷区民众提供一次“返回家园”的机会，另外也是“空其地”，掏光契丹此地租税来源的战略安排。八千户人家，七万多人，每人生产五百斤粮食，方可满足基本生活资料和一般税贡需要，这样就有三千五百万斤的收获。赋税取中，按“什三”比例，契丹每年当从中获取千万斤以上粮食收入，牛羊驼马还不算，服役劳动还不算。故，大宋每有此类征战，占领原沦陷区，一般都要“空其地”。

说话间到了农历八月，北地已经有了凉意，而契丹十万精甲铁骑，已经在萧太后和耶律斜轸等契丹名将的率领下，迫近了山后。

萧太后动作之快，仿佛空降，让正在忙于迁徙民众的潘美、杨业来不及更多部署，前线已经传来消息：契丹行至山前时，知雄州贺令图遇敌，一战，败绩，南奔，耶律斜轸一直追击到五台地区，贺令图再战，再败，死者数万人。随后，蔚州空城也被攻下。贺令图与潘美一部试图救回蔚州，与耶律斜轸在飞狐大战，宋师再败。耶律斜轸乘胜进入寰州，于是，山后被契丹占据大半。

杨业正在安排部下将士护送边地民众内徙，闻听前线不利消息后，以副都部署身份向潘美建议道：

“今寇锋益盛，不可与战。朝廷止令取数州之民，但领兵出大石路，先遣人密告云、朔守将，俟大军离代州日，令云州之众先出。我师次应州，契丹必悉兵来拒，即令朔州吏民出城，直入石碣谷，遣强弩三千列于谷口，以骑士援于中路，则三州之众，保万全矣！”

现在敌寇兵锋越来越盛，我军不可与他们仓促对阵。朝廷给我们的命令是带领几个州郡的民众内迁，我们只要领兵护送民众走大石路（又称大石口，在山西大同附近，可通往代州），同时马上派人去秘密告知云州、朔州守将，等到我主力部队离开代州时，让云州的民众先走，我部屯扎应州。这样，契丹一定会调集全部人马来拦截。然后，命令朔州官民全部出城，直接进入石碣谷（又称石佛古，在代州），派遣强弩三千人陈列于谷口，以骑兵在中路增援，如此，则三州的民众，进入内地，可保万全。

现在“重行推断”往事时，可以知道，杨业这个谋划，可能是紧急状态下完成“徙民”战略的较好方案。如果实现，可令山后一空，也可以令宋师整军而还，不至大败。

但人性或智慧的差异在此时此地有了活剧演绎。

杨业孤军奋战

西路军第三把手，时任监军的王侁，不同意杨业的谋划，并语带讥讽地说道：“领数万精兵而畏懦如此，但趋雁门北川中，鼓行而往马邑。”你杨业带领数万精兵，居然恐惧懦弱到这个地步！不必，我军只要大大方方地去雁门北川，然后光明正大地敲锣打鼓直奔马邑。

马邑，在今天的朔县，宋时的朔州东北。王侁的意思是：大军没有必要怕契丹，直接到朔州去接应民众南徙，我大宋不可丢了威风。

时任军器库使的刘文裕也赞成王侁意见。

杨业争辩说:“不可，必败之势也！”不行啊，你这方案看起来，那是必败的趋势啊！

王侁应有冷笑，他回应杨业道:“君素号无敌，今见敌逗挠不战，得非有他志乎？”您素号“杨无敌”，那应该是很能打仗的啊！现在看到敌人，却逗留不前，又试图阻挠我等不前——莫不是您有别的志向了吧？

大将潘美听着二位争议，不做判断，也不做仲裁。他听着，看着，不语。

诸将也无人为杨业辩护。

也许在窃窃私语中，有人在说杨业“怕死”之类的话头。

孤零中的杨业应该一瞬间明了了眼下格局的凶险。战未起，败局已定，而我杨业乃是西路军中一个“外人”而已。

杨业很平静地说道:“业非避死，盖时有未利，徒杀伤士卒而功不立。今君责业以不死，当为诸公先死耳。”我杨业并非逃避战死，实在是因为时机不利，如出战，白白死伤士卒，还不能立功。现在各位既然责备我害怕一死，我来做一个先死者好啦！

杨业并没有接过王侁“得非有他志”这般狠话解释。

于是，按照王侁意见，带领本部兵马从石峡路（今属山西代州）趋赴朔州。

但如何在未来的败局中拯救于万一？出发前，杨业应该有了短暂的思考。在诸将送行中，杨业看着主帅潘美，一股冰冷的寒意袭来，不禁有了英雄泪。他哭泣着对潘美说：

“此行必不利！业太原降将，分当死，上不杀，宠以连帅，授之兵柄，非纵敌不击，盖伺其便，将立尺寸功以报国恩。今诸君责业以避敌，业当先死于敌。”这次出行一定不利！我杨业乃是太原过来的降将，按应当应分的规则，我应该被处死，但皇上不杀我，还让我做了边帅，授给我兵权。这次我提出避敌锋芒的意见，不是放纵敌人不去打击，实在是因为想寻找战机，来立一点小功以报国家给我的恩典。现在诸位责备我临敌而逃避，我杨业只好先于诸公战死。

说罢，杨业指着附近一个叫陈家谷口的地方对送行的将军们说：

“诸君于此张步兵强弩，为左右翼以援，俟业转战至此，即以步兵夹击救之，不然者，无遗类矣。”各位，拜托，请在这个地方安排步兵和强弩，作为我的左右翼来支援我。等我转战到这里时，请就以步兵夹击敌寇。如果不是这样，那么我这部下所有将士一个活着的都不会有啦！

潘美认为杨业这个意见有理，就与王侁领麾下将士在陈家谷口列阵设伏。

杨业拜泣，悲壮而去。

王侁让人在附近一个叫托罗台的高地张望，观察杨业的归路。此地地势甚高，可以看到十几里地开外。瞭望哨观察了几个小时，传来一个消息，说一直没有看到敌人。王侁琢磨了一阵，以为杨业正在遥远地追击敌人，那么就是敌人败走了。想想击败契丹的机会也许来了，立功也许就在此刻。于是率领自己麾下将士离开谷口，准备追击。史称“美不能制”，潘美不能制止王侁这个举动。王侁带兵沿着一条河流行走二十里地，听到前方报到“杨业已经败了”，于是赶紧带着兵马退却——实际就是逃跑了。

而杨业已经陷在预料中的包围圈，正在与契丹苦斗。

原来，耶律斜轸侦察到杨业率军已出石峡路，当即派遣副部署萧挞凛率精锐安排伏兵，耶律斜轸自率部分老弱做迎战态势。

这位萧挞凛，乃是契丹名将。《辽史》对他的评价是“幼敦厚，有才略，通天文”。少年时代有敦厚气象，才气胆略不俗，而且还通晓天文气象。他是大宋天敌。其威名似乎仅次于耶律休哥。他不仅擒获大宋名将杨业，还曾在以后的战役中擒获大宋遂城守将王先知、云州观察使王继忠。在真宗一朝，是宋师最为恐惧的契丹名将。也是他，曾经征服高丽，令高丽在很长时间里对契丹俯首称臣。但这个世界上有不怕他的人，那就是大宋名相寇准，若干年后，这位令人谈虎色变的契丹第二战神，在寇准的部署下被大宋强弩射中，一命呜呼。他的死，直接促成了“澶渊之盟”。这是后话，暂且按下不表。

且说杨业，一见耶律斜轸安排的阵势，即知道敌寇在诱敌，但势已至此，是毒酒毒药也得吞了，于是鼓足勇气向敌阵掩杀过去。耶律斜珍果然佯败而退，杨业追击中，萧挞凛伏兵四起；耶律斜轸再率诸军回击，杨业不敌，领兵且战且退，到了一个叫狼牙村的地方暂时获得歇息。稍事休整后，继续斗战，从日中直到日暮，在千难万难中，有意识地将契丹引入陈家谷口。

这个时候，如果有潘美或王侁一部伏兵在，整个西路军的败局还可以挽回。但是没有，一个大宋士兵也没有。王侁跑了，潘美也不见了。

杨业四处寻找当初说好了的大宋援兵，没有看到，于是知道最后的结局不可避免，于是有了末路英雄的捶胸痛哭。但英雄就是英雄，他擦干眼泪，聚合起跟随他多年的将士，做最后的抵抗。

杨业身中数十处创伤，帐下将士几乎伤亡殆尽，但老将军仍然斗阵不止，就像当年太宗围太原，北汉主已经投降了，他还在据守城池一角，战斗不止。杨业负伤之后，还亲手格杀数十百人。战马已经受伤，不能继续骑战，杨业骑着瘸马暂时藏匿在一片树林中。

杨业为人忠烈武勇，有智谋。平常练习攻战时，常与士卒共甘苦。晋北之地很是寒冷，一般人都要身披毛毡毛毯，但杨业却穿着单薄，露天而坐，治理军事，旁边连个火炉都没有。服侍他的人往往都冻得受不了，但他却面色怡然，好像没有感到寒冷的样子。他为政简易，被部下吏民所爱戴，管理士卒也有恩典，所以得到士卒的死力，人人愿意被他所用。杨业最后的时刻，还是不忘记士卒的前途。退守树林后，杨业身边还有百余人，杨业对他们说：

“汝等各有父母妻子，与我俱死，无益也。可走还报天子。”

你们各有父母妻子，跟着我一块死，没有什么益处。可以由敌阵空阔之地奔回，向天子去报告怎么回事。

但是士卒人人感动而哭泣，却谁也不肯逃跑。于是这些英雄全部战死，无一人生还。

“困兽斗”

杨老令公，史称“不知书”，并不读书，但他深明大义，内心自有“华夷之辨”。《续资治通鉴长编》记载，太祖赵匡胤时代，讨伐太原，契丹派遣南大王来援助北汉，屯兵于太原城下，当时还叫刘继业的杨业，对北汉主说：“契丹贪利弃信，他日必破吾国，今救兵骄而无备，愿袭取之，获马数万，因籍太原之地以归中国，使晋人免于涂炭，陛下长享贵宠，不亦可乎？”契丹人贪利而无信，以后一定会袭取我国。现在来的这些救兵骄傲而没有防备，我愿意去袭取他们，一战而胜，可以收获战马数万匹，将这些战利品，并我太原之地，归附中原大朝，这样能使我们三晋人民免于战火，陛下也可以长享富贵，不是很好的事吗？

北汉主当初没有同意他的这个意见。

但契丹应该知道杨业有此心，故对他有一种天然的仇恨。

藏在树林中的杨业被契丹名将耶律希达发现了战袍的影子，一箭射来，将马射翻，契丹兵围过来，杨业身边只有儿子杨延玉、岳州刺史王贵二人。他俩在杨业身边，奋起保护杨业，做绝望中的困斗。

萧挞凛应该对杨业心生敬意，他扬言不得杀害杨业，传言军中一定要“生擒”。

杨延玉在斗战中被杀。

王贵失去兵器，在地上捡拾羽箭，张弓射杀了几十个契丹兵。史称“矢尽，张空拳，击杀数十人”，羽箭全部射光了，张开两只空拳，与近身的契丹兵近距离搏斗，这样，又击杀了数十人，最后遇害。

萧挞凛最后走近杨业。

我想象中，杨老令公已经无法动弹，被抬上担架。

杨业被俘。

耶律斜轸来见担架上的杨业。

我猜想两人应该有过短暂的互相打量。

杨业在打量这位契丹新任命的“山西路兵马都统”，耶律斜轸在打量这位号称“杨无敌”的大宋“西路军副都部署”。耶律斜轸应该想起了杨业当初鼓动北汉主袭取契丹援兵，而后夺取战马，投降宋太祖的故实，于是责备杨业道：

“汝与我国角胜三十余年，今何面目相见？”你跟我国角斗胜败算起来有三十年了吧？现在有何面目相见？

史称杨业“但称‘死罪’而已”。

杨业自称“死罪”，可以理解，这是设为敌寇之言，在契丹一方看来，杨业自然就是“死罪”。这也是军人的一种风度。与宿敌无法沟通，不必沟通，沙场被俘，一死而已。

耶律斜轸很有俘获杨业转为契丹所用的意图。但杨业不这样想。他随后叹息道:“上遇我厚,期捍边破贼以报,而反为奸臣所嫉,逼令赴死,致王师败绩,何面目求活于异地!”天朝皇上待我甚为优厚。我也期待着能够捍卫边境、击破贼寇,来报效国家,没有想到被奸臣王侁之辈所嫉妒,逼着我来赴死,最后导致王师败绩。如此,我有何面目在异地求活?

耶律斜轸不想让杨业死,但杨业求死,于是绝食绝水,三天后,死去。

太宗赵炅听说了杨业的死讯,甚为痛惜。当他了解到战役经过,了解到陈家谷口伏兵无故撤离的事实后,下令连削主帅潘美三级官职,王侁除名,落籍为民,刘文裕发配登州。——后来这些处罚又有从轻发落的改变。

杨业则赐太尉、大同节度使,抚恤其家,赠布帛千匹、粟米千石。还安排了杨业的儿子杨延朗提升官职。

英雄王贵,他的两个儿子也做了安排。

治史与想象力

有一个问题:跟随杨业到最后阶段的百余人,“无一人生还”,杨业的最后时刻是怎么被记录下来的?死亡现场那些细节,譬如,杨业对诸人说:“汝等各有父母妻子,与我俱死,无益也。可走还报天子。”譬如,王贵“矢尽,张空拳,击杀数十人”。诸如此类,在没有录音录像设备的千年之前，是如何被复原为史诗般的画面的？

理解这类问题，需要理解往事记录者的“想象力”。

史学，需要想象力吗？

德国人狄奥多·蒙森，那个撰写了五卷本《罗马史》（其中第四卷未完成）、十六卷本《拉丁铭文集成》的史学家，在获得诺贝尔文学奖之后，瑞典文学院常任秘书奥·威尔森在给蒙森的颁奖词里，一再强调这位历史学家的想象力：

“蒙森融丰富的资料与精确的判断以及严格的方法与年轻的活力于一体，以艺术的形式将其表现出来，这一方式正是唯一能使描述具有生命感与具体感的方式。”“他那直觉想象力及将研究资料活灵活现表现出来的力量，都令人敬佩。他的想象能力与创造能力填平了史学家与诗人之间的鸿沟。蒙森在《罗马史》第五卷中曾说，想象力不仅是诗歌之母，也是史学之母，可见他已感觉到了两者之间的关系。真实地说，两者确实有非常大的相似之处。”

诺贝尔文学奖的奖牌，雕刻着一位在聆听缪斯神启的青年。威尔森据此论道：“当我们披读《罗马史》时，更加懂得克利欧乃是缪斯之一。”克利欧是希腊九位缪斯女神之一，她的固定标志是一卷莎草纸或羊皮纸。希腊古典时期，她被认为是司历史的女神。

治史者的“想象力”，在现代历史哲学中的表述就是“重行推断”。往事，只有一种真实；而记录则可以因人而异，但也并非“虚假”的，而是被记录者思想之后，“重行推断”的。

读史，治史，都需要一点想象力。

名将向拱

就在“雍熙北伐”这一年，宿将向拱病逝。

向拱在后周时就有战功，征河东北汉刘氏、征兖州慕容彦超、征后蜀秦凤诸州、征淮南扬州寿州，所在有功。宋初，太祖征泽潞李筠，向拱料敌势，主张急攻，太祖接受他的意见，“卷甲倍道趋之”，“卷甲”就是“卷起盔甲”，意谓轻装前进；“倍道”就是“成倍赶路”，意谓一天走两天的路，尽快前行。果然，这一场急行军为战胜李筠赢得了时间。

但他在洛阳为官十余年，专门修建园林第舍，又好声妓，每日纵酒为乐，以至于军政管理都被废弛，闹得地方群盗出没，甚至白天都发生盗劫事件。太祖知道后，很是愤怒，将其移镇，另命左武卫上将军焦继勋代替他，并嘱咐焦继勋说：“洛久不治，选卿代之，无复效拱为也。”洛阳很久没有得到治理了，百官中选你去，可不要仿效向拱那厮的作为啊。

向拱也知趣，到了他晚年，太平兴国八年（983），朝觐太宗时，上表说是献出自己昔日在洛阳的一处大宅子，长夏门附近的北园。意思就是将私产贡献给国家，充作公用。洛阳号称西京，与东京汴梁一样，都是寸土寸金的地方，朝廷在这两个城市征地一直很困难。现在向拱献地，太宗很高兴。但太宗是有格局的人物，对他人私产一般都有尊重，于是下诏给他五千两白银作为补偿。

大宋名相张齐贤著有《洛阳缙绅旧闻录》一书，至今流传，此书也是我的参考书之一。张齐贤书中有一故实，说向拱轶事。于中可以概见大宋初期的社会风习、人情世故，还可以见出记录者张齐贤的心思，似乎也颇“励志”，可以说说。

说向拱这个人很是倜傥风流，又很懂得变诈，做事勇敢刚断，二十多岁时，胆气不群，重然诺，轻财慕义，好任侠，与市面上一些亡命之徒结交为好友，没有他不敢干的事。

在潞州时，与当地一个有夫之妇私通，半年后，他发现很久没有见到这个妇人的丈夫，就问她的丈夫哪儿去了。这个奸妇笑着说：“因为我跟你有私情啦，丈夫就常常磨刀子说要杀了我。但是因为害怕你啦，一直没有得到机会。正好你好久没有来我家，我就跟邻居男商量，许给他几万钱，召人杀了我那丈夫。邻居男问我：‘我要杀了他，你肯嫁给我吗？’我想想丈夫常常要杀我，很恐惧没有地方跑，就答应了他。等我丈夫一天在城外喝醉了酒，邻居男就偷偷杀了他、埋了他。但邻居男又害怕被人查出来，也偷偷跑了，藏起来了。”

向拱感到这个妇人太毒，不禁顿起杀机。他不动声色，就问：“那个邻居男现在哪里？”

妇人告诉他那个男人的藏身地方。向拱就秘密地找到他，并杀了这个邻居男，回来对妇人说：“你与我有私情，又与那邻人有私情，而谋害亲夫，这是‘不义’。你的丈夫死了，却因为我，我无法忍受这个事。”说罢，杀了这个妇人。完事后，还提着这个妇人的首级走到街市扔下，并自言自语道：“此妇人乃是我向拱所杀。”然后一甩胳膊慢慢走去。大街上的巡警了解事情经过后，认为向拱“有义”，并且害怕他的勇武，不敢追捕。向拱于是亡命天涯。

这事应该发生在后唐末帝李从珂时，潞州当时属于河东道，应该是节度使石敬瑭的辖地。而石敬瑭当时正在勾结契丹，准备出卖燕云十六州，以此作为条件争取契丹援兵，与李从珂一战，逐鹿中原。所以河东治安之混乱可见一斑。

后来石敬瑭登上帝位，“大赦天下”，所以向拱又安全地回到了潞州，有司也不再追究他的刑事责任。

但他的父亲很忧惧。老父亲乃是一个敦厚长者，有儿如此，如何是好？老父亲就找到他的老朋友滕公来商议此事，说：“有什么办法能让我儿子学好，免得把这个家给破了呢？”滕公也是读书人，也早就知道向拱的杀人恶行，认为这是一个无可救药的问题青年，他说：“现在管教他，那不等于拽老虎须子，更快地惹祸上身吗？”老父亲说：“向拱这小子，倒是还有尊敬儒生的一面，我看你也许能跟他讲讲道理。”滕公答应下来，说愿意教育教育这小子。

向老爷子回家，对儿子说：“咱们本郡有个滕秀才，实是一代名士，全州郡的人都很尊重他。我看你做的这些事，真替你担心将来陷入法网。你何不去拜访一下这个名流，看看他是不是有办法点拨你，帮你取个好点的前程？”

向拱不识几个字，但对读书人也确有一点礼敬之念。于是来不及等到天亮，夜半就来滕公家敲门。滕公跟他一番对答，发现年轻的向拱所言所语“皆有理”，心下就许他为“落落一奇士”，磊落豁达的一个罕见之士，认为这是一个可造之材，很为他被凶暴之党所污染败坏而可惜。滕公于是鼓励他说：

“我没见你时，听到潞州各地都在议论你，就一个意见，说你乃是古来‘盗跖’一般的人物。现在见到你，看你的才貌，贵人啊！期望你能自爱，不要与那般恶少们一同游玩相处。”

然后又跟他讲了一番道理，说古人也有向拱这样的人物，做贼做盗，但是一旦改变志向，学习古来圣贤，就千古不朽。譬如周处除三害故实。

向拱听后，顿觉前非，心下大悟，对滕公说：“从此以后，我愿意侍奉秀才您做我的叔叔。从前我的所作所为，都改了。”

回到家后，向拱向父亲下拜，说：“儿虽然是父母所生，但今天听滕秀才教我，是滕秀才让我能好好活命啊！”

从此之后，向拱一改以往，昔日的豪侠亡命之辈，都谢绝了来往，出入穿衣都是儒服，容止也为之一变，有了“闲雅”之相。听说哪里有那种有德有品有道之人，就去倾心交结。潞州人有认识他的，都说：“这是向氏家族的千里驹啊！”对他的看法也有了转变。

向拱父亲死后，他有了“四方之志”，就到处去谒见侯伯和地方州郡官员，但发现这些人稀松平常，不值得交往，于是短期停留后，就走，继续寻找他欣赏的人物。他甚至到过侯益府上，与之交谈，觉得此人全无气象，生命格局也不过尔尔。侯益乃是石敬瑭朝廷时的潞州节度使，曾率五千精兵在虎牢关大战，破藩镇范延光、张从宾于汜水，敌人尸体塞满河水，一度使水不流。这是一个名动天下的人物，但向拱看不上他。他又听说刘知远在太原开府，是个人物，就转去投刘知远。不想，这北投的路上也有故实。

要路过一个叫石会关的地方，关市头目名郭赟，也是一个人物，向拱在此流连一个多月。郭赟看出向拱不俗，就告诫他：“前方盗贼满路，再等十天半个月，凑够了伴侣三二十人，我也可以召集镇上的壮丁，再送君出关。”向拱等不及，径自而行。行不到三十里，果然遇到盗贼数十人，正在路边射箭玩。向拱直接走向这伙盗贼，做了个罗圈揖，对他们说：“我乃怀州（今属河南沁阳）向拱是也。曾经在军中做过将军，主将没有了，无所寄托，乃往河东去谋事。我所带的除一个童仆两头驴、随身的衣着、一两贯盘缠外，没有多余的财货。我向拱也听说这路上有人遭到劫夺，有劳诸君帮我周旋，派几个人送我走前程。”内中有一个人大脑袋长胡子，状貌甚为魁伟，对同伙们笑着说：“你们看这位啊，竟要我等去送他。”又转对向拱说：“我们为啥要送你啊？”同伙一人说：“你看他还带着弓箭呢，就请他来射箭，试试本事，如何？”大胡子就对他说：“我们弟兄们正在比赛射箭，打赌。你既做过将军，也射两下我们看看。”向拱假装谦逊，于是瞄准两块靶子射出两支箭。人生就在这个当儿有了戏剧性的转变，向拱乃是箭术高手，两箭射出后，皆中。喽啰们去看，见蒙了牛皮的木靶皆被射穿，箭头伸出靶心半寸多。群盗惊叹，这得多大弓力啊！假如向拱素日没有习练箭术的准备，今天的他就是另外一种命运了。

且说诸盗，一下子就对向拱有了钦佩之心，于是留了他好几天，最后，在一片墓地的林子里，杀牛备酒，宴请向拱。酒酣，一喽啰拿来银子一挺（一挺，就是一锭），还牵来一匹骏马，鞍勒俱全。盗魁对向拱说：“仆射您没有马，这个给您代步。那点银子到河东，充作茶汤的费用。”“仆射”乃是朝廷命官中级别很高的职务，相当于宰相，盗贼这样称呼他，是对他的尊重。向拱受了。盗魁又命喽啰十余人护送他直到晋阳（即今山西太原）。

向拱投在郭威门下。

郭威在刘知远麾下。

像石敬瑭乃是后唐第一“兵强马壮者”一样，刘知远乃是后晋第一“兵强马壮者”。契丹颠覆后晋之后，刘知远乘耶律德光北上病死之机，南下取天下，而那天下，鹿正肥。天下于是有后汉。

随后，郭威任枢密使。刘知远死后，郭威又成为后汉第一“兵强马壮者”。于是，天下有后周。

向拱就在郭威、柴荣的麾下，有了实现“四方之志”的人生历程。他做过几任节度使，是后周时的藩镇大帅，又充西南面水陆发运招讨使，恭帝即位后，加检校太师、河南尹、西京留守。向拱也成为一个“兵强马壮者”，但他遇到了宋太祖赵匡胤，结束了中原逐鹿的梦想。

不过赵匡胤也礼敬他，保留了他后周时的职务，还加封谯国公。太宗时，又进封秦国公，授左卫上将军。张齐贤书中说向拱“好贤重士，待人豁然，无疑忌心。不枉刑，不扰民，有大功于世，终身未尝自伐（自夸），皆古之侯王所难之事”。评价他“归全手足于京师第，令名终始，勋业显赫，近朝侯王，一人而已”。“归全手足”，乃是传统孝道中立身处世的基础性功德，士大夫一定要努力做到这一步。“令名”也即美名，“勋业”也即“三不朽”之“立功”，向拱都做到了。所以张齐贤这段话事实上在表彰圣贤理念。对比《孝经》中的一段话，就可以知道张齐贤的义理寄托。《孝经·开宗明义章第一》借孔子口中说：“身体发肤，受之父母，不敢毁伤，孝之始也。立身行道，扬名于后世，以显父母，孝之终也。夫孝，始于事亲，中于事君，终于立身。”所以张齐贤的《洛阳缙绅旧闻录》是有春秋义理的一部书。

向拱得到这些人生成就，晚年时有过反省，他认为，如果没有滕公，他这一生恐怕就要在草莽中成为一个不知进退羞耻的人，很有可能还因为触犯法纪而死。今日之立身荣贵，都是因为滕公之力啊！于是，从郭威称帝开始，他就多次推荐滕公，滕公也因此做到朝廷命官。

张齐贤还是布衣时，滕公对他就有知遇之恩，那时滕公正在做洛阳府判官。因此他对滕公的事迹、向拱的经历知道得很详细，所以记录在这本书中。

捌

代州之役

张方平说："陛下知道我大宋与契丹有过多少战事，胜负几何？"二府官员都不知道，神宗问张方平。张方平说："宋与契丹大小八十一战，惟张齐贤太原之战才一胜尔，陛下视和与战孰便？"史称"上善之"，神宗皇上认为他说得有道理。

“吃货”张齐贤

有意思的是，向拱遇盗一事，张齐贤也有类似经历。也许正因为有此类似经历，所以他才对向拱的故实有了兴趣，不厌其烦地将其记录下来。

说张齐贤还是“布衣”庶民时，虽然很落魄，但很是倜傥潇洒。他长得高大肥胖，饭量大。这天，他待的地方来了一伙强盗，是劫掠之后到一家酒店聚饮，当地居民们吓得到处躲藏。张齐贤却大摇大摆地独自去见他们。诸盗也有知道他是个读书人的，但有点纳罕：人都跑了，这个胖大汉子为何不跑？

张齐贤张口就说：“贱子贫困，欲就一饱。”我这个贫贱的人一直吃不饱，听说你们在此聚饮，想来就乎你们吃顿饱饭。

一个强盗说：“秀才肯自屈也？”你这个读书人肯跟我们在一起，不怕丢了身份？

张齐贤说：“盗者非龌龊儿所为，皆世之英雄耳。”强盗也不是什么腌臜龌龊之辈所能充当的，也都是世上的英雄一路啊！

于是，不再客气，直接取大杯，自斟自满，大口喝酒，又取案上猪肩猪肘子之类，分了好几段，抓在手中，吃相“势若狼虎”。

群盗看着他吃，不免惊叹。一个说：“真宰相也。他日宰天下，当念吾曹。”你看他那样子，“宰”起肉来，真像个“宰相”，他日“宰”天下，别忘了我们这些人啊！

说罢，还一个个争着巴结他，把自己分得的那份劫掠之财送给他。张齐贤一个也没有客气。史称“重负而返”，带着很沉重的赠品回家了。

记载这件事的是司马光，见他的《涑水记闻》。

这一个回合，来说张齐贤。

杨业战殁，代州换将。张齐贤要求前往守边。

太宗很高兴，就给他加官给事中、命知代州，与都部署潘美同领缘边兵马。

“岐沟关之战”后，收复的山前山后州郡全部丢失，大宋防线南撤。当时的态势是：李继隆为沧州都部署，杨重进为高阳关部署，刘廷让为瀛州兵马都部署，田重进为定州都部署，潘美为晋北行营都部署。潘美虽然被削职，但边帅位置未变。张齐贤知代州，分出一部分兵力来扼守边郡要地。

张齐贤开始拣选厢兵。

所谓厢兵，也称厢军，是大宋禁军之外的地方兵种，一般没有军事训练，因为打仗不是厢军的主要职责。厢军的主要职责是供地方役使。有些厢兵也有屯垦的功能。宋代有“职田”，就是官方的土地，但土地收入归地方官所有。这些“职田”偶尔也有厢军经营。一般厢军还有月俸几百钱。厢军中的勇壮者往往要送往京师充任禁军。张齐贤训练厢军，自有用意。

契丹“射鬼箭”

说话到了雍熙三年（986）的年底，因为这年北伐失利，大宋损失了上万优秀儿女，天气似也显得格外寒冷。

北伐后，半年多，太宗没有吃酒。十二月乙未这一天，忽降瑞雪，太宗有了兴致，就召唤近臣到玉华殿宴饮，对他们说：“春夏以来，朕一直没有饮酒，现在上天赐给中原这么好的一场大雪，明年应该有个好收成啦！这对我长久压抑的内心是个安慰。很想跟你们醉一场。”

但是当他宿醉未醒之际，战争又一次开始了。

早在几个月前，契丹刚刚取胜，就开始酝酿南下。

契丹主耶律隆绪刚刚册立了皇后几天，就南下到儒州（今北京延庆），就在这里督促盔甲兵器制造，进入备战状态。一个月后，契丹又向拒马河以南几个州郡的士庶制造战争恐怖气氛，说即将有大战开始。十一月初，契丹国主与萧太后来到幽州。契丹主在此地对岐沟关战役中的将军们做了封赏，亲自检阅了辎重兵甲，然后，以耶律休哥为先锋都统，准备南征。

然后，在一个寒冷的日子里，做了战前最重要的祭祀活动，用青牛白马祭祀天地，祈福于列祖列宗，还做了一个“射鬼箭”仪式。这个仪式有辟邪的意味，史称“以祓不祥”，方法是：以一个死囚犯，在一根立柱上，捆绑结实，让这人站在出征的方向，而后众将士向他射箭，史称“矢集如猬”，这人身上中箭，像刺猬一样。“射鬼箭”，按规定，出征时选死囚，还师则选敌方细作，也即敌方间谍。凡是契丹主亲征，都要有这个仪式。但这一次契丹“射鬼箭”却选了“所获宋卒”。自从太宗赵炅“惟有战耳”一句话之后，契丹对宋师似乎特别仇恨。而“雍熙北伐”之前，太宗发给幽蓟之地的“诏谕”用词：“径指西楼之地，尽焚老上之庭”，兵锋所指就是契丹首都西楼，到那里要将“老上单于”的宫廷焚烧殆尽，更是狠狠刺痛了契丹首领们。他们对大宋的仇恨已经远远超过大宋对契丹的仇恨。

契丹南征，凡经过宋境，都要将桑林、果园之类摧毁殆尽，他们怕有伏兵，更期待能有利于草原骑兵驰骋，还能从根本上伤夺大宋经济元气——农耕时代，桑田乃是经济收获的基本来源。“雍熙北伐”之后，契丹如此破毁，也带有对太宗那类狠话的报复性质。

现在，契丹前锋到达了唐兴县。

太平兴国七年（982），大宋名将崔彦进曾在此地大败契丹，射杀了契丹的太尉奚瓦里。这里也是“满城之战”的组成部分，大宋也曾在此役中大败契丹。现在，雍熙三年（986）十二月，时隔四年之后，敌人又来了。

宋师间谍

一个叫卢补古的契丹节度使和监军耶律盼，在滹沱河桥上与宋师展开激战。契丹小有进展，渡过滹沱河，还俘获了两个宋师派来的侦察间谍。契丹要去攻占泰州也即满城（今属河北保定），契丹主当场就给这两个间谍衣物，好言语好招待，让他俩回去晓谕守军献城。但这两个大宋男儿“不从”。历史没有留下他们的姓名，也没有交代他俩的结局。这是千年之前，大宋帝国最让人感动的优秀军士。我能感觉到他俩在契丹行营中悲壮、决绝、忧戚但不失镇定的神情。

卢补古等开始率契丹兵攻满城，宋师反攻，卢部大败。卢补古甚至“临阵遁逃”。契丹主听说后，当即免了卢补古节度使的官职，下属判官、都监等，都挨了杖刑。

随后，契丹又与宋师战于望都（今属河北保定），俘获了宋卒九个人，精甲战骑十一匹。契丹主当即给作战指挥封赏，有酒，有银器。

契丹主试图用这种现场赏罚的方式激励将士。

耶律休哥带领本部，在望都与宋师一战，打败了宋师，将俘虏献给行营中的契丹主耶律隆绪。满城沦陷。

这期间，大宋还不清楚契丹的动作意图是什么，是大举南下，还是边境骚扰？定州的田重进在宋太宗部署下，有了火力侦察的动作。他在当年十二月初，率领数万人马再次进入岐沟关，一天即攻克，杀守城契丹士卒千余人，牛马粮草全部缴获。随即又收复易州。

当他寻求契丹主力决战时，才知道契丹大军不在这儿，而在东面，并且即将南下瀛洲。田重进退回定州。

契丹不宣而战，取得了战果。

耶律休哥“望都之战”取胜后，宋师一面向朝廷报警，一面严阵以待。这时，面对耶律休哥的是北宋宿将刘廷让。

刘廷让乃是太祖在后周时结交的“义社十兄弟”之一，与大将石守信、王审琦、李继勋等人都是并肩公侯。他原名刘光义，跟太宗同名，改名刘廷让。乾德年间，太祖伐蜀，水路并进，刘廷让是水路司令，一路战绩极为流畅。攻占后蜀江防重镇夔州，更是经典战例，一战，令川东失去防御功能，各类要塞形同虚设，后蜀大门洞开。为取得灭蜀战争完成了一个奠基礼。更重要的是，刘廷让的伐蜀大军，纪律严明，与王全斌陆路一部完全不同。王全斌的官军，几乎就是匪军，而刘廷让的官军才是义军。

在后来平定蜀人全师雄的叛乱中，刘廷让也立功了。

太祖“收兵权”，刘廷让也在其中。因此长时间赋闲在家。太宗岐沟关失利，重新起用宿将，所以任命他为瀛州（今属河北河间）都部署，成为边帅。

刘廷让动作很大。他不仅仅将此役看作一场独立战争，而是在中原河北一带做大迂回、大包抄。他甚至从海边，幽州之南开始用兵，声言——不是抵抗契丹来袭，而是“取燕”，攻取幽燕。现在看，刘廷让此举，战略主题其实是分解瀛洲压力。他知道契丹主和萧太后亲征，那一定是倾国而来。此役必是一场恶战，有必要做出战略佯动，暂作缓解，而后伺机攻取。

此举果然让耶律休哥生疑。史称“休哥闻之，先以兵扼其要地，（再）进逼瀛洲”。契丹大军在通往幽州的各个战略要地都分派了精兵扼守，而后才敢攻取瀛洲。这时，萧太后率领的大军也已经到达，与耶律休哥前后呼应，于是，耶律休哥决计在瀛洲与宋师决战。

耶律休哥计擒贺令图

战前，耶律休哥知道宋师中有个人物叫贺令图，乃是大宋皇戚，就早早地做了铺垫。他让谍报人员给贺令图捎信，说：

“我耶律休哥在本国获罪，期待能够投奔南朝，但苦于没有门路，不知道怎样投诚。期望军侯能留意这个事，一俟时机成熟，当有动作。”云云。

贺令图贪功心切，不以为这是诈术，于是不跟其他人通风报信，试图有机会时独自收服这位契丹战神，为大宋立不世之功。于是，他私自赠送给耶律休哥贵重礼物“重锦十两”，表示愿意接纳他早日迷途知返。“重锦”是最好的精美丝织布帛，“十两”是二十匹。

等到耶律休哥迫近瀛洲，战争起时，贺令图和耶律休哥都以为：机会来了。

贺令图乃是瀛洲守军中大将，刘廷让派他做先锋。耶律休哥得到消息后，让军中人给他传话：“愿得见雄州贺使君。”贺令图闻言大喜，以为这个可能就是要与我面谈归附的条件，心里想着大事就要成功，于是带领数十骑来到契丹营帐。距离中军大帐还有十来米的地方，他看到了契丹战神，我猜想贺令图脸上应该带着傲慢与得意的表情开始向战神走去。

但战神忽然坐在“胡床”上开骂了：

“汝常好经度边事，乃今送死来邪！”你经常喜好经营猜度边境之事，现在是来送死吗？

原来，耶律休哥也知道年初促成“雍熙北伐”的人物，贺令图乃是其一。

只见耶律休哥一挥手，左右已经将随从贺令图而来的数十骑全部杀死，将贺令图反绑了，押走。

身为先锋官，战场不辨敌我，轻率相信敌方主帅的诈术，离开大军前往敌营，这得是什么样的智商才能干的事？我至为惊讶的不是他的智商，而是：为何太宗能够在那么重要的战争决策中，听取拥有这样智商人物的进言？我也惊讶耶律休哥根据什么就能判断出贺令图会上当？

贺令图被掳，并没有动摇边帅刘廷让的必胜信心。他至少相信有两大法宝在。第一，他有强弩，那都是射程数百米的大弩，当初在南征北战中曾多次使用，强弩射出，无人可以抵挡。第二，他的身后是大宋战神，沧州都部署李继隆。沧州，距离瀛洲不足百里，李继隆在战斗中来援，宋师必胜。

刘廷让还另外做了部署，将自己麾下精甲骑兵分出一万给李继隆指挥，并约定：战役发起时，李继隆一部以援兵方式来接战。

这是刘廷让积多年沙场征战经验做出的正确决定——大战一起，双方胶着之际，我方忽来一股援军，正足以震慑敌方，是双方角力时最容易让对方“夺气”的一种战术。在没有可能“夹击”敌阵时，出其不意的“援军”到来，是取胜的法宝之一。

伤心君子馆

在瀛洲西北，一个叫君子馆的地方，一个天寒地冻的早晨，战役打响了，史称“君子馆之战”。

刘廷让应该有布阵，但不大可能是“平戎万全阵”，因为“平戎万全阵”所说的战车也即辎重车，是重要布阵军需，那是远征军的装备。此地乃是刘廷让的防区，他等于短距离率众出城迎击，如有不利，可以退还瀛洲，因此无须更多车辆转运物资。但也许正因为没有更多车辆，将士们缺少了阵型依托，在契丹铁骑的冲击下，很难固守。

刘廷让的第一个法宝强弩呢，这个东西如果布阵得法，在大军外缘形成箭矢之环阵，敌人还真是难以靠近。但这时是冬季，控弩士兵手指几乎冻僵，很多人无法挽弓拉弩。箭阵稀疏，契丹兵很快迫近了宋师。于是步军对骑兵的劣势顿显。在没有有效杀伤骑兵时，骑兵已经开始在宋师阵营中呼啸冲荡。宋师开始动摇，但仍然在异常不利条件下，苦战，撑持。

刘廷让寄希望于第二个法宝，沧州来援。只要李继隆部队一出现，刘廷让就有办法让宋师重新鼓舞勇气，向耶律休哥大本营冲击。但李继隆没有出现。不仅没有出现，李继隆甚至还从沧州往西南方向撤退一百多里，到了乐寿（今河北献县），彻底抛弃了友军。

刘廷让这边援军始终不到，耶律休哥那边却不时传来契丹援兵到来的消息。原来，萧太后早与耶律休哥有默契，战事一起，援兵并不一次到达，而是不断地分批到达，即使到达，也在阵外观敌，一旦看到兵机，即刻宣布援军到达，战斗在君子馆的契丹兵就会不时地发出欢呼。刘廷让懂得这一仗对大宋帝国的意义。经过多年训练和积累，大宋最精锐的禁军，很大一部分在河北前线。河北输不起。但是，当耶律休哥按照部署，让两军不断发现契丹援兵出现，让契丹战斗部队不断发出欢呼时，宋师终于有了深深的恐惧。最后，契丹将士欢呼“太后驾到”时，宋师开始了崩溃过程。

契丹骑兵开始分割宋师步兵，大阵内逐渐形成一个个局部包围圈，而包围圈也越缩越小。宋师中军不得已开始奔跑着撤退——那就是败退。大宋御前忠佐神勇指挥使桑赞，带着所部兵力战，自辰时到申时，连续斗阵八个多小时。但敌人援兵总是不断地“复至”，桑赞再也顶不住了，“引众先遁”，于是宋师全线开始溃败。

契丹惯用“波次战术”。即使没有外援，作战时也往往分作若干队，轮流上阵，这样就总有“生力军”出现。这是契丹的一个作战优势。

刘廷让在数重包围圈中，战马倒毙，换了一匹战马，在千难万难的军中空隙间，跑了出来，史称“仅以身免”，仅仅够得上只身逃出险阵。而宋师，“全军皆没，死者数万人”。

宋将李敬源（此人始终未详何官何职）、高阳关部署杨重进在力战中阵亡，骁将张思钧被俘。

契丹将大宋将士阵亡者的尸体收集起来，筑成“京观”，炫耀他们的兵威、武功、战绩。

君子馆，大宋永远的伤心之地！

朝廷后来处理此事，知道瀛洲之败，李继隆没有按约定发出援兵是原因之一，因此并没有处罚刘廷让，对李继隆的处罚也不重。转年，雍熙四年，公元 987 年初，还重新任命刘廷让为雄州知州兼兵马部署。太宗起用败军之将，也有古风，他在效法春秋时的秦穆公。秦穆公曾派大将孟明视与晋国开战，两次大败，秦穆公没有责怪他，继续任用他为主帅。第三次打晋国，孟明视终于赢得胜利。但刘廷让不是孟明视，他对朝廷没有严惩李继隆心头不满，自己身体又不好，到了秋天，患病，太宗派御医赶赴雄州为他调护医治。但刘廷让上表要求回京，太宗准请的批示还没有到，刘廷让就离开治所回到汴梁。这样一来，事情就变得严重了，擅离职守，契丹来了怎么办？于是被御史弹劾，按问。刘廷让痛快认罪。朝廷将他削官，发配西北商州（今陕西商洛）。但刘廷让行至华州（今陕西渭南华州区）时，绝食而死，终年五十九岁。我认为他是负气而死。太宗想想，觉得刘廷让无辜，一世英名在“君子馆之战”中付诸东流，而主要责任并不在他。于是有了感念之心，赠他一个太师之官，算是对死者和死者家属的安慰。

马知节有备无患

宋师败后，整个河北防线都丧失了斗志。各个要塞都没有多少禁军，守城者多为厢军，没有防备，根本守不住，契丹在河北境内纵横驰骋，如入无人之境，连克多个州郡，纵兵大掠。河北人民陷入苦难之中。在文安县，契丹主试图招降守军，没有得逞，于是攻城，到了来年正月初，城破，契丹将城中壮男全部杀死，俘虏老幼妇女，而后班师。

只在一个地方遭遇了顽强抵抗，并且没有攻克城池。那是博州。此地在今天的山东聊城，但宋时归河北管辖，地当河北山东交界处。守将乃是马知节。他是太祖时名将马全义之子。太宗践祚后，以父荫补供奉官。十八岁那年，做彭州（今属四川）监军。一般人没有瞧得上这个娃娃，但这娃娃治理军队却严格有法，军中怕他像怕老将。后来又到潭州（治所在今湖南长沙）监军，当时太守为何承矩，治理地方有办法，还很文雅，马知节很钦慕，从此一改志向，认真读书。这次契丹“君子馆之战”获胜，马知节闻讯后，马上组织兵民完善城垒，修整兵器，积蓄粮草，核定军士，登记壮丁，严整有序地准备了十五天。当时的吏民都认为他“生事”。不料十五天后，契丹大兵到了，但是看到城垒完好，城中部署得当，知道攻克此城难度太大，一旦顿兵于此，大宋援军到后，没有胜算，于是转悠几圈，最后撤退了。博州吏民这才赞叹马知节的眼光。

契丹进入边塞，一般没有更多粮草供给，基本靠抢掠满足需要，史称“利夫虏获”，靠劫掠来获利。大宋于是有了“清野坚壁”

的策略，以此来挫抑契丹的“虏获”。但是契丹一旦越过边境要塞，河北平原几乎没有驰骋障碍，于是草原大兵散处于原野之间，成为一股一股的小部队，直接从庄稼地里抢获中原收成。太宗为此特意颁下一道策略，史称“圣谋”：选骁勇骑士，并招募禁卫军中有胆略的士卒，让他们带领小分队，在契丹活动地区，分成数十队，乃至上百队，埋伏在边境稍内要害之地，等到敌人来侵略，就与宋师一表一里，抓住战机剪灭契丹的一个个小股部队。这应该是大宋最有意味的“游击”作战。“游击”战士们，白天到处虚张旗帜，依托平原地区有限的林木，作为掩体，让契丹不知宋师虚实，恐惧生疑；晚上则潜伏于郊野，擂动战鼓，让契丹心惊，仿佛感受到腹背受敌，不敢轻出妄动。而宋师则互相知道底细，可以相互增援——东边袭击，契丹奔赴东边迎敌，但此时西边的战鼓又响了，如此往复不已，则让契丹疲于奔命，最大限度地保障了河北农民的财产利益。

马知节赞同太宗这个“圣谋”，更补充一个意见：“北面边境之地，看似横亘几百里，好像很长，但要害之地就几处，最重要的是从冀北通往西山的一路。宋师可在此地列阵，各设奇兵为应援，使契丹长久不能进入。等到敌人疲惫之际，就用偏师轻骑去迫近它，袭扰它。如果契丹来犯我境，我军可以深入到敌后力战，他们将颠簸奔波，自顾不暇了。”

太宗可能没有接受这个意见。

西北夏州首领李继迁，一直在大宋和契丹之间走钢丝。现在看到契丹大胜，马上一边倒，向契丹表示：愿意跟契丹联姻，如此，我西夏将永远做契丹的藩辅之邦。萧太后当即懂得这之中的政治分量，然后以契丹主名义下诏：皇族中的一位节度使的女儿封为义成公主，下嫁西夏李继迁，并赐马三千匹。

大宋西北又多了一个劲敌。

契丹河北得手后，开始放心大胆地在晋北用兵。

张齐贤那里顿时紧张起来。

厢兵“一以当百”

契丹大军出现在代州城下时，守城司令马正打开南门，率本部出城列阵迎敌，敌众我寡，战斗进行中，有了渐渐不支的倾向。而副司令卢汉赟却组织守军加固城防，不敢出城。这样下去就等于将马正一部葬送敌阵。书生张齐贤见势不妙，当即将早有准备的两千厢军组织起来，“誓众感慨”，一番誓师动员，慷慨激昂，厢军都被鼓舞起来。于是再开城门，张齐贤亲率这一批从未经历战阵的代州儿郎，从马正阵营的右面绕过，直击敌阵。援兵突现的战争威力再一次呈现出来，马正一部顿时振作，契丹敌寇当即惊慌。张齐贤这位书生，初临战阵，有忘死舍生的功能场。据说张齐贤长得“体质丰大”，身材胖大，骑在马上，驰骋冲突起来，也很有重量感。他训练的这一支队伍，史上给了四字评语：“一以当百”。契丹在忽然出现两千人惊天的呼喊中，胆怯了。于是“却走”。这两个字有意思，战场之“却”，就是“退却”；“走”，在古汉语中，往往就是“跑”，所以“却走”的准确意思就是“跑着退却”，也即“在退却中奔跑”。这是什么意思？就是“逃跑”。张齐贤出其不意，攻其不备，取得了代州保卫战的胜利。

这一战的意义主要在厢军——如果训练得法，厢军可以一战。

史上的厢军往往不能战。“君子馆之战”后，契丹掳掠河北，历史记录中有言：“时沿边疮痍之卒不满万，计料乡民为兵，皆白徒，未尝习战，故辽师所至长驱……”当时沿边诸州郡经历战乱创伤之后的守兵不满万人，于是合计乡民为厢军，但这些人都是未经训练的士兵，所以契丹得以在各地长驱直入……

张齐贤开了个头。这对大宋兵制事实上构成了一个挑战。大宋“强干弱枝”，只需要中央禁军作战，不要地方武装强大的国策，三百年没有变。违背这个国策，即有坐大藩镇的可能，那是经历过五代割据之苦的大宋不愿意看到的，所以，朝廷必有抑制地方的对策出现……

“代州之战”还没有完。契丹还在集结兵力，准备再来。

当初，张齐贤曾经派间谍给潘美送信，如果代州开战，请潘美率并州三交口主力以援军姿态来参与会战。但是不幸，这个间谍在返回路途中被契丹俘获。张齐贤知道这个消息后，很是忧虑，他担心潘美援军路上遭遇契丹“打援”——而从三交口到代州城下，路程虽然不远，但地势复杂，很容易设伏。他正在开始想对策时，潘美间谍送来消息，潘美一部来援代州，已经行进四十里，但是“君子馆之战”失利后，太宗发来密诏：并州所部不得出战，因此援军撤回。

张齐贤得信，一喜一忧。喜的是潘美援军不至于遭遇契丹“打援”了；忧的是，如何对付正在向着代州异动的契丹？

兵法有言：“阴阳燮理，机在其中。机不可设，设则不中。”天地间沙场上，阴阳协调，有无相生，变化中自有机运。机运不是人力可以刻意设计的，刻意设计则很难成功。现在，机运来了——“敌知美来，不知美退”，敌人知道潘美要来，但不知道潘美已退！

瞬间，张齐贤那个熟读圣贤书的脑瓜里，一个优秀创意出现了。

此际，契丹大军在代州附近的山川之中，到处都是。而且行动迅速。张齐贤看着潘美派来的这个使者，担心他如果回去，路上被俘，契丹会得知潘美不来代州的消息，那样，契丹就会重新部署战役作战方案，而无法实现我张齐贤的创意。于是，出于信息保密的原则，他将这位使者暂时关在一间密室中锁了。

当天夜里，他派出精干军士两百人，每人带一面旗帜、一把柴火，到距离州城西南三十里的地方，散开，排列旗帜，燃烧柴薪。

契丹行动很快，张齐贤很快判断出契丹的战略意图是：趁潘美未到之前，攻克代州。

张齐贤开始按照自己的想法计划实施。

于是，契丹远远地看到了火光，又见那燕尾军旗在火光中时隐时现。根据此前得到的情报，契丹判断，潘美大军已经到了。虽然契丹主帅有准备，但士兵没有准备，再说，两百面旗帜断断续续地展开，迤逦几里路长，这是先锋部队的架势，主力部队有多少还难说呢。而此前，潘美连下“山后”数个州郡，已经立下赫赫战功。于是敌方有了恐惧，史称“骇而北走”，惶惧害怕向北逃走。

但张齐贤早已另外安排了伏兵两千人，在一个叫土嶝寨的地方等候着了。

看到“却走”中队伍不整的契丹兵，一声炮响，“掩击”冲杀袭击过来。斗阵中，契丹无法辨别这股生猛力量有多少人。刚刚看到的那两百面燕尾旗，还在眼前虚幻地晃动。于是，契丹全面溃败。宋师擒获契丹北大王的儿子一人，帐前舍利一人。帐前舍利，又作帐前锡里，是掌管皇族军政事务的高级官员；斩首两千余级，俘五百余人，获马千余匹，车帐、牛羊、器甲甚众。

此一役，大胜。

宋人陈师道有《后山谈丛》，内中一条说到神宗时名臣张方平。当时已经与契丹有和约，停战多年，但每年还是要“赐”给契丹金银财货。按照惯例，每次给契丹财货，都要堆积在殿下，请二府也即枢密院与政事堂官员来观看。有人看了后说：“天子修贡为辱，而陛下神武，可一战胜也！”张方平说：“陛下知道我大宋与契丹有过多少战事，胜负几何？”二府官员都不知道，神宗问张方平。张方平说：“宋与契丹大小八十一战，惟张齐贤太原之战才一胜尔，陛下视和与战孰便？”史称“上善之”，神宗皇上认为他说得有道理。

张方平乃是大宋一等一的人物之一。不过他说大宋与契丹八十一战，只有张齐贤代州一役为胜仗，却不是事实。事实是，大宋与契丹“战役”而不是“战术”“战争”性质的战事，在太祖一朝没有发生，在太宗、真宗两朝总约四十场，其中大宋胜仗为多。但事情过去几十年，张齐贤的一场“代州之战”还是被人记住，可见影响之大。

无耻之徒卢汉赟

整个“土嶝寨战役”，不见卢汉赟等代州守军的出击或配合，这就是张齐贤自己训练出来的厢军的一次独立战绩。但张齐贤出于“和为贵”的圣贤思路，要城防司令自己报功，卢汉赟很无耻，就上了一道报捷的奏章，把一场军功揽到自己头上。太宗“优诏褒答”，用褒美的文字颁下嘉奖诏书。但事后，知道这位卢汉赟先生并未与契丹接战，给了他降级处理。大宋仁宗朝编撰的《武经总要·后集》卷二，有《明赏罚》章，其中一条为“将帅不和必败”。这一条举出了几个战例，其中之一是唐代讨伐突厥故实。淮阳王李道玄率军到河北驱逐突厥，要副将史万宝继进。但二人不和，史万宝等到李道玄深入敌阵后，借故不进，结果李道玄兵败失利。

张齐贤熟悉大宋将帅心态，他已经看到太平兴国四年（979）平定北汉之战，郭进与田钦祚不和；随后“乘胜取燕蓟”战争中，潘美与曹翰不和；雍熙三年（986）第二次北伐幽燕，曹彬与崔彦进不和；雁北战役中，王侁与杨业不和；这一次代州保卫战，很明显，潘美不给力，而卢汉赟并不配合张齐贤。

“将帅不和必败”。大宋在仁宗朝，已经总结出这个带着历史无数鲜血的战场规律。而在张齐贤时代，他还在孤独地承受着这个规律性后果。所以他要将代州保卫战的荣誉推给卢汉赟，期待能在以后的战争中获得他的一点点支援，为大宋社稷，为大宋子民，做一点好事。

几年之后，端拱元年（988）的一个冬天，张齐贤升职，拜为工部侍郎，仍旧知代州。这时，契丹又来南侵，一路走大石路。张齐贤预先检阅了自己训练的厢兵千人，分为二部，屯扎在繁畤、崞县（均属山西，在晋北）二地。并下令说：

“代西有寇，则崞县之师应之；代东有寇，则繁畤之师应之。比接战，则郡兵集矣。”

如果代州西部有贼寇来袭，则崞县一部应援；代州东部有贼寇，则繁畤一部应援。等到接战时，代州大军就会和你们会合在一起了。

厢兵虽然人数不多，但按照这个安排，则属于奇兵。代州主力与契丹大战之际，忽听一声炮响，斜刺里杀出一支不曾提防的生力军来，即可沙场夺气。这是屡试不爽的战术规律。张齐贤排兵布阵，深得兵法之要。史书记载，果然，到了打仗那一天，敌寇从东部而来，繁畤援军呼啸而出，契丹大败。

时未至，势未成

为了解决边塞地区转输粮草的难题，张齐贤还在端拱二年在代州置屯田，为边塞后勤保障问题提供了一个新的解决方案。

当初第一次北伐时，张齐贤就持反对意见，曾经触忤太宗，不料一次、二次北伐全都失败，太宗意识到张齐贤所言有理，于是多次自我检讨，承担起“雍熙北伐”战败的主要责任。所以，当“老于边事”的杨老令公也没有了时，晋北防御问题就凸显出来。

晋北怎么办？

大宋怎么办？

太宗想起太祖赵匡胤当初对张齐贤的推荐，于是，老老实实地向张齐贤请教“御戎计策”，抵御契丹的战略规划。

但张齐贤已经没有什么“计策”。这不是他无此智慧，恰恰相反，他正陷入在“智慧的痛苦”中。举朝没有足以对付萧太后、耶律休哥的人物，这个总体态势，张齐贤有感觉，除了张洎、田锡等少数人外，举朝很少有人能懂。大宋在太宗一朝，在“收兵权”的逻辑转换为“抑制武将”之后，将帅们已经很难自由地呈现军事天才。何况，隐秘状态下的“将帅不和”，已经成为大宋武略的痼疾，这是人性的弱点，圣贤再生也无奈。而且不便于说破，说破，于己无益，于事无益。于是，当太宗这个自负深通兵法、演绎“平戎万全阵图”的帝王，在深自愧悔中“不耻下问”时，张齐贤有了难堪——他不能将自己的感觉说出来，但也确实拿不出更智慧的“计策”来实现大宋志在恢复汉唐旧疆的梦想。

邦国未来之军政，他唯有求助于“乘势”“乘时”，以自我安慰。而现在，“时未至，势未成”。于是，时任左谏议大夫、签书枢密院事张齐贤先生，在太宗向他请教边事时，反过来向太宗请求驻守边关，愿意权知代州，顶替杨业的位置。于是，有了这一役“代州保卫战”。

唐河之战

雍熙三年，公元986年，北伐遭遇岐沟关大败之后，宋与契丹并未停止战争。到至道三年（997）太宗驾崩之前，近十年间，够得上规模的大战，可以约略统计为“契丹攻宋束城之战”“契丹攻宋唐河之战”“契丹攻宋易州之战”“宋攻契丹徐河之战”“契丹攻宋子河汉之战”“契丹攻宋雄州之战”“契丹攻宋永安之战”等。其间，太宗还要对付四川的“王小波李顺起事”“焦四起事”“宋斌起事”，以及令人头痛的西夏反复无常的犯边。但这期间，契丹日子也不好过，除了对付大宋的七场战事之外，还另外经历着“契丹与高丽之战”“契丹与党项之战”，以及更多的对付内部叛乱的一场场小规模战事。十年十几场战事，两国间的这类紧张与痛苦，渐渐令双方的政治家们开始思考一个问题：战争，是必需的吗？

大宋在地缘政治上的最高理想是“恢复汉唐旧疆”，次一级的理想是收复石敬瑭的割地“燕云十六州”；契丹地缘政治的最高理想是“占据黄河以北”，次一级的理想是收复周世宗夺去的“关南之地”。目前，各自暂时为了达到次一级的地缘目的而战。

到了宋真宗时期，契丹萧太后、大宋真宗帝各自想明白了：各自的最高理想根本不可能实现；各自的次一级理想也不可能达到。如果都不可能达到，那么，就可以不要战争，于是有了“澶渊之盟”。

但在各自还没有想明白之前，拉锯战式的战争，或战争冒险，就成为一种自以为是的政治选择，于是，紧张与痛苦，不可避免。

“契丹攻宋束城之战”，发生在雍熙四年（987）春正月。这是“岐沟关之战”后，大宋与契丹的第一场战事，契丹国主耶律隆绪率主力主动来攻宋境，带有明显报复性质。

束城，在今天的河北河间东北方向，守卫不利，被契丹攻破，纵兵大掠。随后，大兵又来到文安，派人招降，文安不从，又被契丹击破，将城中丁壮全部杀光，俘虏老幼而去。文安一战，几乎成为空城。

耶律隆绪回到幽州，也即他们的南京，在元和殿，大赏将士。

到了春天，耶律隆绪还到长春宫去赏花钓鱼，以牡丹花遍赐近臣，欢宴了好几天。契丹上下，一派好心情。

大败大宋，让契丹振奋。耶律隆绪感到萧太后功高无比，于是在南京也即幽州，率百官给萧太后上了个尊号：睿德神略应运启化承天皇太后。群臣又恭维耶律隆绪也不简单，也上一个尊号：至德广孝昭圣天辅皇帝。

与此同时，契丹开始有了乘胜攻宋的谋划。

大宋，则经历了悲情时刻。

宋太宗下诏，赦免雍熙北伐中战败的将士之罪，掩埋暴露的尸骸，死于阵战的士卒，都给予了抚恤金；文官武官的烈士子孙都被录用为官，享受国家补贴。另外还蠲免了战火为害最重的河北农民应交的租税，具体安排是：被契丹蹂躏的地区，三年免租税；宋师所过地区，二年免；其余地区，免一年。

正做着汉南国王的钱俶，在岐沟关护驾有功，为武胜军节度使，徙封为南阳国王；不久，又改封为许王。

大宋已经开始由战略进攻转为战略防御，契丹则由战略防御转为战略进攻。于是，半年多之后，契丹自以为准备妥当，在耶律隆绪的率领下，开始了“契丹攻宋唐河之战”。

这时是大宋端拱元年，公元 988 年，秋天，草肥马壮的季节，天时利于契丹。

契丹骑兵在南下中，首战涿州。宋师守军异常顽强，在孤立无援的条件下，固守。但契丹这一次来的是草原主力，耶律休哥、耶律斜轸等人都在。涿州没有援军，打败了契丹多次进攻，最后城破，契丹太师萧挞凛和驸马萧勤德都在入城时中箭。萧勤德伤势尤重，契丹国主耶律隆绪派出御车将他送回国内就医。

攻破涿州后，契丹又连下河北霸县附近的沙堆驿、益津关，来到了徐水附近的长城口。大宋定州守将李兴率部下与契丹苦斗，不利，大败。契丹大兵攻入长城，宋军在突围中，被契丹兵斩杀大半。

于是契丹乘胜攻下了战略要地满城。

太宗派出了当年“岐沟关之战”中畏缩不前的大将李继隆为河北定州都部署，抵御契丹。

李继隆增援满城，初战，没有胜，契丹耶律休哥带领八万铁骑与宋师寻机决战。李继隆迎战，有了斩获。但这时候接到太宗诏书，诏书主题词是：固守。于是李继隆退保唐河，一面向镇州都部署郭守文请求增援。

定州、镇州，本来就呈掎角之势，相互增援，乃是战争必然态势。

随后，契丹又下祁州（今河北无极）、新乐，来到唐河（大清河的支流，干流在河北西部），屯扎、休整。

李继隆在唐河北岸设伏兵，准备在耶律休哥过河时，发起背后袭击。但耶律休哥似乎有天然的战争直觉，他感觉到了背后的凶险，于是，先打大宋伏兵。李继隆看到计划没法实施，就派出猛将荆嗣跨河救援这股伏兵。荆嗣不凡，将伏兵带领到河边后，合兵一处，列为三阵，做背水之战。

背水，是胜负手，或胜或负，其中天机无人知晓。史上韩信有背水之胜，并不意味着所有的背水列阵都可以胜利。耶律休哥见状，率领主力冲荡这支背水阵。荆嗣与契丹大战几个回合，来来回回，最后还是支撑不住，退回河水之南。

耶律休哥大败

冬天来临之际，契丹准备越过唐河南下。大宋诸将得到消息，准备按照诏书主题词“固守”要塞，坚壁清野，不与契丹接触。这时，定州监军袁继忠发表了一个男人的意见：

“契丹在近，今城中屯重兵而不能剪灭，令长驱深入，侵略它郡，谋自安之计可也，岂折冲御侮之用乎！我将身先士卒，死于敌矣！”

定州大军数万人，契丹攻取定州有困难，但大有绕过定州，继续南下的计划。这样，就等于将定州抛在身后，历史上，契丹常常这么打仗，而且不担心宋师会袭击他的身后。这类“蛙跳”式战术，让袁继忠感到了耻辱。他说这番话时，史称“辞气慷慨，众皆伏”，他用自己的廉耻感，感召了众将。但太宗派来的中黄门林延寿等五人，还是拿着诏书，要求诸将不要轻举妄动。这时，都部署李继隆，这位负责下最后决心的统帅说：

“阃外之事，将帅得专焉。往年河间不即死者，固将有以报国家耳！”朝廷之外的沙场战事，将帅可以专断处理。往年我李继隆没有在河间战役中战死，就是要留着有一天会报效国家，现在，报效国家的时刻到了！

说罢，就与袁继忠准备出战迎敌。

李继隆部下有一支静塞军，骑兵。

静塞军，诸说不一，有说为今属河北张家口地区，有说为今属山西代县地区，应该是河北北部与山西北部交界处一带。这里曾有兵民自发组织的骑兵，作战骁勇，后来各部将军都愿意收编静塞军骑兵，导致静塞空虚，不能守卫，落入契丹境内。有一支静塞军骑兵被李继隆收编，待遇优厚，所以骑兵们对李继隆言听计从，愿效死命。

现在，李继隆以这支骁勇的静塞军骑兵为先锋，几千精锐呈扇状，向耶律休哥发起了攻击。当耶律休哥试图组织起反击时，为时已晚。静塞军进入契丹阵营，没有可以阻挡他们的力量。当契丹阵营指挥失灵时，李继隆发现了扩大胜利的战机，于是，挥动战旗，麾下万余精骑跟进，契丹八万精骑，就在一瞬间没有了气场。战神一般的耶律休哥，尝到了失败的苦果。契丹兵在散发着汗臭味的静塞军攻击下感到了大宋吓人的“蛮力”。于是，阵型有序的结构散了，在溃败中，被宋师追逐砍杀。镇州都部署的郭守文大军也已经到了。耶律休哥败局已定，无力回天，遁回幽州。满城再次被宋师夺回。

此一役，宋师击溃契丹八万人，斩首一万五千级，获战马万匹。

契丹并未因为唐河之战失利而收兵，随后又有了“契丹攻宋易州之战”。

几个月之后，已经是大宋端拱二年（989），春天，契丹主耶律隆绪率军来攻取河北易州。契丹大兵向易州开进时，刚刚被宋师收复的满城守军出师增援易州，但被契丹铁林军击退，宋师五名指挥使被俘。铁林军，是契丹最精锐的铁甲骑兵，与大宋静塞军骑兵有一拼。契丹打援成功后，即组织主力攻城，易州破，刺史刘墀投降，守城将士南逃，契丹邀击，几乎没有多少人逃跑成功。随后，契丹安排自己人守易州，耶律隆绪登上易州五花楼，“抚谕”易州军民一番后，将原易州军民全部迁往幽州城。

备边之策

端拱二年（989）正月，太宗召集群臣各自陈说“备边之策”。

右正言温仲舒、户部郎中张洎、直史馆王禹偁、知制诰田锡，宰辅李昉、宋琪等人都献上了长篇议论，但意见大同小异，我替他们合并同类项，综合起来，大略有七条建议：

一、朝廷应该“修德”，罢天下不急之务，做好自己家的事，让天下都知道大宋是一片王道乐土，这样，契丹将不战而降。

二、选择将才，信任将才。赏罚严明，否则兵多无用。

三、在河北边境，建立三座重兵要塞，各领十万精兵，互为犄角，常年驻扎，可以免去河南和中原各道的粮草转运之苦。

四、多设间谍、细作，了解契丹内部状况。并设法分化瓦解契丹各部落之间的关系，争取以夷攻夷。

五、攻取幽州，不应从南往北仰攻，而应从北、从西，俯攻。

六、以后有战争动员，应该跟宰辅商议，皇上不得自己做主。雍熙北伐，就是因为没有跟宰辅商议，导致大败。

七、皇帝应该放下尊严，屈己求和，结束兵火连年的战争状态。

每一条意见都够重要，其中第一条“修德”，几乎每个谏臣都会提及，就像他们事先早已商量好了，统一口径一般。这一个回合中，时任右拾遗、直史馆的王禹偁，他的意见堪称代表。他引用《庄子·逍遥游》中“至人无己，神人无功，圣人无名”的说法，将儒学和道家意见融汇为一体，说出了一番以后的“主和派”们都会论及的一个意见：修德以来远人。

他的意见史称“御戎十策”，皇皇数千言，分为“内五条”“外五条”，“修德”的意见出自“内五条”之四，他说：

“不贵虚名，戒无益也。且圣人无名，神人无功。迹用不彰，品物自化；道德既丧，功名始生。五帝犹能不伐，三代多或自矜。讨蛮夷则重困生灵，得土地则空标史策，祸败之本，何莫由斯。今万国骏奔，四民康乐，惟兹北狄，未服中原。以臣思之，恐宗庙之灵，天地之意，虑陛下骄於大宝，怠於万机，用广圣谟，以为儆戒。诚宜作备边之计，示忧民之心，不必轻用雄帅，深入敌境，竭苍生之众力，务青史之虚名。如此，则天道顺，人心悦，年岁之间，可缓图也。”

不以虚名为贵，是为了警戒无益之事。况且圣人不求名、神人不求功。所有的行迹大用都不彰显，而万物自然演化；到了道德沦丧，人间才有了功名之心。五帝时代还能做到不自我表扬，但三代时就有了自满得意之情。讨伐蛮夷就会给国计民生带来困境，得到土地，不过是无所用地标榜于史册而已。国家祸败的根本，没有不从这里开始的。现而今，天下各地都在前进，四方士庶都很康乐，只有北方这个契丹，还没有归附中原。以我的思考，这恐怕是宗庙天地有意味的安排，神灵们担心陛下获得帝位而骄矜，怕陛下在万机之中有所懈怠，留着北狄，可以扩展帝王之宏猷，以此作为警戒。当然应该做好备边的大计，明白展示忧民之心；但不必轻于选用精兵雄师，深入敌境，以战争来竭尽苍生之民力，务求青史之虚名。如此，则天道顺畅，人心愉悦。年来岁往，可以慢慢图谋。

这些谏臣们的意见，谈得比较实在的是第二、第三条，但恰恰是这两条，大宋操作起来，难度最大。

因为五代以来的藩镇，就是这样演成的。一旦边帅坐大，且拥有十万之众，上下号令一致，这就是一支“兵强马壮”的武装力量。五代以来，只要武夫拥有了这样的武装力量，他自己不想反，但部下邀赏，要建不世之功，造反，这一场“买卖”就是最便捷的。几十年间，十几场兵变，如出一辙。太祖时代，尚有“驾驭群雄”的宏猷手段，太宗已经相形见绌。他不敢常年给三镇将帅各十万精兵。那样，太危险。太宗以后，如何令边帅有效抑制北部侵略者，同时又必须保证不出现“黄袍加身”的藩镇兵变，是十几位皇帝共同的内部痛点。所有明白此理的大臣，都会被给予厚望，都会心照不宣地推演“偃武兴文”的国家政策、“抑制兵权”的统御手段，没有一次、没有一人，例外。

临时镇守者

理解大宋之“弱”，这是一把密钥。

所以，大宋所有的边帅，都是“临时”镇守者，都是朝廷、皇帝临时临事派出的“差遣”。“将不知兵，兵不知将”，是所有带兵统帅与打仗士兵的基本态势。这样的武装力量抵御外侵，需要高超的管理技巧。

不能简单地认为这是一种可笑的职官制度。在这种制度推行条件下，虽然抵御契丹、金兵、蒙元，有得有失，更有可能在最后决战中导致社稷倾覆，但一个重要成果则是：大宋三百年，没有出现藩镇之乱。如果熟悉五代藩镇割据中的士庶苦难，应该说，这是一个了不起的成就。

东周列国，就是“封建”外表下的“藩镇”之实；秦代没有解决，六国后裔以及郡县治下的团块割据，已经是藩镇模型。汉代没有解决，东汉藩镇，愈演愈烈。魏晋没有解决，一些大战，其实就是在藩镇与藩镇之间的战争。大唐没有解决，从安禄山开始，"权反在下"的藩镇实质，已经开始不断上演。五代尤其没有解决，所有的战事，几乎就是藩镇之争。大明事实上也没有解决——燕王朱棣就是一大藩镇，宁王朱宸濠就是一大藩镇，晚明更有各路藩王。大清事实上也没有彻底解决——清末"东南互保"以及更多军阀自立，都是藩镇传统。民国事实上也没有根本解决，熟悉近代史的都知晓民国乱象的根本。

当联邦或邦联，作为一种政体模型还远不为人所知，且没有规则可以恪守的条件下，统一，就是秩序原理下的较优政治选择。

端拱二年，中国的知识精英，他们的这些上言，张洎、田锡、张齐贤有相似感觉：大宋，现在还没有可以底定天下、犁庭扫穴的"虎臣"人物。"乘胜取幽蓟"，兵锋"径指西楼之地，尽焚老上之庭"，还不过是一个辉煌梦想。这是一种深刻的悲剧感：大宋无可遣之将，因此，现在，太宗一朝，还远不是可以"恢复汉唐旧疆"的时候。

张洎甚至不无悲哀地说："倘或争锋燕蓟之郊，委众凡庸之手，徒淹岁月，莫计否臧，臣恐上帝不降灵，中原不解甲，方从兹始。"如果现在就是在幽蓟土地上与契丹争锋，却把这种严肃沉重的争锋任务交到"凡庸"之辈的手上，白白耽误岁月工夫，也不去计较正确与否，臣恐怕上帝不会福佑我大宋，中原兵连祸结不会解甲的苦日子，就要从现在开始了。

田锡在上疏中甚至直言："昔吴起为将，为士卒吮痈。霍去病为将，汉帝欲为治第，去病曰：'匈奴未灭，何以家为！'未喻陛下以今之将帅有如吴起、霍去病否？若以臣见，即将帅必无其人。何以知之，将帅肯与士卒吮痈乎？若赐第宅，其肯辞乎？将帅非才，即无威名，何以使匈奴望风而惧！”过去吴起做魏国统帅时，士卒身上长疮，他曾经为士卒吸脓；霍去病在大汉为将时，汉帝要为他置办府邸，霍去病说：“匈奴还没有扫灭呢，怎么可以顾到家！”臣不知道陛下您看看，今天的这些将帅有没有如吴起、霍去病这样的人物？如果由我看，大宋将帅中，一定没有这样的人。怎么知道呢？现在的将帅有能给士卒吸脓的吗？有那种赐给他宅子，他推辞不要的吗？将帅不是这种材料，就不会有威名，没有威名，如何可以使契丹闻而生畏呢？

为何没有这样的“虎臣”？

原因种种，天缘、时运等，都是，但大宋出于抑制藩镇，防患于未然的心理底线、政治底线、策略底线是一大关节。没有办法，大宋国运如斯。五代乱世的记忆，过于残酷了，没有人愿意重温藩镇之苦，回到中原战火之中去——而宁肯冒险在抵御外敌之中，心存侥幸。

大宋的地缘环境太恶劣了。大宋的深刻悲剧在此。

“黑面大王”尹继伦

诸臣上疏，对宋太宗有触动。他的战略防御思想开始慢慢成型，对契丹求和的愿望也越来越强烈。不久又发生了“宋攻契丹徐河之战”，大宋胜利，在胜利中，太宗没有得意，而是更冷静地继续着驴车之上的思考：大宋未来的命运怎样才可能是“最不坏”的？

“徐河之战”是一场有着传奇性的战役。

威虏军，在河北徐水县西部约二十里，古称遂县。此地与易州、涿州接壤，易州、涿州失守后，威虏军成为边境要塞。这里设施简陋，近来粮草也有问题，太宗得到消息后，让远在定州的李继隆派镇州、定州的大军，护送转运粮草到威虏军。定州在威虏军西南方向约一百五十里，护送几千车军粮，大军要走两天多。耶律休哥就在附近，随时会以骑兵“邀击”，李继隆不敢大意，派出定州路副都部署范廷召带领大军小心翼翼地往东北方向行进。而耶律休哥果然得到消息，果然前来“邀击”。他组织起数万骑兵来，从幽州方向往西往南，准备路上劫持。这时候，他遇到了一位黑脸大宋军官。

此人乃是尹继伦，大宋崇义使、北面缘边都巡检，正在负责边境线上的治安巡逻工作。此时，跟着他的只有步骑千余人。

耶律休哥远远地发现了他，但他仅仅打量了一番尹继伦这支宪兵队伍，就果断决定：不搭理他。

一千多人，在辽阔的平原上，十几里距离望去，一条线而已。契丹几万铁骑，有更重要的活儿要干——他想要那几千车粮草。

谁都知道，当下，两军对垒，谁得到那几千车辆草，谁就有了胜算。

于是，耶律休哥几乎头也不回，继续西行。

尹继伦一开始也很恐惧，但发现契丹对他视若无睹。他几乎是眼睁睁地看着这几万铁骑，轰隆轰隆地从远处不停留地奔驰而去。这边大地都能感觉到铁蹄下的震动。

尹继伦一下子就明白了形势利弊，当即做出一个凡庸之辈看来不可思议的决定：以我千余步骑，从背后袭击契丹几万精骑。

他对麾下诸人说：

“寇蔑视我尔！彼南出而捷，还则乘胜驱我而北，不捷亦且泄怒于我，将无遗类矣。为今日计，但当卷甲衔枚以蹑之。彼锐气前趣，不虞我之至，（我）力战而胜，足以自树。纵死犹不失为忠义，岂可泯然而死，为胡地鬼乎！”

敌寇太蔑视我们啦！看这形势，他们如果南下取得大捷，回来时，就会乘胜驱逐我们，之后，北去；如果不能大捷，必将拿我等泄愤，那时，面对面决战，我们一个活口也留不下。为今日这事合计，咱们最好就是把叮了当啷响的盔甲之类暂时收了，人人衔枚而行，悄悄地跟上他们。他们正在想着往前赶任务，不会想着我们到了。这时候，乘敌不备，奋力作战，如果能胜，足以自树大功；就是不胜，纵然战死，也不失为国家忠义之士！我等男儿，岂可不明不白没有作为地死掉，做胡虏之地的野鬼呢！

“纵死犹不失为忠义”，极大激励了众人，史称“众皆愤激从命”。

尹继伦敢于如此“冒险”，也有底牌，他知道耶律休哥的几万铁骑是奔着李继隆去的，李继隆自应有部署。

尹继伦决计与耶律休哥保持一段合适的距离，以免打草惊蛇。于是稍事休整，命令军中人人装束利落，且将马匹喂饱，等到夜半之后，人人带上短兵器，夜色保护下，行走数十里之后，悄悄接近了契丹铁骑。

这里在唐河、徐河之间。天还没有亮，李继隆已经得知有敌兵来抄掠辎重，已经布好战阵，以逸待劳，等敌人前来。这时契丹开始吃早饭，准备早饭后发起冲击。尹继伦再一次判断形势后，不失时机地从敌后开始了凌厉攻势。

上千人的呼喊，在河北平原的熹微黎明中，也有一种震撼力。当金属的刀剑碰撞中的清脆响声传来时，契丹骑兵再次上马都来不及了。契丹骑兵是重装备，上马下马要整理很多零碎，都要时间，尹继伦则是短衣襟、小打扮，上千人出现时，仿佛一群来历不明的刀客、剑侠，加上几百骑兵的冲撞，契丹已经大乱。尹继伦当场杀死了契丹一名"皮室"，也就是他们的相官。敌营见"皮室"已死，大惊之下，溃散。耶律休哥也在营中，闻听动静，吓得筷子都掉落地上，这时短兵已经到了他的跟前，一位没有留下名姓的敢死队士兵，一刀砍中他的肩膀，伤很重。这位草原战神耶律休哥来不及组织反击，乘上一匹最好的马，抢先逃遁。

两军相交，到了这个地步，契丹已经兵败如山倒，于是开始了百里长逃，而尹继伦与范廷召合兵一处，自后追击不舍；定州又有副都部署孔守正，借着敌人逃兵，在曹河附近大战，砍掉了敌人的帅官三十多人，过河时，契丹自相践踏而死者无数。从此以后，敌人不敢大规模入寇。敌兵记住了尹继伦那黑色的脸庞，所以契丹人之间有了互相的提醒戒备："以后再打仗啊，当避黑面大王！"

"徐河之战"对契丹影响很大。淳化年间，有一个被契丹俘虏的著作佐郎孙崇谏从草原逃回来，太宗向他询问边境事宜，他还说到了“徐河之战”，说是只要一说起尹继伦的大名，契丹就常常不知所措。有契丹“战神”之称的耶律休哥居然被名不见经传的尹继伦打败并身负重伤，而尹继伦只有千余人，一半多还都是步兵。这事怎么想都不可思议。契丹服了。

太宗很高兴，提拔了尹继伦做深州团练使，并领本部兵马做本州驻泊兵马部署，成为前线总司令。至道二年（996），太宗派兵西征，讨伐西夏李继迁，当时由大将李继隆从灵环路（灵州、环州路，均在西北）前往，但李继隆发兵迟缓，太宗发怒，急忙召尹继伦入京，以河西兵马都监身份再拜为灵州、庆州兵马副都部署，要以此来“夹辅”李继隆。但这时尹继伦已经生病，勉强起来受诏。太宗听说他嗜酒，就在他上任前，将最好的御酒赐给他，让他带上。但他到了庆州，就病故了，年龄只有五十岁。

尹继伦也是一奇人，天假其年，应该有更不俗的成就。

“徐河之战”，大宋虽然取得胜利，但从此却再也没有主动向契丹发起过攻击，对契丹从战略进攻到战略防御，成为太宗后期的一项国策。这项国策的正式落实，自“徐河之战”后开始。

从今天山西昔阳县的甘陶河到今天天津的塘沽海口，大宋当时利用原来已有的河流沟渠蓄水筑堤，将它们沟通联络为一条贯通的水道，东西屈曲九百里许，南北参差六十里许，成为失去“燕云十六州”之后的大宋“天设险固”。这一条水道及其湿地，被真宗朝的知雄州何承矩赞誉为“真地利也”。太宗在这九百里连绵河道的边境上，建起要塞二十八个，联络点一百二十五个，并任命朝官十一人，戍卒三千人，巡逻舟一百艘，往来巡警，屏蔽奸细和军事欺诈。这一战略防御设施，到了真宗咸平年间有所放松，真宗甚至下诏，允许边境线上南北之地自由展开公私贸易，人马在河水两旁来往，南边的宋人往往要越过拒马河到北境去购买马匹。当时还没有签署“澶渊之盟”，何承矩认为这样很危险，就讲述了太宗时代的这种设施，“缓急之备，大为要害”，边境上有了紧急情况，日常警惕是很重要的。真宗接受了这个意见，追回了前面的诏书。

此后，这九百里水道，成为大宋与契丹互为接壤的“国境线”。

子河汊大捷

大宋不去招惹契丹，但契丹却无法忍受傲慢的大宋领袖曾经给过他们的羞辱，于是屡屡来撩拨大宋，试图为草原民族赢得更多脸面。

于是又有“契丹攻宋子河汊之战”。

这时已经是大宋淳化五年（994）末、至道元年（995）初，距离“徐河之战”已经过去近六年。这六年间，大宋还经历了与西夏的两场战事，平定了内部的两场民乱；而契丹，也曾有过一场与高丽之间的战事。

双方都已经感到了疲惫。但疲惫之际以为对方会更疲惫，往往就会有心怀侥幸的军事冒险。太宗赵炅“惟有战耳”一句狠话，“径指西楼之地，尽焚老上之庭”一篇檄文，让契丹怎么也咽不下这口气——此前，我们大契丹甚至暂时搁置了后周大帝柴荣对我们的

“侵扰”，多次主动“讨好”你们“南朝”，还派出了我们的边防大臣涿州刺史耶律琮主动和你们的边臣联系，商谈和议之事，你家太祖多么友善，不久就推动了南北睦邻关系。当初你家太祖病逝，我们还按照中原的礼法“修赙礼”；你这个南朝首领登基，我们大契丹还派出了庞大的使团向你表示祝贺……而后来，你却借着灭亡北汉的余威要“乘胜取幽燕”……现在，你们大宋国不能让我们大契丹安全，我们大契丹也不会让你们大宋国安全……

事实上，早在淳化元年（990）秋七月，契丹就有过南下的准备。他们曾经派遣特使到北岳庙去占卜，看看神是不是答应他们南下。占卜的结果是：“神不许”。史称“辽人怒”。神不允许草原大兵南下侵宋，契丹人居然大怒，然后放了一把火，将北岳庙烧毁，愤愤地回去了。

此时，契丹大将韩德威，正做着西南面招讨使，契丹西南方向的前线剿抚总司令。他是燕王韩匡嗣之子，北府宰相兼枢密使韩德让之弟。他现在已经成功地收服了陕甘宁一带的党项部族、勒浪部族，于是带领这些部族士兵，并自提万余名本部骑兵，从内蒙古南部、陕西绥德地区，往西南方向而来。

此地正当大宋北部名将折御卿的辖境。

子河汊，在今内蒙古东胜县南部到陕西府谷县之间。

此前一年，宋师在讨伐西夏李继捧的战役中，折御卿以府州观察使身份增援宋师，并在此后的地方管理中，恩威并施，令银州和夏州的八千多帐吐蕃部族归附大宋，有功，被太宗加封为永安节度使。永安军，后来改称靖康军，治所在今天的陕北府谷县，与内蒙古接壤。折御卿常年镇守此地，一直平安，并在大宋讨伐契丹时，多次出兵相助。所以契丹对折御卿又恨又怕。

韩德威向折御卿寻衅，有为契丹“雪耻”的动机。但他此次南下，似乎有意绕开折御卿的主要防御地点，也许他想在背后发起攻击。但这种大迂回式行军，不可能瞒过折御卿。

在一个叫子河汊的地方，韩德威与折御卿相遇了。

子河汊是一条山间小道，有悬崖，有溪涧。此时正是陕北的初春季节，枯寂疏野的风景中，自有一番静谧之美。埋伏在这里的府谷精兵静如林立，他们几乎是看着韩德威的万余骑兵在崎岖小路上行伍不整地走过。折御卿认为时机已经到来，于是在敌人的后方，发出了冲锋的命令。

任何一支部队，都无法承受突然袭击，尤其是从后面发起袭击。韩德威也不例外。契丹兵在猝然来临的攻击中，只有逃跑。但小路上回师是很困难的，很多草原兵坠落山崖。而在韩德威威逼利诱下勉强归附的勒浪部族，看到形势已变，于是反戈，率领本部，从后面截击契丹，杀掉契丹将领突厥合利等人，韩德威只身逃脱。

此一役，折御卿斩杀契丹二十多名随军的突厥太尉、司徒等高级将领，活捉吐蕃首领一人，歼灭五千多人，获马一千匹。

太宗认为这一战似有出彩之处，就派出使者去问折御卿：“西北要害之地，都屯驻劲兵，契丹是怎么进入府谷辖境的？”折御卿回答道：“敌人沿着山间峡谷小路进入，谋划从我侧后发起剽掠。但臣已经得到谍报，于是放他进来，邀击他的‘归路’，在他后部发起攻击，所以击败了他。这都是圣灵所及，不是臣之功啊！”

太宗很高兴地对左右说:“契丹小丑，轻进易退。朕常诫边将勿与争锋，待其深入，则分奇兵以断其归路，从而击之，必无遗类也，今果如吾言。”契丹小丑，往往飘忽而来飘忽而退。朕常常告诫边将，不要与他正面争锋，等到敌人深入内地，我师则分出奇兵断他的后路，两面夹击，一定会全部消灭他们。现在子河汊这一战，果然就像我说的！

左右皆呼万岁。太宗高兴，赐给折御卿大旗三十杆，以壮军威。

折御卿之死

折御卿对边关之事很上心，他应该是积劳成疾，到了冬天，病倒。

韩德威得到消息，再次来犯，以报子河汊之仇。

折御卿打起精神，披挂了铠甲，出城列阵，抱病迎敌，就住宿在行营中。

韩德威得知折御卿临战，不敢前进，只在远处扎营，待机。

折御卿的母亲派人来秘密地让他回去治病，折御卿已经知道自己病重，来日无多，也挂念母亲，就流泪对来人说：

“世受国恩，边寇未灭，御卿罪也。今临敌弃士卒自便，不可。死于军中乃其分也，为白太夫人，无念我，忠孝岂两全！”

我世受国家恩泽，但边寇还没有剿灭，这是我折御卿失职之罪！现在大敌就在眼前，我丢弃士卒去自顾自，不可以。死在军中，乃是职分所在。请回去告诉太夫人，不要惦念我，忠孝无法两全啊！

第二天，折御卿就死在军中，年仅三十八岁。

韩德威不明就里，最后退军。

当初，子河汊战役前，并州代州都部署，宿将张永德听说契丹入寇，就用一种神秘预测术“太白万胜诀”占卜，对僚佐说：“贼寇虽然按照年月便利，乘着‘金’运而来，适合动刀兵；但是正好赶上‘岁星对逆’，此乃兵家大忌。他一定会失败，此役，不足以忧虑，宋师必胜。”僚佐们听后，对这位主帅如此轻忽对敌，又是失望又是怅惘又是惊愕。但是不久，传来韩德威大败的消息，又不禁对张永德表示叹服。

张永德对神秘巫术一向笃信不疑。如此判断战事，也是大宋一景。

至道元年（995），契丹还在河北雄州发起过一次侵袭。

何承矩雄州退敌

知雄州乃是名将何承矩。他带兵有方，肯与士卒同甘共苦，所以士卒乐于为他所用。有边民来告知机密之事，他就会屏退左右，与来人推诚相见；左右担心来人是刺客，但何承矩仍然与来人单独会见。所以，契丹方面的动静，他都能提前知道。“子河汊战役”后，何承矩很为折御卿自豪，认为边将如此，必能捍御契丹。他还将这一场战役的胜利果实，一条条列出来，在雄州内外张贴告示，告诉民众，契丹没有什么，我大宋可以随时灭他。契丹很为此而羞愧，于是派出数千精骑来进袭雄州。契丹兵敲着锣鼓，在城下纵火，火苗子甚至蹿到了城堞之上。何承矩号令严明，整备武装，夜半率兵出城列阵。到了天亮，开始与契丹短兵相接，斩杀甚众，还擒获了契丹一员高官，所谓“铁林相公”。

契丹遁去。

但太宗认为何承矩张榜羞辱契丹，属于“轻率致寇”，太轻率，导致敌寇来侵。于是命令他与沧州太守安守忠对调。

大宋著名的法学专家魏廷式，奉命出使河北，调查“契丹攻雄州之战”的来龙去脉，知道雄州有功，于是坚决为何承矩请功。太宗又派出内侍多人来核实，这才对何承矩及麾下有功者做了颁赏。

显然，太宗此时已经有了寻求“和议”的隐秘动机，所以，不想过分表彰寻衅生事、轻率致寇的功臣。这事要是放在“惟有战耳”时代，何承矩能得一个超大礼包。“驴车案”是太宗赵炅半世都无法忘怀的心痛。

同年冬，雄州大捷、折御卿死后，太宗又斩杀了一个马步军都军头、澄州刺史孙赞。理由是：他擅自率兵进入敌境失利。太宗解释说：

“军旅情况，朕都知道，信赏必罚，人们就会知道自我砥砺。孙赞，他一直想到河西边境去立功，朝廷就令他去监护河西石堡地方的戍卒。但与番贼接战之后，他却违背主帅号令，径自出击，结果陷没百余人。朕已经派遣使臣前往将他就地正法。这样的将领只要稍有违背军令，就不宽待，那么那些偏裨小校之类，哪里还敢不听从将帅命令呢！”

何承矩有功，久久不赏；孙赞主动出击契丹，遭遇正法。太宗这是有意不想再与契丹生出“边衅”，不想再与契丹有大规模战事。这是一个重要信号。

“雄州之战”后，太宗一朝余下的几年中，再也没有与契丹发生战事。

FONGHONG
凤凰联动出品